王荣生 著

语文课程与教学内容

2021版

中国人民大学出版社
·北京·

图书在版编目（CIP）数据

语文课程与教学内容：2021 版 / 王荣生著 . -- 北京：中国人民大学出版社，2021.11
ISBN 978 - 7 - 300 - 30032 - 0

Ⅰ. ① 语… Ⅱ. ① 王… Ⅲ. ① 语文教学—教学研究—中小学 Ⅳ. ① G633.302

中国版本图书馆 CIP 数据核字（2021）第 228468 号

语文课程与教学内容（2021 版）
王荣生 著
Yuwen Kecheng Yu Jiaoxue Neirong (2021 Ban)

出版发行	中国人民大学出版社		
社　　址	北京中关村大街 31 号	**邮政编码**	100080
电　　话	010 － 62511242（总编室）		010 － 62511770（质管部）
	010 － 82501766（邮购部）		010 － 62514148（门市部）
	010 － 62515195（发行公司）		010 － 62515275（盗版举报）
网　　址	http://www.crup.com.cn		
经　　销	新华书店		
印　　刷	北京华宇信诺印刷有限公司		
开　　本	720 mm × 1000 mm　1/16	**版　　次**	2021 年 11 月第 1 版
印　　张	24.5　插页 1	**印　　次**	2024 年 6 月第 2 次印刷
字　　数	340 000	**定　　价**	89.00 元

目 录

2021 版前言

与第一版相比较，2021 版的内容有较大改变。

本书第一版有四章内容和两个附录，概要如下。

第一章　关注语文课程与教学内容的建设

改“教学大纲”为“课程标准”，预示着语文课程与教学的时代转型，表现为三大前景：语文课程形态的多元选择将逐渐成为现实，语文教材将可能呈现“多样化”的格局，语文教师的专业化将率先迈步。为尽快接近这样的前景，当前最迫切的工作，应该是将改革的突破口由对资源材料和教学法的依赖，转为对语文课程与教学内容研制的注重。

语文知识的纳新，建设达成新目标的新内容，是语文课程与教学研究当前最为重要也最为迫切的任务。

第二章　对语文课程内容的认识

语文课程内容的研制，在当前仍然是一个空当。本章的论述是探索性的。先界说语文课程内容的第一个方面，我们称之为“定篇”，它是中小学文学、文化素养在语文课程中特定的、具体的所指。接着论述语文课程内容的第二个方面，我们概括为“语文知识”（广义的）。语文知识能够有效地提升学生的语感，从而帮助他们提高言语理解和表达能力；对祖国语言的深刻认识，本身就应该是语文素养的有机构成部分，它不但有助于学生认识自我，而且也是培养学生热爱祖国语言文字的思想感情所必需的。

听说读写是语文课程内容的另一种观照角度。在本章中，我们从

"阅读能力是具体的"和"'怎么读'大致可以归结为'读什么'"这两点来陈述我们对"阅读能力"的认识，从具体体现写作取向的文章体式来陈述我们对"写作能力"的认识，从听说训练到口语交际教学的取向转移来陈述我们对"口语交际能力"的认识。

第三章　语文课程内容的教材呈现

我国的语文教材是"文选型"的，而"文选型"在课程内容的呈现上会出现种种复杂的情况。在厘定文选型教材中选文双重价值的基础上，本章论述了课程内容呈现的确定性问题。本章的主要篇幅是论述选文功能的分化。根据我们对中外语文教材的比较和研究，语文教材里的选文大致可以鉴别出四种功能，即"定篇""例文""样本"和"用件"。不同功能的选文呈现不同的课程内容，要求采取不同的编撰策略和技术，本章结合中外语文教材举例和我们试编的教材样章，对此进行了具体的阐述。

我们认为，在语文教材尚无较大改善的今天，按选文的四种功能有区别地组织教学，可能是改善语文教学的一种可靠选择。

第四章　语文教学内容的选择与生成

我国语文课程的课程内容研制，近于阙如；我国的语文教材被选文所篡代，几乎名存实亡。这给语文教师带来了莫大的负担，也造成了语文教学中的种种严重问题。

本章的中心是从教学内容的角度来分析和研究语文课的课堂教学，这与过去是不同的。长期以来，我们将语文教学改革主要看成教学方法的改革，语文教学改革的实践在很大程度上也被当作用一种"新"方法代替"旧"方法，用一种"好"方法驱逐"坏"方法。这当然有其合理性。但几十年的事实证明，单从教学方法的角度做文章，难以从根本上改变语文教学的少、慢、差、费现象。

本章是专题性的，汇聚了笔者近年来所发表的从教学内容角度观课评教的系列文章，涉及当前语文教学的若干重要问题，并提出相应的建议。

附　录

一个是对魏书生老师语文教学思想的个案研究，一个是关于语文教学内容选择的问卷调查及分析。这两个材料对我们认识语文教学的历史和现状、对当前的语文课程与教学内容建设，都有一定的参考价值。

本次修订，主要有以下几个方面。

一、原书的第一章有大幅删减，只留原第二节作为《导论》。因本书与我的另一本专著《语文科课程论基础》(2021 版）同时新版，原书第三章《语文课程内容的教材呈现》与那本著作的内容有所重叠，故删去了这一章。换言之，2021 版主要保留了第一版中的第二章和第四章内容，分别作为上编和下编。

二、上编《对语文课程内容的认识》新增了四个材料，在第二章《语文知识的重构》中，增加了新近撰写的《事实性知识、概括性知识与“大概念”》《过程技能与“大概念”》两部分；在第三章《阅读能力与阅读方法》中，增加了新近撰写的《阅读活动与阅读能力》《阅读策略 vs 阅读方法》两部分。

三、下编《语文教学内容的选择与生成》也有一些调整，去掉了第一版中的第三节《语文教学内容与教学方法》和第五节《说“为形成新技能而设置”的语文课》；移入了原书第三章中作为“样本功能的选文”实施样例的《解决学生阅读时的疑难——步根海〈合欢树〉课例研究》。

四、删去了原书中的附录一《对一位著名语文特级教师的个案研究》。

为便于核查两版的异同，下面附上第一版的目录。

王荣生

2021 年 8 月 25 日

第一版前言

2004年，我主编了“新课程教例与教案研究丛书”，由广西教育出版社出版。其中有我的两本，一本是专著《新课标与“语文教学内容”》，一本是与王志凯合作编著的《口语交际教例剖析与教案研制》。2007年，丛书中的多本著作被评为“全国教师教育优秀课程资源”或“推荐使用课程资源”，部分著作因而得以重印，包括我的《新课标与“语文教学内容”》。此后，由于出版社人员变动等原因，这套书后续工作不了了之，到现在，已过了出版社的版权期限。

《新课标与“语文教学内容”》预想的读者群是语文教师，所以写得较为“通俗”。可能是因为这个原因，听不少语文教师说，在我写的著作中，这本比较“好读”。然而，要得到这本书却不大容易——购书网上多年来都显示“缺货”。

今年初，北京源创教育研究院院长吴法源听说我这本书以及原在上海教育出版社出版的《语文科课程论基础》都过了版权期限，就鼓动我重新出版。吴法源先生早先在华东师范大学出版社策划了颇具影响力的“大夏书系”，我的专著《听王荣生教授评课》就是当年他策划拟组编的“大学教授评课系列”中的一本，后来其他几位本已应允的教授受手头事务牵制，临阵脱逃，撂下我这孤零零的一本。这样，书名就显得有些怪模怪样，以致有人拿此说事，批评“有个叫王荣生的人，写了一本叫‘听王荣生教授评课’的书”。其实，这一书名并未让我受益，在所谓高校科研评估体系中，这种书名的书是不被当作学术著作的，因而不算科研成果，也不可能有机会参与什么科研成果的评审。事实上，在所谓高校科研评估体系中，连专著都不算什么的。我的《语文科课程论基础》部分内容曾在《教育研究》等杂志上发表过，如按现在的高校科研奖励办法，发表在《教育研究》上的那两篇文章就可以获得好多科研分，获得数万元“科研奖励”，如果加上在所谓 CSSCI 杂志上发表的文章，奖励数额可能更为可观；但是，汇聚成严整的专著，对不起，沾不上“科研指标”的边儿，至多只能“抵充一篇 CSSCI 论文”。不过，我不在乎，我不愿也无暇陪着“指标”玩。《听王荣生教授评课》自 2007 年出版以来，每年重印 2 次，至今重印 15 次，这就是老师们给我的科研分。老师们告诉我，“这是一本有用的书”，这就值了，我的努力收到了珍贵的回报。我知足了，很开心。因此也心存感激，感谢吴法源先生给我提供了那次为语文教师服务的机会。于是，这两本书再版的事，就交给吴法源先生打理。

《新课标与“语文教学内容”》再版时更名为“语文课程与教学内容”，整体框架沿用原书，原书中有一些内容予以保留，去掉了一些我认为已不合时宜的内容，加入了近些年来在这个方面的一些研究材料。新增的内容占全书一半左右，尤其是《语文教学内容的选择与生成》一章，主要是新近的材料。为便于核查两版的异同，附上原书的目录。

第一节　文选型教材的双重价值

第二节　课程内容呈现的确定性

第三节　定篇功能的选文

第四节　例文功能的选文

第五节　样本功能的选文

第六节　用件功能的选文

第四章　反思：语文教学内容的选择与生成

第一节　艰难的处境以及自救的出路

第二节　语文教学内容与教学方法

第三节　从教学内容角度的课例研究

第四节　“感受性阅读”的考察

第五节　说“为形成新技能”而设置的语文课

第六节　防止“用件”的误用

第七节　谋求口语交际教学的改善

附录一　对一位著名语文特级教师的个案研究

附录二　关于语文教学内容选择的问卷调查及分析

王荣生

2014年8月6日

导　论

一、关注语文课程与教学内容的建设

21 世纪的语文课程与教学改革正在向纵深发展。语文课程与教学研究的重心，现在应该转移到语文课程与教学内容的建设上来。

《全日制义务教育语文课程标准（实验稿）》（以下简称《标准》）和《普通高中语文课程标准（实验）》的颁布，树立了体现时代精神的语文课程与教学的总目标和阶段目标。尽管标准的研制和目标的制定还有一个完善的过程，但目前的中心任务无疑应该是标准的实施。实施，意味着要获取成功；而成功的标志，是目标的有效达成。如何达成目标，关系到语文课程与教学的内容问题，也就是“教什么”的问题。

一方面，语文课程标准的目标指引、蕴含着课程与教学内容，语文教材在课程内容建设方面正在做出努力，语文教师在实践中也摸索出了一些适宜的教学内容。另一方面，语文课程与教学内容的建设，至今仍未引起足够的重视，许多模糊甚至错误的认识还没有得到澄清和纠正，语文课程与教学内容的种种严重问题仍明显地存在着。

有人以为，确立了总目标和阶段目标，语文课程与教学内容建设似乎也一并完成了。这种想法实在要不得。它混淆了目标与内容这两个有区别的范畴，也模糊了语文课程目标与其他课程目标之间的一个十分重要的差异。语文课程与教学目标，从总体上看，属于“能力目标”，或者叫“素养目标”，这与地理、历史、物理、化学等课程的“内容目标”有很大的不同。一般来说，“内容目标”往往较为具体、较为直接地涵盖乃至规范着课程与教学内容，比如《全日制义务教育历史与社会课程标准（实验稿）》要求“选择中外不同时期典型的国家管理形式，描述其主要特点”。这里所说的“典型的国家管理形式”就有确切的所指，即中国历史上的分封制度和君主专制制度、古代东方的君主制、古希腊的民主制、近代欧美国家的民主制和君主立宪制等。而“能力目标”或“素养目标”，往往并不直接、具体地规限课程与教学内容，对期望学生达到的结果的描述（即目标“是什么”）与为达成目标而选择的课程与教学内容（即“教什么”）之间，存在着种种较为复杂的关系。比如，“耐心专注地倾听，能根据对方的话语、表情、手势等，理解对方的观点和意图”“在通读课文的基础上，理清思路，理解主要内容，体味和推敲重要词句在语言环境中的意义和作用”，要达成这些目标该“教什么”呢？答案是要研究，要根据学生的情况来选择或研制合适的课程与教学内容。

这就好比登山，登上山顶是既定的目标，选择什么方式登上山顶构成活动的内容。如果有人就住在山顶上，那么对他来说，就不需要付出额外的努力；如果有人选择徒步、攀岩，那么就需要做诸如挑选鞋子、熟练使用攀岩工具等工作；如果有人决意乘缆车前往，那么就需要做与安装缆车相应的一系列工作；如果有人想驾驶直升机降落到山顶，那么他所要做的工作就与前面几位有根本的不同。“耐心专注地倾听，能根据对方的话语、表情、手势等，理解对方的观点和意图”，达到这个目标该“教什么”，存在着多种选择的可能性和必要性。

混淆目标与内容、模糊能力目标与内容目标，导致的结果往往是任由学生处于朴素状态做自发的尝试。“耐心专注地倾听，能根据对方的话语、表情、手势等，理解对方的观点和意图”，常被理解成让学生大量接触种种现象，然后期望学生在接触中“感悟”，“在游泳中学会游泳”。“在游泳中学会游泳”，道理上固然有正确的一面，离开了游泳的实践当然与学会游泳无缘；但是恐怕也不能这样理解——把学生扔到水里任他们扑腾，就是我们语文课程的形态，甚至是唯一的形态。

又有人以为，语文教材的选文就是课程与教学的内容。这话需要好好地辨析，因为它有太多似是而非的地方。在语文教育研究的早期，就有人提出“读文”与“读法”的区别；语文教育研究专家也一直在呼吁，希望大家能注意到“读文”和“读法”、“教课文”与“教—读课文”的差异。对语文教材中的选文，笔者鉴别出四种不同的功能类型：“定篇”“例文”“样本”“用件”。简单地说，语文教材中有一类选文，是构成文学、文化素养现实所指的经典作品（定篇），它们确实是语文课程与教学的内容，而且是极为重要的内容；另有一些选文，在教学中主要是把它们当作听说读写的知识、技能、方法、策略、态度学习的例文或样本；还有一些选文，实际上不是让学生去“学文”，而是利用文中所涉及的事物来引导学生从事与之相关的听说读写实践活动（用件）。

那些主要发挥后三种功能的选文（例文、样本、用件），并不是语文课程与教学内容，而只是教学的一种凭借，我们称之为“教材内容”。比如，选文是《雨中登泰山》，如果教的是游记的写法——“按游踪的线索组织”（文章知识），或者是阅读的策略——“阅读游记要抓住游踪”（阅读知识），那么在这个例子中，《雨中登泰山》就只是“教材内容”，是既定的课程与教学内容——文章知识或阅读知识——的一个例子。自然，《雨中登泰山》作为例文，完全可以教别的内容，它也可以作为样本或用件来处置，从而可以发挥别种功能，比如从文中的某句话引出一场辩论活动。即使是作为课程与教学内容的定篇，其实教的也不是混沌状的选文，选它做课文，这本身就是一个教育的塑造行为，带有强烈的“教”的意图。

我们应该认识到，“教”和“感”是有区别的。一般情况下，学生对作品的确处在一种“感”的状态，他对作品的理解和感受，是凭自己的“阅读经验和期待视野”在与作品的全方位接触中进行和完成的；而就语文课来说，作为一种“教什么”的选择的产物，经典作品是作为课程与教学内容的方式存在的，当然需要“感”的沉浸，当然非得亲历与文本的对话过程不可。但谁也不会说，除了学生的“感”，我们就没有一点儿想“教”、该“教”的东西。我们让学生注意到作品的这些而忽略那些，我们引导学生从这个角度体悟而遮蔽另外的角度，比如，我们不会在课堂上引导学生从性欲的角度对《红楼梦》做“一千个读者”的“体验”。从这个意义上讲，课程与教学内容与其说是选文（定篇），不如说是对选文的阐释，包括阐释的方式和态度。

那么，对一篇经典作品，做什么样的阐释，用什么方式、什么态度来阐释呢？答案是要研究。同样，对例文、样本、用件，例什么、做什么样、拿来派什么用场呢？答案也是要研究，而且要下大力气好好地加以研究。

用选文朦胧地顶替语文课程与教学内容，实际上是将课程与教学内容留为“空白”。从好的一面看，这是为优秀语文教师创造性地研制适宜的教学内容提供了广阔的空间；但是在通常情况下，却往往导致教师们在“教”的内容选择上随意而杂乱、出错乃至荒唐。任何听过语文课的人，都会得出这样的结论：语文教学出毛病最多的，正是教师面对一篇篇选文而苦思冥想出来的教学内容。任何听过数位或数十位语文教师讲同一篇语文课文的人，都会震惊：这些课实际上是个体的教师凭借个人的语文知识（亚里士多德称为“臆断”）在从事教学，学生所学的完全是由不同语文教师随意择取或任意制造的不同的东西，这些东西有些甚至叫不出名目。

一方面，对优秀教师所创制的教学内容，我们尚缺乏细致的总结和提炼；另一方面，那些在教学中往往是不自觉、即兴产生的无理据的或者仅以“我以为”的个性反应为理据的教学内容，从来没有被要求做学理的审查，从来没有被要求验证它们与目标达成的关联度。这就是我们面临的现状。

新目标的确立，并不意味着新内容的自然生成；新内容的生成，并不意味着它们自然地指向目标的有效达成。我们面临的形势实际上还要严峻得多：有“新目标”与“旧内容”的矛盾，有“新目标”与“无内容”的困惑，还有形形色色花拳绣腿的搅和。教师对着新标准，苦想教什么；捧着新教材，不知教什么；举着新理念，还教老一套；搬着新教法，不懂在教什么……这些现象，在语文课程的实施中，恐怕大家都有所耳闻或者目睹，对此我们应该有清醒的认识并认真地面对。

语文课程与教学内容的建设，在很大程度上可以归结为语文知识的除旧纳新，而无论是除旧还是纳新，我们都需要做艰苦的努力。

语文知识的问题，在我国是一个复杂的问题。按道理讲，要不要教包括技能、策略、态度在内的广义的语文知识，应该不会有疑惑；问题是（而且始终是），在语文课程与教学中应该教什么样的知识，以及知识在教材、教学中应该如何呈现。问题之所以被弄复杂，乃至竟然变性为要不要教语文知识，是因为我们置身于一个特殊的语境：一方面，语文课程与教学的历史形成了“语文知识”的特定所指，对这些“语文知识”，大家有理由相信有些已陈旧，有些不那么正确，有些与目标达成无关乃至成为障碍，有些与目标达成相关但按照传统的方式（“知识短文”的“系统讲解”）呈现也难以有效地实现目标，还有一些因与新课程的目标不相匹配需要排除在新的课程与教学内容之外。另一方面，由于课程改革的起始阶段，工作的重心放在目标的研制和新理念的提倡上，客观上对新的课程与教学内容建设一时难以兼顾；也由于存在一些模糊乃至错误的认识，有意忽视乃至回避语文知识的纳新工作；还由于我国学术界关于听说读写、关于文章文学的知识状况不佳，语文课程内容的研制缺乏专门的成熟的专家，新教材编制者的人员构成的局限等，语文知识的纳新、知识的学术状态向语文课程与教学内容的转化困难重重。

总之，教师能触摸到的新的课程内容，至今还是零星的、偶发的；与新目标相匹配的、质地和呈现方式能有效达成新目标的语文知识，几乎还是一个待开发的荒野。

缺乏新内容，没有纳新的血液，旧内容的生存就会成为必要，尽管它们与新目标相歧相悖，尽管有反思能力的教师也会自觉而真心地斥责它们，但生命需要血液维持，教师在课堂上总要“教”点儿什么，也总在“教”点儿什么。从这个意义上说，除旧是靠纳新来实现的，没有纳新就不可能真正除旧。语文知识的纳新，建设达成新目标的新内容，是语文课程与教学研究当前最为重要也最为迫切的任务。

二、概念解释及本书内容概要

（一）概念解释

1. 语文课程目标

“语文课程目标”是语文课程标准层面的概念，它主要面对**“是什么”**的问题——为了适应现代社会和学生个体的发展，国家期望学生具备的语文素养“是什么”。语文课程目标大致包括人文素养和语文能力这两个方面。理想的情况下，目标应该得到明晰的表述，以使大家对目标的内涵有一致的理解。

2. 语文课程内容

“语文课程内容”是语文课程具体形态层面的概念，它主要面对**“教什么”**的问题——为了有效地达成语文课程标准所设定的语文素养目标，语文课程研制者建议**“一般应该教什么”**。语文课程内容，从大的方面看，主要包括两点：一是构成人文素养确切所指的文学、文化经典作品（定篇）以及对它们的阐释，二是包括事实、概念、原理、技能、策略、态度在内的语文知识。

3. 语文教材内容

“语文教材内容”是语文教材具体形态层面的概念，它主要面对**“用什么去教”**的问题——为了使广大学生较好地掌握既定的课程内容，语文教材编制者提供**“通常可以用什么去教”**的建议。理想的情况下，语文教材内容应该做到“课程内容教材化”和“教材内容教学化”：一方面，课程内容要通过种种资源的运用具体地显现；另一方面，教材要形成可操作的教学设计，使学生在师生、生生的互动中走进经典的世界，从而建构语文能力。

4. 语文教学内容

“语文教学内容”是语文教学层面的概念，它同时面对两个问题：第一个问题是，针对具体情境中的一个班乃至一组、一个学生，为使学生更有效地达成既定的课程目标，**“实际上需要教什么”**。第二个问题是，为使具体情境中的这一个班乃至这一组、这一个学生能更好地掌握既定的课程内容，**“实际上最好用什么去教”**。语文教学内容既包括教师在教学中对现成教材内容的沿用，也包括教师对教材内容的“重构”——处理、加工、改编乃至增删、更换；既包括教师对课程内容的执行，也包括在课程实施中对课程内容的创生。“教学内容是在教学过程中创造的”，这句话逻辑地蕴含着教师参与课程研制、用教材教、教学为学生服务等理念。

我们将上述四个概念之间的关系，用下图表示。

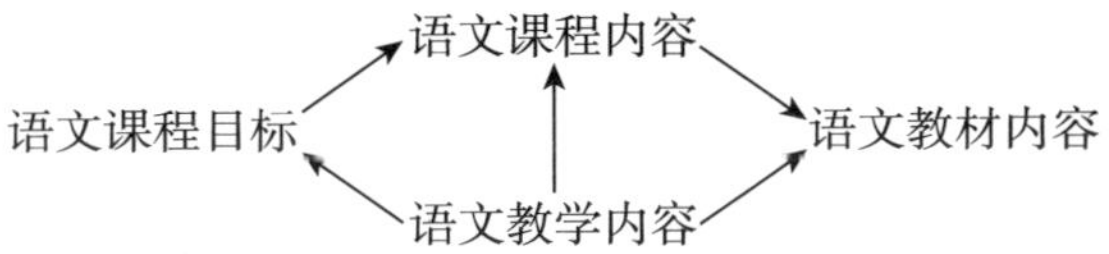

四个基本概念之间的关系

（二）本书内容概要

本书主题是论述新课标指引下的语文教学内容建设，分上下两编。

上编《对语文课程内容的认识》，论述是探索性的，共五章。

第一章《经典与文学、文化素养》，论述语文课程内容的第一个方面，我们称之为“定篇”。定篇是中小学文学、文化素养的现实所指。

第二章《语文知识的重构》，论述语文课程内容的第二个方面，我们概括为“语文知识”（广义的）。语文知识能够有效地提升学生的语感，从而帮助他们提高言语理解和表达能力；对祖国语言的深刻认识，本身就应该是语文素养的有机构成部分，它不但有助于学生认识自我，而且也是培养学生热爱祖国语言文字的思想感情所必需的。随着基础教育课程改革的不断深入，本章新增了用“大概念”组织单元的相关内容，分别论述事实性知识、概括性知识与“大概念”，过程技能与“大概念”。

听说读写是语文课程内容的另一种观照角度。

第三章《阅读能力与阅读方法》，从阅读能力的具体性和阅读方法在很大程度上是在特定阅读取向下“读什么”这两点，陈述了对“阅读能力”的认识。本次修订改版，增补了《阅读活动与阅读能力》《阅读策略 vs 阅读方法》这两个新内容。

第四章《写作能力与文章体式》，从具体体现写作取向的文章体式，陈述了对“写作能力”的认识。

第五章《从听说训练到口语交际》，从听说训练到口语交际教学的取向转移，陈述了对“口语交际能力”的认识。

下编《语文教学内容的选择与生成》，汇聚了我从教学内容角度观课评教的系列文章，共八章。

长期以来，我们将语文教学改革主要看成教学方法的改革，语文教学改革的实践在很大程度上也被当作用一种“新”方法代替“旧”方法，用一种“好”方法驱逐“坏”方法。这当然有其合理性。但几十年的事实证明，单从教学方法的角度做文章，难以从根本上改变语文教学的少、慢、差、费现象。因此，我力主从教学内容的角度来分析和研究语文课的课堂教学。

附录《关于语文教学内容选择的问卷调查及分析》，这个材料对我们认识语文教师在教学内容上的困扰、对当前的语文课程与教学内容建设，依然有参考价值。

上编 对语文课程内容的认识

第一章 / 经典与文学、文化素养

一、定篇的含义

定篇是语文课程规定的内容要素之一，指语文教学大纲或课程标准中规定的篇目。教学大纲或课程标准中规定语文课程必学的篇目，这在国外也是通例。《英国国家课程·英语》规定，“在第三和第四阶段（相当于我国的初中和高中）的课程中，学生应阅读以下作品”[①]。

1. 莎士比亚的两部戏剧。

2. 主要剧作家如克里斯托弗·马娄、J.B. 普里斯特雷、萧伯纳、R.B. 谢立丹的戏剧。

3. 1900 年以前出版的两部由重要作家写的小说，从以下作者中选取：珍妮·奥斯丁、夏洛蒂·勃朗特、艾米丽·勃朗特……

4. 两部 1900 年后出版的，由重要作家写的高质量并且在评论界已享有盛名的作品，如威廉姆·戈尔丁、格林翰姆·格林、詹姆士·乔伊斯、H.G. 劳伦斯。

5. 1900 年前出版的由四位重要诗人写的高质量作品。

6. 1900 年后出版的在评论界享有盛誉的四位诗人的高质量作品。

德国巴符州《初中语文教学大纲》规定，初中阶段应学习的作家和

① 中外母语教材比较研究课题组. 中外母语课程标准译编 [M]. 南京：江苏教育出版社，2000: 260－261.

主要作品（作品略）[1] 如下。

5、6 年级

诗歌：布莱希特、布施、克劳迪乌斯、艾兴多夫、冯塔纳、歌德等 16 名作家。

小说：比克塞尔、施托姆等 8 名作家。

青少年读物：格斯泰克尔、杰克·伦敦、马克·吐温等。

童话：格林童话、世界童话。

7、8 年级

诗歌：布莱希特、艾兴多夫、冯塔纳、歌德、海涅、克斯特纳、图霍尔斯基等 20 名诗人。

小说：布莱希特、凯勒、S. 伦茨、施托姆、S. 茨威格等 11 名作家。

青少年读物：狄更斯、杰克·伦敦等 7 名作家。

其他：短篇小说，名人轶事，童话传说，戏剧和广播剧（H. 萨克斯、柴可夫、法伦廷、席勒等 14 名作家）。

9、10 年级

诗歌：布莱希特、G. 艾希、艾兴多夫、歌德、格拉斯、黑塞、海姆、霍夫曼斯塔尔、席勒等 26 名作家。

小说：艾兴多夫、冯塔纳、凯勒、克莱斯特、席勒、施托姆、安德施、贝克、伯尔、迪伦马特、法拉达、黑塞、S. 伦茨、托马斯·曼、雷马克、S. 茨威格等 38 名德国作家；巴尔扎克、哥哥尔、普希金等 12 名外国作家。

---

① 中外母语教材比较研究课题组. 中外母语课程标准译编 [M]. 南京：江苏教育出版社，2000: 451－452.

其他：短篇小说，戏剧和广播剧（博尔希特、布莱希特、迪伦马特、弗里施、歌德、豪普特曼、图霍尔斯基、莱辛、迪伦马特、G. 艾希等 21 名作家）。

法国《高级中学语文教学大纲》的“作品清单”① 如下。

二年级 ②

1. 16 世纪和 17 世纪作家：蒙田（作品节选）、帕斯卡（作品节选）、高乃依（《滑稽的幻灭》《西娜》）、莫里哀（《妇女学校》《伪君子》）、拉辛（《布里塔尼克斯》《贝雷尼克》）。

2. 19 世纪小说通读：巴尔扎克、夏多布里昂、福楼拜、戈梯埃、雨果、莫泊桑、梅里美、内伐尔、纳第埃、司汤达、维尼、左拉等 12 位作家共 17 部作品（作品略）。

3. 诗歌：学习 16、19、20 世纪的诗歌。

4. 20 世纪作品：阿努伊、科克托、科莱特、杜拉斯、法朗士、纪德、纪尧诺、纪鲁杜、格拉克、尤内斯库、马尔罗、马丹杜加、莫里亚克、蒙特尔朗、佩雷克、罗伯 - 格利耶、罗曼 · 罗兰、圣埃克絮贝里、萨罗特、西穆南、絮佩维利埃、维尔科尔等 22 位作家 27 部作品（作品略）。

一年级

1. 继续学习 16、17 世纪作家的作品。

2. 主要学习 18、19 世纪作家的作品：博马舍、狄德罗、马里伏、

① 中外母语教材比较研究课题组. 中外母语课程标准译编 [M]. 南京：江苏教育出版社，2000: 491－492、495－496.

② 法国高中的学制依次分为二年级、一年级、毕业级。

孟德斯鸠、普莱伏、卢梭、圣·西门、伏尔泰、巴尔扎克、巴贝、波德莱尔、夏多布里昂、福楼拜、雨果、米舍莱、缪塞、司汤达、魏尔伦、左拉等19位作家30部作品（作品略）。

3. 20世纪作家的作品：阿波里耐尔、阿拉贡、贝尔那诺斯、贝盖特、布托、加缪、克罗岱尔、艾吕亚尔、米肖、普鲁斯特、萨特、塔提厄、尤瑟纳尔等13位作家21部作品（作品略）。

据我们了解，对定篇的处置，国外大致有两种情况：一种是在课程标准里指定并纳入考试范围，但不编进语文教材；一种是将部分指定篇目的主要章节编进语文教材。不管是哪一种情况，它们都不同于我国所说的“课外阅读材料”。教学无论是放在课内还是课外进行，它们都是语文课程内容的构成部分，不是可放可收、可有可无的。

二、文学、文化素养的确切所指

我国传统的语文教育，教材一直顶替着课程，因此教材的篇目往往主要扮演着定篇的角色。自现代以来，语文教材建设的实践也多按惯例或当时的教育政策，将某些“选文”事实上视作定篇。然而，我们对定篇一直缺乏理论的研究，对定篇的性质、定篇在教材中的地位、定篇的功能和功能发挥方式，语文教育界一直语焉不详。

一方面，在相当长的一段时期内，我国的中学语文教学大纲曾以“基本篇目”的名义规定了教材中必有、教学中必教的篇目，但是，“基本篇目”的制定与提出，当时主要是从“适合于教学”这个角度考虑的，在主观愿望以及在教材的处置“意图”上，并没有把它们真正当成定篇。另一方面，基于大纲的规定和教材编撰的实际情形，在“教教材”观念的支配下，语文教学实践却把这些数量相对庞大、质量相对参差不齐的“基本篇目”当成定篇来使用，从而把“教语文”演变为“教课文”——尽管受那些教材的编撰“意图”的制约，语文教学的实践又很少真正落实为“教课文”。

从我国语文教材发展史看，自现代以来，对定篇问题做过较深入思考的，可能要数朱自清了。朱自清是从文言作品学习的角度来思考定篇问题的。与当时多数人非议古文教学的意见不同，作为新派人物，朱自清强调文言作品的学习：“我可还主张中学生应该诵读相当分量的文言文，特别是所谓古文，乃至古书。这是古典的训练，文化的教育。一个受教育的中国人，至少必得经过古典的训练，才成其为受教育的中国人。”① 在《经典常谈》的序言中，朱自清特别强调：“在中等以上的教育里，经典训练应该是一个必要的项目。经典训练的价值不在实用，而在文化。有一位外国教授说过，阅读经典的用处，就在教人见识经典一番。这是很明达的议论。”② 朱自清明确地指出：“文言文的诵读，该只是了解和欣赏而止。”③

如果把这里的“文言文”看成与经典同义的用法，而将经典又转换为定篇，那么，朱自清的这番见解确实是很明达的议论。比如，对我国的中学生而言，鲁迅的作品应该享有定篇的待遇。也就是说，无论基于何种理念的何种中学语文教材，都必须包含鲁迅的若干作品④。而在定篇的意义上学习鲁迅的作品，正如朱自清所指出的，“该只是了解和欣赏（理解和领会）而止”。掌握以定篇身份进入语文教材的世界和民族

---

①② 蔡清富，朱金顺，孙可中. 朱自清选集：第二卷　学术论著 [M]. 石家庄：河北教育出版社，1989: 3.

③ 蔡清富，孙可中，朱金顺. 朱自清选集：第三卷　论语文教育 [M]. 石家庄：河北教育出版社，1989: 28.

④ 像现在这样将鲁迅的作品零星地穿插在各年级语文教材中，又散乱地分布在记叙文、议论文、小说、散文诗等单元的方式，我们认为不是一个合宜的方式。尽管在语文课程中，鲁迅的作品实际所占的分量并不少，但这种处置方式难以使学生感受到鲁迅精神的伟大和艺术的不朽，因而也难以构造相应的“文学素养”。

的优秀的文化、文学作品，其本身就是语文课程的目的之一，就是语文“课程内容”的一大项目。

在这里，定篇不承担任何附加的任务，诸如语法教学、写作训练等。同样，定篇也不俯就任何学生，不管他们生活处境如何、阅读情趣如何。如果定篇真是“定篇”的话，那么每个学生都应该按同样的要求去学习、掌握它。也正是在这个意义上，朱自清说，对学生“必须加以强制学习的训练”①。也正是在这个意义上，我们赞同施蛰存先生的意见（同时我们认为施先生的意见只适用于语文教材中作为定篇的那一部分）：语文课程“要有一个基本教材，由教育部组织全国最有权威的学者来编，选的篇目必须是适宜中学生读的、众所公认的名篇，然后固定下来，十年八年不变，这样不管你在什么地方念书，一提起那些文章，大家都读过，使全国的青少年有一个比较统一的语文水平”②。

语文课程肩负着培育文学、文化素养的重任。文学、文化素养在语文课程中有特定的所指，它以确指的定篇存在，而不是也不应该是可以随意捏弄的东西。在过去的语文教改中，有人曾提倡让学生每周“背一首好歌”，并推论说，“如果记住百来首歌词，学生的文学素养就提高了”③。每周学一首好歌，当然好；这事放在语文科，也未必一定不行。但是，如果把文学素养混同于背一些（教师“我感觉”是）好歌，或者听几篇（教师“我认为”是）好的时文，那在语文课程里是绝对不可以接受的。它与语文课程所要培育的文学素养完全是两回事。

2000年版的中小学语文教学大纲，以及2001年颁布的《标准》，在取消“基本篇目”的同时，补充进“背诵推荐篇目”和“课外阅读推荐

---

① 中央教育科学研究所. 朱自清论语文教育 [M]. 郑州：河南教育出版社，1985: 28.

② 施蛰存，王丽. 语文教育一定要改 [M] // 王丽. 中国语文教育忧思录. 北京：教育科学出版社，1998: 88.

③ 魏书生. 语文教学 [M]. 沈阳：沈阳出版社，2000: 279－280.

书目”，是不是要把其中的部分篇目或书目（以及一些目前未纳入推荐的篇目或书目）转化为定篇来处理，看来值得进一步研究。在各学段零散地诵读一些李白、杜甫的短章小诗，与真切地感受唐诗的魅力，真切地理解李白、杜甫的艺术成就和伟大精神，恐怕也是有所区别的两回事。

三、定篇的课程内容

关于定篇课程内容的发生学，泰勒早有论述。按泰勒的目标模式，“在试图构建整个学校课程这样一类规划的情况下，通常，首先应该选择和解说学习目标”，但同时泰勒指出，“在有些情况下，例如在编制文学领域的课程时，第一步，可以是选择看来能为学生提供各种新经验的文学作品，然后，再考虑从阅读这些重要的教材中，对学生来说能学到些什么”[①]。在定篇的情况下，即使是“泰勒模式”，第一步的工作也不是确定目标，而是先选择课程内容（选文），课程目标则本源于这一特定选文本身。

也就是说，从进入教材的方式看，作为定篇的选文是直接地、原汁原味地被搬进来，并且成为该部分其他教材内容环绕的中心；“熟知经典”“了解和欣赏”（朱自清的提法）作品本身就是目的，而环绕着该选文的所有其他教材内容，都服务于“了解和欣赏”的目的。

然而文学作品，即使是一首短诗，也有近乎无穷的内涵。显然，没必要也不可能将所有观照角度的所有内涵都开发为语文课程内容。能成为现实内容的，只能是其中某些角度的观照。从这个意义上讲，课程内容还不能简单地等同于诗文本身，而最终应落实为“理想读者”对该诗文“权威阐释”——在我国的语文教材中，表现为注释、助读（导读或

① 泰勒. 课程与教学的基本原理 [M]. 施良方，译. 北京：人民教育出版社，1994: 134.

提示、旁批或点评）文字，尤其是课后练习题的指令。

应该选用什么样的定篇，应该选择什么视角，对某一诗文应该做何种阐释，我们无意做出裁决。我们只是说定篇的课程内容原来是这么产生的，因此一篇选文的调换、一位阐释者的更动，便可能意味着“课程内容”发生了变异。而不管是何种变异，对学生来说，学习的内容都是被别人事先确定了的，学生的主要任务是浸入这些诗文，并按权威者的指示，对那些被阐释过的诗文加以内化（了解和欣赏）。这就是 A. C. 珀维斯所界定的“模仿结构”——按照历史和文化已建立的“优秀标准”掌握优秀的文化、文学作品的深层结构[①]。

珀维斯对“模仿结构”的定义，实际上已经点明了“理想读者”的所在，点明了“权威阐释”的学术标准，点明了定篇学习的性质和要求。也就是说，作为定篇的选文，课程的内容既不是学生对这一定篇的感知，也不是教师对这一定篇的理解，更不是教材编撰者（语文教材专家）“个人对这些作品的把握”[②]，而是文化、文学等专门研究者对该作品的权威解说。对具体课文，尤其是文学作品课文的分析，教材或教学参考书所提供的“只是编写者本人的看法”[③]，我国所通行的语文教材编撰的这种做法，就定篇来说，是有较大问题的。

另外，对定篇的分析和评价应该是有“标准答案”的，尽管往往不存在唯一的答案。这答案的“标准”，便是施蛰存先生所说的“全国最有权威的学者”的学术见解。我们认为，目前语文教材编撰实践中所采用的由专业的语文教材编撰者“尽可能选择一种被多数人所认可的意见”[④]的做法，甚至只编入“编写者本人的看法”的做法，不但吃力不

---

① 江山野. 简明国际教育百科全书：课程 [M]. 北京：教育科学出版社，1991: 278－279.

②③④ 顾之川. 如何使用高中语文新教材 [M] // 教育部语文出版社. 高中语文新大纲新教材辅导讲座. 北京：语文出版社，2000: 45, 45, 44.

讨好，而且在方法上也是错误的，至少是不严谨的——语文教材对作品的阐释与学术界存有严重的隔膜，这正是当前学术界对语文教育“忧思”的最敏感处。换句话说，选哪些定篇、如何对它们做分析和评价（包括按什么方法、用哪种方式去分析和评价），这些都应该交由学术界去研究、定夺。而对一部教材定篇部分的编撰水平的评价，“全国最有权威的学者”的意见也应该是最重要的依据——语文教材的编撰，本来就应该是一项多方合作的大事业。

第二章 / 语文知识的重构

一、语文课程内容及语文知识

语文课程内容，是语文课程的支柱。语文课程内容，是语文课程研究的关键。语文课程内容问题，尤其是其中的语文知识问题，是困扰语文课程与教学的老大难问题，也是语文课程改革和语文教学改进必须妥善处理的问题。

（一）语文课程内容的含义

语文课程内容是语文课程层面的概念，它面对的是“学什么”“教什么”的问题——为了实现语文课程标准所规划的课程目标，语文课程“应该学什么”；从教师的角度讲，也就是“应该教什么”。对“应该学什么”“应该教什么”的回答，必须与语文课程目标相呼应，也受制于语文课程形态。

1. 与语文课程目标相呼应

离开了语文课程目标，语文课程内容就无所依存。对待语文课程内容，要把握以下三个要点。

（1）**语文课程内容有其学科的规定性**。语文是一门学科课程，各个国家或地区的语文课程有共通性，不同历史时期的语文课程有连续性。因此，语文课程目标总有相同点，语文课程内容必有一致的学科元素。

（2）**语文课程内容既不是“从来如此”，也不会“一成不变”**。语文课程是因时因地而筹划的产物，随着时代的发展，目标或许有所调整和变化。课程目标如有变动，课程内容势必要相应地调整或改变；随着学术的发展，课程内容也会得到充实和改善。实现课程目标“应该学什么”“应该教什么”，应该而且只能做历史的、现实的回答。

（3）**语文课程内容是在语文课程研制时预先设定的学习内容**。预先设定的学习内容，由于语文课程目标的类型不同而有不同的效用。语文课程内容，如在课程标准中表述为“内容目标”，则具有规定性，表明它们是语文课程中必须学习的项目；如蕴含在“能力目标”中，则是建议性的，仅提示“一般应该教什么”，在课程实施中可根据具体情况加以取舍。

2. 受制于语文课程形态

正如不能离开语文课程目标而抽象地谈论语文课程内容，抛开语文课程形态来抽象地谈论也会不得要领。语文课程形态，即语文课程的具体样式，表现为语文课程的组织方式和语文课程内容的构成方式。语文课程内容，总是特定课程形态下的课程内容。以下两个方面，应该辩证地对待。

第一，语文课程形态具有多元性。不同的课程形态，可能具有不同的课程内容。

（1）为实现语文课程目标，语文课程有多种可供选择的组织方式，比如，是语文单独设科，还是与其他学科融合统整；是设置一门综合性的语文课程，还是分别设置下位的读、写、口语交际等分科课程；是以班级为单位授课，还是以能级分组；是以课堂教学为主，还是以学生的语文实践活动为主。这有多种选择的余地，事实上也将适用于不同学段、不同情形的学生。

（2）语文课程内容的构成方式，有多种可供选择的方案。要达到语文课程的某项“能力日标”，从动态形成的角度看，课程内容有多种可能的构成方式。比如，是以外显学习为主，还是依赖内隐学习；是以有意识的规则建构为主，还是使学生在语文活动中自行发展；是谋求综合养成，还是分别进行各项技能训练和策略指引；是“以读带写”，还是“以写促读”；是侧重文章，还是偏向文学等。在适用的条件下，语文课程内容的上述构成方式都能成立。

第二，语文课程内容正确与否、合理与否，这是有准则的。一旦选定某种课程形态，确定了某种语文课程的组织方式和课程内容的构成方式，其课程内容便有了基于这种课程形态的规定性。换言之，所选定的这条“大路”，必须能够“通”到“罗马”。而究竟能不能“通”到“罗马”，甚至是不是“路”都需要审议，也是可以检验的。

（1）语文课程形态的多元性，以及语文教材的多样化，并不是为多元而多元，为多样化而多样化。多元、多样化，是为了每个学生的发展，是为了适应不同学段、不同情形的学生。语文课程形态及课程内容，必须以语文课程标准所规划的课程目标为旨归。

（2）语文课程内容的正确、合理，是基于学理的依据，并且要在教学实践的检验中修正、完善。对待语文课程内容问题，要防止虚无主义。认为语文课程“无确切内容”、语文课程内容“说不清”，甚至认为语文课程不需要规范课程内容，而满足于泛泛地谈论语文实践，这些都与课程论的常识相违背。当然，也要避免绝对化。以为只能有一种“正确的”课程内容，以为一张“清单”就能包打天下，或者要求某一课程内容的方案包揽无余、尽善尽美，这也不是实事求是的态度。

（二）语文课程内容的构成及组织

1. 语文课程内容的构成

语文课程内容的构成，从大的方面看，有以下三个方面。

（1）**语文课程中必须研习的文化、文学经典作品。**我们称之为“定篇”。定篇是语文课程内容的一大项目，目的是按照历史和文化已建立的“优秀标准”，掌握优秀的文化、文学作品的“深层结构”[①]。定篇通常由语文课程标准指定，也可由国家课程文件授权，在课程实施中由教材编者或语文教师定夺。

（2）**作为语文课程内容的语文知识**。或称之为“学生应该掌握的语文知识”。语文知识是语文课程内容的主体，它或者构成语文课程的“内容目标”，或者有助于达成语文课程的“能力目标”。作为语文课程内容的语文知识，主要是关于语文活动的知识，即如何阅读、写作、进行口语交际的知识。关于对象的知识，如语言学知识、文章学知识、文学知识等，只有在与学生的听说读写的学习发生关联时，才被纳入语文课程内容。

（3）**具有课程意义的语文经历**。特指与语文课程的“活动目标”相符的听说读写的经历以及从中所获得的经验。具有课程意义的语文经历，主要在语文课内，也包括有组织的语文课外活动。

2. 语文课程内容的组织

语文课程内容的组织，涉及语文课程内容的布局、层级组织、配伍、学习时间的安排等。语文课程内容的组织，落实在语文课程标准研制、语文教科书编制、语文课程实施方案和教学计划中而各有侧重。

（1）语文课程内容的布局，通常由语文课程标准来规划，形成语文课程的内容框架。如《标准》按“识字与写字”“阅读”“写作”“口语交际”“综合性学习”五个学习领域来构架语文课程内容。

（2）语文课程内容的层级组织，即语文课程内容的关联，在我国主要由语文教科书或校本教材来统筹，以形成某一学习领域或某一学习内容的层级结构，如阅读领域的单元编制、写作领域的学习序列设计等。

---

① 江山野. 简明国际教育百科全书：课程 [M]. 北京：教育科学出版社，1991: 278－279.

（3）语文课程内容的配伍和学习时间的安排，一般由课程实施者完成，体现在学校的语文课程实施方案或教学计划中。语文课程内容的配伍，包括语文课程内容构成的三个方面（定篇、语文知识、语文经历）、语文学习的五个领域（识字与写字、阅读、写作、口语交际、综合性学习），以及不同学习内容的配合等。语文课程内容的学习时间安排，即学习某一内容所需要的课时，形成语文教学计划中的课时表。

（三）语文课程内容的研制

1. 语文课程内容研制的主体及责任

语文课程内容研制的主体，是语文课程研究者、语文课程标准的研制者、语文教科书的编制者，他们各自担负相应的责任。

语文课程研究者的责任，是为课程内容提供学理的依据。语文作为母语学习，其复杂的机理，有许多目前尚不知晓。然而，其中也有一部分，目前的研究已能较清晰地揭示。语文课程作为课程，其课程内容应该只能专注于当前研究已较清晰揭示的部分，并在扩展认知深广度的同时，采取种种办法（如语文综合性学习），努力把语文课程中的语文学习延展到更广阔的领地，使学生在有指向、有组织的语文实践中触及目前研究中尚属隐秘的部分。语文课程研究者，对语文课程“应该学什么”“应该教什么”，理应提出可靠、可行的建议，并在学理的审议中谋求共识。

语文课程内容的构成及布局，通常由语文课程标准的研制者完成。理想的情况下，语文课程内容的具体构成，即在语文课程中“应该教什么”“应该学什么”，在《标准》等课程文件中，应予以明确表达。语文课程标准所指明的语文课程内容，是基于目前的研究。而在目前的研究中，我们对语文课程中的语文学习规律的认识有限，《标准》等文件中所提出的语文课程内容及其组织，在很大程度上要依赖研制者的专业决断，是权衡多种方案后的一种现实的抉择，并且要在教学实践的检验中不断修改和完善。

语文课程内容，是通过语文教科书具体呈现的。在课程标准指明课程内容的情况下，教科书的主要任务是将课程内容具体化并使其合适地呈现出来，实现“课程内容教材化”，并努力实现“教材内容教学化”。在我国，语文课程标准目前主要是“能力目标”，语文教科书编撰在很大程度上乃是一种公共事业，语文教科书编撰者事实上被赋予语文课程内容开发和组织的职能。语文课程内容的具体构成，即在语文课程中“应该学什么”“应该教什么”，以及这些内容的组织（包括课程内容的布局、层级组织和配伍等），在我国主要是语文教科书及相应的教学参考书编撰者的责任。

语文课程内容是语文课程研究的核心问题。语文课程与教学的难题，是语文课程与教学内容。叶圣陶先生在晚年深切认识到了语文课程内容的严峻现实，号召“切实研究”语文课程内容的“项目”（纲目）与“次第”这一“切要之事”。[①] 然而，语文课程研究的现有水平、语文课程标准及语文教科书，与要求还有相当的距离，这致使语文课程内容研制的任务被迫下移到本来应该面对学生的语文教师那儿。

我国语文教学的严重问题，是教学内容的乱象。教学内容的不正确、不妥当乃至荒唐，在语文教学中长时期、大面积地存在着。要认识语文教学的这种现象，就应该树立这样一个原则：语文教师在课堂教学中集团性地出现教学内容的问题乃至错误，一定不是教师个体素质的问题，而是语文课程研究、语文教科书编制上的问题乃至错误，归根结底是由于语文课程研究的不到位、缺失乃至错乱。

2. 语文课程内容的开发与审理

语文课程内容的研制，是一项复杂的工程，既依赖于正确的认知，

---

① 叶圣陶. 叶圣陶语文教育论集 [M]. 中央教育科学研究所，编. 北京：教育科学出版社，1980: 744.

也取决于筹划的明智。语文课程内容研制的工作，包括语文课程内容的开发和审理，两者往往交结在一起。

（1）**语文课程内容的开发**。

语文课程内容的开发，主要是纳新：为了更好地实现课程目标，或为了适用某一新提出的课程目标，语文课程应该纳入哪些新的内容，语文课程内容的组织应该做哪些新的调整？

语文课程内容的开发，通常落实在具体的学习领域、具体的点上，其开发路径主要有以下几个。

①**回溯**。回溯传统语文教育的经验，并使其在新的历史条件下获得重生。尤其是中学语文中的文言文学习，应该在认真研究宋元以来评点本文选型语文教材的基础上，发掘传统的诵读、章法等知识，以古人的办法，用古代的知识，学习古代诗文。

②**借鉴**。借鉴国外母语课程标准和教材、教学。尤其是写作、口语交际、语文综合性学习这些我国语文课程中的薄弱领域或新兴领域，借鉴乃至移植国外的经验，显得尤为必要。

③**吸纳**。吸纳语言学、文学、文章学、阅读和写作的心理学等研究成果。比如，小说等叙事作品的阅读，必须吸纳叙事学理论；口语交际领域的学习，应该吸纳传播学与沟通理论；实用文章的读写，有必要吸纳批判性阅读和批判性思维的相关理论。吸纳是应用，应用是“拿来”，而从学科知识到课程内容的“拿来”，往往要做转化和整合的工作。

④**提炼**。提炼优秀语文教师的实践探索经验。长期以来，由于语文课程研究的缺失，语文课程内容的开发被下移到语文课程实施过程中。优秀语文教师在教学实践探索中，在教学模式建构、教学方法改进的同时，也积极地进行教学内容的改革。认真研究优秀语文教师的成功课例，从具体课文或课题的教学内容中提炼其实践经验，并加以弘扬，这是语文课程内容开发的一条极为重要的路径。

⑤**生产**。语文课程研究者不但是知识的消费者，也是知识的生产者。如果通过回溯、借鉴、吸纳、提炼等路径尚不足以应对，那么就需

要进行生产。我国中小学语文课程，目前仍以散文为主导文类，而现当代散文的读写在国内外的研究中都是贫瘠地带，散文读写“应该学什么”“应该教什么”的问题，在很大程度上得靠语文课程研究者自行解决。

语文课程内容的开发，不仅是具体的学习领域、具体的点，也包括课程内容组织的创新。比如，有研究建议：阅读领域应“三分天下”，文学阅读（指诗歌、小说、剧本等作品）、实用文章阅读、散文阅读，应统筹安排，合理布局。写作领域应“三线并进”，真实语境中的任务写作、创意写作、随笔化（散文）写作应各司其职，合力并进。口语交际领域，应区分“日常生活中的口语交际”“组织中的口语交际”和“隆重场合的口语交际”，而以“组织中的口语交际”作为主要学习内容。

（2）**语文课程内容的审理。**

语文课程内容的审理，要点在除旧：语文课程有它的生长史，语文课程内容有其继承性。在以往的语文课程中，有大量既定的课程内容通过语文教科书、语文教学参考书、语文考试复习资料等传布，演化为语文教师对语文课程内容的定见。这些延留下来的课程内容，有些依然适应于新课程目标，有些则未必，有些甚至与新课程目标相抵触；作为课程内容的语文知识，有些依然正确而适用，有些需要改造，有些已被证明应予以淘汰，有些则明显有错误。因此，有必要加以甄别，在以往的语文课程内容中剔除那些不适用的、过时的、错误的部分。

语文课程内容的审理，包括对语文课程标准中的知识术语、语文教科书等课程资源所呈现的课程内容、语文课堂教学中流行的教学内容等的审理。

一是对语文课程标准中的知识术语的审理。在《标准》等课程文件中，语文课程内容往往表现为知识术语，或表述为“内容目标”，或蕴含在“能力目标”的表述中。语文课程标准所运用的知识术语，必须所指清晰，含义确定，学理正确。

二是对语文教科书等课程资源所呈现的课程内容的审理。语文教科书、语文教学参考书、语文考试复习资料等，在很大程度上左右着语文课程“应该学什么”“应该教什么”。好的语文教科书，会强有力地引导有效的教学；不那么好的教科书，会给教学带来困扰；教科书等课程资源中残留的与课程目标不相适应的课程内容，以及在教科书等课程资源的编撰过程中制造的一些错误，往往会成为语文教学中教学内容种种乱象的祸源。

三是对语文课堂教学中流行的教学内容的审理。语文课堂教学中流行的教学内容，根植于语文教师的集团性的专业知识，表现为语文教师对语文课程内容的定见。这些专业知识或定见，有些是依据学理，有些是基于可靠的语文经验，有些是以往语文教学中的陈规陋习，有些明显错误却一直以假乱真。语文教学内容，体现在一堂堂的课中，因此，对语文教学内容的审理，要通过课例加以研究。课例研究的目的，并不在于被研究的那一堂课，而是通过对这一堂课的研究，改善语文教师的专业知识，促使其对语文课程内容种种定见进行反思。

（四）关于语文知识

1. 语文知识的三个系统

要正确理解语文课程层面的语文知识的含义，就必须区分以下三个系统[①]。

（1）教师系统。

教师系统指一个合格的语文教师应该掌握的语文学科知识，如语言学、文学、文章学等语文基础知识，阅读、写作、口语交际等语文学习领域的知识等。教师系统的语文知识，在知识的构成上是成体系的，在

---

① 刘大为. 语言知识、语言能力与语文教学 [J]. 全球教育展望，2003(9): 20.

知识的表征上是理性的、能够用语言清晰表述的。语文教师对语文知识不但要知其然，而且要知其所以然。教师系统的语文知识，涵盖下述“学生系统”“教学中的交往系统”。

（2）**学生系统**。

学生系统的语文知识，也就是作为语文课程内容的语文知识，它们或者构成语文素养（在课程标准中表述为“内容目标”），或者有助于形成听说读写等语文能力（在课程标准中蕴含在“能力目标”中）。学生系统的语文知识有两种表征：①对学生而言，作为语文学习的结果，学生系统的语文知识是融会在听说读写中的实践性知识，而呈现为语感状态。②对语文课程研究者和教师而言，作为课程内容的语文知识（或称之为“学生应该掌握的语文知识”），在语文课程标准等课程文件中表述为知识术语。语文教学的奥秘，就在于通过合适的途径，将这些术语所承载的语文知识转化为学生的语文经验。

（3）**教学中的交往系统**。

教学中的交往系统即在谈论语文课程时、在语文教学活动中所使用的术语，比如“默读”“朗读”“理解”“感受”“开头段”“结尾段”“过渡段”“自由写作”“创意写作”“话轮”“语速”“升调”“降调”等。这些术语属于语文教师系统，因而对它们的含义，语文教师应该透彻把握。对学生而言，它们不是构成语文素养、语文能力必备的知识，因而没有必要掌握。然而，在谈论语文课程时，尤其是在语文教学中，师生要借助于这些术语进行教与学。因此，学生应该明白这些术语的所指，并在教学的交往中正确使用它们。

在语文教育和教学研究中，之所以受语文知识问题的困扰，原因之一是大家严重混淆了上述三个系统的语文知识，严重混淆了《标准》等课程文件中所表述的作为课程内容的语文知识与作为学习结果而呈现为语感状态的学生系统的语文知识。

2. 作为语文课程内容的语文知识

在语文课程层面，作为语文课程内容的语文知识（或称之为“学生应该掌握的语文知识”），主要有以下两大类。

（1）语文学习领域的知识，是语文知识的主体部分。

“语文课程是一门学习语言文字运用的综合性、实践性课程。”[①] 在语文课程与教学中“应该教什么知识”“应该学什么知识”，教育部颁布的《标准》，实际上已给出明确的回答，那就是“识字与写字”“阅读”“写作”“口语交际”和“综合性学习”这五个学习领域的知识。

语文学习领域的知识，是把主体与客体关联起来的情境性知识。“识字与写字”，关系到识字、写字的人和所识的字、所写的字；“阅读”，关系到阅读的人和所阅读的读物；“写作”，关系到写作的人和所写的文章样式；“口语交际”，关系到听话、说话的人和听说的具体情境中的话语类型；“综合性学习”，关系到学习的人和语文综合性活动的任务类型。

语文学习领域的知识，是语言文字运用的知识，是揭示“识字与写字”“阅读”“写作”“口语交际”和“综合性学习”等语文活动的知识。作为语文课程与教学内容的语文知识，主体是如何识字与写字、如何阅读、如何写作、如何进行口语交际、如何运用语文进行综合性学习的程序性知识和策略性知识。

（2）语文学科的基础知识，是语文知识的必要组成部分。

语文学科的基础知识，是关于客体的知识，即关于语言的语言学知识、关于文章的文章学知识、关于文学的文学理论知识和文学史知识，它们表征为陈述性知识。

语文学科的基础知识，在语文教学中主要属于教学中的交往系统；

---

① 中华人民共和国教育部. 义务教育语文课程标准（2011 年版）[M]. 北京：北京师范大学出版社，2012.

作为语文课程与教学内容的，只有其中的少部分。语言学、文学、文章学等知识的学习，是为“识字与写字”“阅读”“写作”“口语交际”“综合性学习”服务的。只有满足语文学习领域的需要，融会在“识字与写字”“阅读”“写作”“口语交际”“综合性学习”的学习中，语言学、文学、文章学的相应知识点才有资格成为语文课程内容，这些知识也才有语文学习的意义和价值。

在语文教育和教学研究中，之所以长期受语文知识问题的困扰，其重要原因之一，就是将上述两大类知识混为一谈，甚至用语文学科的基础知识顶替语文学习领域的知识。语文课程与教学中以往所讲的语文知识，主要指语文学科的基础知识，正所谓“语、修、逻、常，字、词、句、篇”。于是，语文课程与教学蜕变为关于语言、文章、文学的课程与教学，学生的语文学习被误导为谈论语言、谈论文章、谈论文学，而忘记了语文学习的主要任务本来应该是语言文字运用，是阅读与欣赏、表达与交流，是读写文章与文学。

在新课程实施中，本来就极为稀缺的“内容目标”，往往被操作为关于客体的知识。比如“能够区分写实作品和虚构作品，了解诗歌、散文、小说、戏剧等文学样式”这条目标，往往被操作成分别讲解“写实作品”“虚构作品”“诗歌”“散文”“小说”“戏剧”等概念，以至于忘记了它是阅读领域的一条目标——就阅读而言，仅仅知道什么是“写实作品”“虚构作品”“诗歌”“散文”“小说”“戏剧”，这是远远不够的。知道这些概念，仅仅是学习的基础，要紧处是借此形成相应的阅读行为，学习相应的阅读方法。换句话说，是学会按照文类和文体的特征进行相应的阅读活动：把“写实作品”当写实作品读，把“虚构作品”当虚构作品读，自觉地按照“诗歌”“散文”“小说”“戏剧”的文类特征，采取相应的阅读方式和方法。之所以学习这些概念，是因为合适的阅读以正确了解客体（阅读对象）为前提。正是在这个意义上，语文学科的基础知识，才成为语文知识的必要组成部分。

二、语感、语识及其关系

（一）语感与语识[①]

运用语言的过程包含两个层次：语言意义的层次和语言形式的层次。我们运用语言形式形成语言意义。

语言意义是运用语言的目的所在。正是语言意义的得当与否决定了反思或交际的成败，所以我们在运用语言时不可避免地会把注意力集中在语言的意义上。

语言形式则是形成意义的手段。语言意义不是凭空产生的，它的形成依赖于我们对语言形式的选择和组配，必须有一定的词语经一定语法规则的组合，语言意义才能被构建出来。而对选择和组配语言形式过程的意识、对语言手段本身的意识，就是我们所说的语言意识，它与我们对语言意义的意识不在一个层次上。

语言意识，也可以说是语言知识。每个正常人都能运用母语进行交际以满足生活的各种需要，据此可推断他对母语一定具备了一套完整的语言知识。但事实上绝大多数人未必能完整地了解母语的结构和各种要素，尽管他们知道如何去正确地使用这些结构和要素。当然他们也未必能将知道的知识明确而系统地说出来，但他们都能按知道的去操作，造出合乎语法并且在交际中有效的句子。显然对绝大多数人来说，他们对母语拥有的主要是一种语感。

语识既然是一种言述性的语言知识，就有言述性知识的基本形

---

① 该部分内容参考了刘大为《语文教学中的语感能力和分析能力》（载何文胜、巢宗祺、何国祥《中国语文及人文素质教育》，香港教育学院2001年）一文及《语言知识、语言能力与语文教学》（《全球教育展望》2003年第9期）一文。承刘大为教授同意援用。

态——负载了一定概念的术语和表现了一定规则的命题。语识是对语感进行认识和言说的结果，但这种认识如果不是在一定的理论和方法的支配下进行的，就必定是零乱的、肤浅的、常识性的。所以系统的语识不可能自发地在母语使用者身上产生，要么是接受现成的别人分析的结果，要么是在借助一定理论和方法的情形下自己进行分析而得出的。

语感、语识及其关系，可以从以下几个方面来看。

1. 语感不能被言说，也就不能进入注意力集中觉察的范围而被我们反省，它具有不可分析性；语识只有在被言说出来时才成其为语识，可反思、可被理性分析是它的基本特征。

2. 语感比语识更基本。从母语学习的角度来说，学生只有在具备一定语感的基础上才可能有效地接受语识，而通过传授而获得的语识也只有转化为语感后才可能在语言运用中起作用。语识对语言能力的进一步提高有重要的意义，但对语言在日常生活中的一般运用几乎不起作用。

3. 语感远比语识丰富。语言运用是一个极其复杂的现象，通过运用能形成有理性的、可以借助于语言解析出来的成分，但往往还会形成种种复杂微妙、只能整体体验的成分，唯有语感才能把握住它，语识对此是无能为力的。这就出现了所谓“只可意会而不可言传”的心理状态，但通常不会出现“只可言传而不可意会”的境界。

4. 语识是公共的，语感却具有强烈的个人独特性。语识依赖语言传达以及一定的理论方法才能形成和存在，所以它必定是公共的。语感却只能在个体经验的基础上形成并且只能被个体体验到，而个体之间可能有极大的差异性。

5. 语感与语言能力浑然一体地结合在一起，它们往往是同步形成并同步发挥作用的，有时甚至难以对两者作出明显的区分。因而在学生语言水平提高的过程中，从语感到能力必定是一步完成的。语识与能力却是相对独立的，从语识到能力还要经过一定的训练，否则语识对于学生来说只是一大堆无用的知识。

6. 语识是概念化的、推理的、依靠理性思考循序渐进地进行的；语感却是直觉的、跳跃的、横向的，具有格式塔的特征，创造性语言活动所需要的灵感、顿悟、直觉、想象等心理过程都首先发生在语感中。语识以及与语识相联系的反思能力在创造性语言活动中当然也有其不可或缺的作用，但这种作用只限于对语感提供的东西进行检查、评判、表述和加工，创造的原动力在语感中。

7. 即使是在一般性的语言活动中，虽然语识能帮助我们对自己或他人的语言进行分析、评价和调整，但语言活动本身能流畅地进行所依靠的还是语感。语识只有在与语感融为一体，或者更明确地说是转化为语感后，才能在熟练的而不是生疏的、卓越的而不是拙劣的语言活动中起作用。

8. 语识在一定条件下可以向语感转化，其标志就是经反复使用而进入高度熟练状态，以至于能无意识地对之领会和运用。但并非所有的语感都能从语识转化而来，因为有的语感永远无法言传出来。

从上面的材料中我们可以看出，养成语感是很重要的，它不能为语识的学习所完全代替。

《全日制义务教育语文课程标准（实验稿）》指出，“语文是实践性很强的课程，应着重培养学生的语文实践能力，而培养这种能力的主要途径也应是语文实践”，“语文又是母语教育课程，学习资源和实践机会无处不在，无时不有。因而，应该让学生更多地直接接触语文材料，在大量的语文实践中掌握运用语文的规律”。从这个意义上说，语文实践活动也应该是语文课程重要的课程内容。

但是，语文课程中的语文实践，是一种有目的、有指导的实践活动，它有别于日常的语文活动。大家知道，母语的语言学习可以在两种状态中进行，一种是自然状态，一种是课堂状态。所谓自然状态下的学习，指的是学习者在来自解决实际问题的压力下从事语言活动，并因此无意识地学得了语言知识和语言技能的过程。在这样的状态中，学习者扮演的其实是行为者而不是学习者的角色。语文课程与教学应该尽可能地利用自然状态下的学习来发展学生的语感，但是它的主体部分毕竟是在课堂中，因而不能简单地用自然状态下的学习来代替课堂教学。或者这样表述：课程与教学的目的可以指向学生的语感，但是课程与教学的内容、教学过程不能也始终处在混混沌沌不可言传的感觉状态中。

（二）三种性质的语文实践活动

作为语文课程内容的语文实践活动，可能有三种类型。

第一，**带有自然学习性质的语文实践活动。**

弗赖依说，文学知识“其中一部分学生在学习时不知不觉地学了，但是它的主要原则我们仍然不知道”[①]。科德在论述第二语言教学时说道：“我们所教的仅仅是我们知道怎样描写的那一部分。只要我们不剥夺学生的机会，让他利用那些使他得以自学的资料，他就能自己学会我们所不能描写的那一部分语言。”[②]第二语言的学习尚且如此，那么在母语学习中，带有自然学习性质的语文实践活动，价值更不能轻视。

第二，**课程指引下的语文实践活动。**

刘大为很正确地指出：“在语文学习的过程中，学生确实不需要像在其他学科的学习过程中一样掌握那么大量而系统的知识，语言能力的发展主要是以语感的方式实现的。然而学生可以处在语感的状态中，教师则必须处在知识的状态中，这是因为进入课堂教学的语感方法不是语言实践活动中的放任自流，它必须在一定的教学目标的控制下，具有一

---

① 陆梅林，程代熙. 读者反应批评 [M]. 北京：文化艺术出版社，1989: 185.

② 科德. 应用语言学导论 [M]. 上海外国语学院外国语言文学研究所，译. 上海：上海外语教育出版社，1983: 129.

定的可预测性。这就要求教师对使用的方法有一定的理论认识，能用一定的知识表述形式加以控制。语感的获得其实是一种无意识状态下暗中探索的结果，为了使这种探索具有一定的方向性，教师就应该给予一定的指导，至少能够言传出他的意见。”[①]教师是课程的实施者，因而这里所说的“教师”，也可以表述为“课程”。也就是说，在课程层面上，在我们研制课程的时候，课程内容必须是语识状态的，必须指明要培养的是什么样的语感、哪一种语感及其具体的内涵。

我们应该区分课程层面、教材层面和教学层面[②]。课程指引下的语文实践活动，所涉及的主要是教材层面和教学层面的问题，也就是课程内容如何呈现、在教学中如何实施的问题。下面举一个例子来说明。

德国北威州完全中学《现代德语》第 7 册“说写综合训练”[③]是以“描写：预备性练习”开始的。

1. **人物描述游戏**。全班准备四个分别标有名字、职业、形容词和动词的箱子，学生们各自将自己想到的名字、职业、形容词和动词分别写在纸上，投进相应的箱子；然后，要学生在集中了纸片的四个箱子里各任意抽取一张纸片，根据这四个数据构想出一个人物并发挥想象描述这个人物。

2. **触摸游戏**。让三至五个学生组成小组，各人将自己的笔、尺等学习用品保密地放进一个包里；然后，让一个学生蒙着眼睛在集中了各人用品的包里摸一物件，向本组成员描述该物件。

3. **摄影游戏**。选两个同学，其中一人扮演“镜头”，另一人为拍摄

---

① 刘大为. 语言知识、语言能力与语文教学 [J]. 全球教育展望，2003(9): 19−20.

② 参见本书导论部分《二、概念解释及本书内容概要》。

③ 倪仁福. 德国初中语文教材评介 [M] // 中外母语教材比较研究课题组. 外语文教材评介. 南京：江苏教育出版社，2000: 334−335.

的“快门”，先让“镜头”关闭（即闭上眼睛），“快门”说“开始”，“镜头”立刻睁眼，在一秒钟内，扫视一物体或情景，然后闭上眼睛描述自己所见的。

4. **观察**。向窗外观察一分钟，之后描述自己所见的东西，再讲述观察时自己的内心活动情况。

5. **猜猜看**。让一学生描述自己家中一厨房用具或五金工具，让别人猜是何物件。

6. **感知**。教材中画有三排魔方，每排六个，每块的呈现角度各不一样，让学生找出二、三排中的哪块魔方与第一排的哪块是一致的。①

上述表述“人物描述游戏”“触摸游戏”“感知”等活动的文字，均是我们所说的教材内容。显然，游戏和活动本身并不是语文的课程内容。之所以编入这些教材内容，是希望通过此类游戏和活动使学生感受“描写”这一学习要素（课程内容）。或者这样说，学生可能会（该教材也引导）全身心地投入生动有趣的游戏和活动中，由于没有直接提出“学习描写”的要求，甚至没有正面提出“描写”的概念，学生可能会（该教材也引导）把游戏仅仅当作游戏来玩；但是，教材编撰者以及使用该教材的教师心里明白，这些活动所反映、体现的是“描写”这一知识和技能。

第三，**语识的学习，语识转化为语感的语文实践活动**。

我们发现许多学生虽然没有意识到，但是能够在写作中熟练地使用代词来使自己的文章前后贯通、上下衔接——代词与先行词之间的语义

① 该教材的这种设计，与“潜藏式语法教学”（implicit grammar teaching）有相同之处，虽然教材没有提出知识的术语和解说，但游戏和活动中潜藏着欲教的知识。换句话说，知识教学并不一定要去“讲”知识，教材也并不一定要采用知识短文的形式。

联系能够作为一种衔接手段把上下文连贯起来，对这些学生来说就是一种在无意识状态中“摸索”出来的语感知识。如果教师能够引导学生对这种朦胧感觉进行语言表述，将之概括为“寻找代词与先行词之间的联系”，语感知识就转化为真正的语言知识，学生就可以通过对这个句子的思考而对这一知识进行批判性的反思，就有可能在此基础上发现更多语言知识，例如，和代词一样语义不确定而需要依赖先行词的词语也能起衔接作用；也有可能在此基础上修正、完善已有的知识，例如，第三人称代词能起衔接作用而第一人称代词不能，因为后者的使用不需要先行词。经过这样的过程，学生的语感就会获得进一步的完善和发展，至少学生修改不连贯语篇的能力会有明显的提高。

（三）语文课程内容的主体是语识

如果从语文课程层面来讨论问题，那么课程指引下的语文实践活动和语识转化为语感的语文实践活动是可以合并的，在课程内容上它们都必须是明晰的、语识状态的，区别在于知识的呈现方式、教学的途径、学生对语文知识的掌握方式不同。

以下王培光的分析，对我们应该是有启发的。在讨论语法教学时，王培光使用了“潜藏式语法教学”（implicit grammar teaching）和“明示式语法教学”（explicit grammar teaching）这两个术语，并认为它们处在“语法教学连续体”的两端。

潜藏式语法教学　　　　　　　　明示式语法教学

———————————————————————

语法教学连续体

在《汉语教学语法的取向》《语法教学不宜走内地语法教学的老路》《华语教学语法方案的实验比较研究》《语法教学新趋向与香港的中文

科语法教学》[①]等一系列文章中，王培光提出了“语法教学连续体”的设计：语言规律学习可通过儿童对母语的掌握那样的“潜藏式语法教学”进行；而语法学习则通过“明示式语法教学”进行，包括先讲述语法条文再举例证的演绎式、先陈列大量例子然后由学生或教师点破其中语言规律的归纳式。“内地很多中学语法教材采用明示式语法教学，这种做法并不直接有效。”但这并不等于否定语法教学而返回到儿童掌握母语式的另一端，在两端之间，还存在着处于不同点上的各种“语法教学连续体”。

王培光在上述文章中还列举了语法教学的多种途径：Lightbown&Spada的主张靠近“潜藏式”的一端，在他们的研究中，语法教学隐藏于传意教学法里，教师虽然注意一些语法项目，但只是心中有语法，口中并没有使用任何语法术语。Harley的建议处于两端的中位，当学生学习有困难的语法项目时，教学重点就放在该语法项目的语言输入上，在学生知道他们正在学习语法的同时，又给他们更多机会使用该语法项目进行有意义的表达。Fotos&Ellis的做法则靠近“明示式”的一端，他们所设计的教学让学习者借传意活动讨论一些句子的可接受性，找出其中的句型规律并进行描述，以建立语法。

“语法教学连续体”给我们提供了认识问题的把手：一方面，在课程层面，课程内容必须是确定的（在这里是些具体的语法项目）；另一方面，课程内容的呈现、课程内容向教学内容的转化，有多种多样的策略和方法。上文所举的“描写：预备性练习”实际上就是以“潜藏式语法教学”来处理的，上文所举的“寻找代词与先行词之间的联系”则更靠向“明示式语法教学”，但它们都属于现代意义上的“明里探讨”[②]，

① 王培光. 语法教学新趋向与香港的中文科语法教学 [M] // 李学铭，何国祥. 语文与语文内容. 香港：香港教育署，1993: 64－69.

② 王荣生. 语文科课程论基础 [M]. 2014 版. 北京：教育科学出版社，2014: 280－294.

而不是朦胧的“暗中摸索”。

综上所述，作为语文课程内容的三种语文实践活动，关系如下。

表 2-1　三种语文实践活动的关系

教师状态	活动性质	学生状态
语感	带有自然学习性质的语文实践活动	语感
语识	课程指引下的语文实践活动	语感
语识	语识转化为语感的语文实践活动	语识—语感

上表中的“教师状态”实际上就是语文课程内容。我们认为，语文课程的主体内容应该是语识。

第一，**语识对语感养成有重要的意义**。

在语文课程里，语文实践活动主要应该是课程指引下的语文实践活动和语识转化为语感的语文实践活动。这在前面已有较充分的论述。

第二，**语文能力的提高是语感所不能完全涵盖的**。

人类的语言活动主要是在语感能力的实现过程中完成的。就表达而言，语感能力主要表现为语言使用者能在不假思索的状态中驾驭语言的各种要素；就理解而言，则主要表现为语言使用者对话语中各种微妙复杂的含义及表达效果进行直觉性的领悟。这里的“不假思索”“直觉性的领悟”是语感能力在实现过程中最明显的特征。当语言活动流畅自如地进行时，我们的注意力聚焦在语言的意义上，而我们早已得心应手的语言手段自身则仅仅由下意识操纵着。

然而，语言活动不可能永远流畅无阻地进行。我们经常会遇到表达上的障碍，感到词不达意、言不由衷而不得不从流畅的语言过程中抽身出来，置身于语言之外来斟词酌句；理解别人的话语尤其是书面语时，更是常常会因为遇到疑难费解之处而不得不停顿下来，同样置身于语言之外去推敲琢磨。这时我们需要的显然是语言知识和反思能力的介入，语言能力的高低在这时就取决于我们所能激活的知识的多少和反思能力的高低。

不仅如此，对稍微复杂困难一些的语言任务，我们还需要将表达的每一重要环节都置于意识的明确控制之下，从而能在话语展开的同时随时对这些环节进行构思、监控、分析和评价，以之为反馈信息，从而对下一步的话语措施做出设计、调整和决策。表现在聆听或阅读的过程中，同样有反思能力的分析比较、选择排误等一系列认知环节伴随发生。这样的反思能力处在更高要求的心理水平上，因为它必须与语感能力同步发挥作用，随之而来的就是伴随反思能力的发挥而对语言知识的需求。

第三，**对母语的深刻认识本身就应该是语文素养的有机构成部分**。

从九年义务制教育到普通高中，甚至到大学的语文课程设置，人们都在强调必须激发、培养和深化学生热爱祖国语言文字的感情。但是对母语的热爱如果真是一种深刻而持久的情感，它的发生就应该有自己的认识根源和理性基础。当学生还不能从整体上认识母语的魅力和价值，当学生对母语的结构特征、功能特征还知之不多时，很难设想这种情感会自发地、稳定地形成。

学生对母语完整的认识和深入探究的兴趣，应该是语文课程一个不可或缺的方面。这不仅是因为发展语言能力的需要，更应该是一个合格公民语文素养中最基本的要素。探究语言而形成的知识同样是人类知识体系的一个组成部分，而且很可能是更为重要的部分，因为语言，尤其是母语，是作为一种最为基本的生存方式而被我们每一个人掌握的。

三、完整地理解语文知识的问题

语文知识问题，在我国是一个被人为复杂化乃至意识形态化的问题。对我国语文课程与教学中的语文知识问题，我们应该完整地加以理解，并实事求是地进行讨论和研究。

（一）明确讨论语文知识问题的基本立场

讨论语文知识问题的基本立场，是促使语文课程改革向前推进并逐步完善。

第一，应该看到20世纪我国语文教学所取得的成绩，乃至我国数千年语文教育的成功经验；更应该看到21世纪初我国语文课程改革所带来的新面貌、新气象。语文课程改革中的以下四个方面，是我们讨论语文知识问题的基础：（1）语文课程目标，蕴含、指引着语文知识和技能。（2）课程目标设计的三个维度，丰富了“双基”的内涵。（3）强调语文实践，改变了“双基”的形态。（4）主张探究性学习，拓宽了“双基”获得的途径。也就是说，我们是在课程改革这一新的平台上来讨论语文知识问题的。

第二，应该直面当前我国语文课程改革中所出现的种种问题；更应该正视我国传统语文教育的缺陷，尤其是20世纪下半叶我国语文课程与教学中的严重弊端。我国语文课程中的语文知识问题，由来已久。大量事实证明，我国语文课程与教学的主要问题出在内容上，亦即出在语文知识上。具体表现为以下几点。

（1）内容与目标不相一致，甚至截然相对。

（2）内容不正确，且数量不少。

（3）内容以一种极不确定的面目呈现，有时笼统得几无内容。

（4）许多迫切需要教的，课程与教学内容却还有待开发。

（5）充塞着不少乱七八糟的内容。

也就是说，讨论语文知识问题，目的是谋求语文课程与教学内容的除旧纳新。除旧是前提，纳新是关键。讨论语文知识的问题，着眼点在语文知识的重建，在语文课程与教学内容的重构。

（二）明确语文知识在语文课程中的基本定位

语文知识在语文课程中的基本定位，体现在以下三句话中。

◎**语文课程的基本目标是语感养成。**

◎**语文课程的主体内容是语文知识。**

◎**语文教学的主要途径是语文实践。**

在以往的研究中，人们自觉不自觉地将语感与语文知识（语识）、语文知识与语文实践对立起来。这种对立，在理论上是错误的，在语文课程改革的实施中则导致了一系列后果。

对语文课程与教学研究来说，语文知识（语识）与语感，是两个不同层面的关联概念："语文知识"这个概念，主要落在语文课程的层面——当强调语文知识时，我们关注的是语文课程内容的建设。而"语感"这个概念，则主要落在学生的学习经验上——当强调语感时，我们关注的是语文课程目标的达成。

语文知识与语感是通过语文实践，即语文教师组织的课堂教学活动来关联的。"语文实践"这个概念，主要落在语文教学的层面——当强调语文实践时，我们关注的是语文教学的过程，以及学生语感养成的途径。

研究表明，语文教学中至少有三种形态的语文实践：(1) 带有自然学习性质的、与语文实践能力具有同一形态的听说读写实践。(2) 潜藏着特定语文课程内容（语文知识）的、对所要培养的语文实践能力有直接促进作用的实践活动。(3) 语识（语文知识）转化为语感的语文实践。请参见本书第 52 页表 2-1。表格中的"教师状态"，从语文课程研制的角度来说，也就是语文课程层面的状态。

我们认为，现代意义的语文课程，更应该强调后面两类语文实践——课程指引下的语文实践活动和语识转化为语感的语文实践活动。而这两类语文实践在课程层面的表现形态，就是语文知识及其呈现方式。

语文课程的基本目标是语感养成，是对语文课程应该"干什么"的回答；语文课程的主体内容是语文知识，是对语文课程应该“教什么”的回答；语文教学的主要途径是语文实践，是对语文教学应该“怎样教”的回答。只有在上述三个方面的有机联系中，才能确定语文知识在语文课程中的地位、功能及作用。

（三）明确语文知识问题研究的基本内容

研究语文知识问题，在语文课程目标、语文课程、语文教材、语文教学各层面，有不同的侧重点，因而构成不同的研究内容。

（1）语文课程目标层面的主要工作，是对语文知识具体“所指”的研究，也就是通过对表达目标所用概念的界定，来界定所涉及的语文知识含义。

（2）语文课程层面的主要工作，是对达成目标的课程内容具体构成的研究。

（3）语文教材层面的主要工作，是对语文知识呈现方式的研究，也就是语文教材的编撰策略和技术问题，即课程内容如何教材化、教材内容如何教学化。

（4）语文教学层面的主要工作，是语文知识与具体学生的针对性、适应性的研究，即教师所教的语文知识对该班学生达成语文课程目标的具体针对性、教师所采用的呈现方式对该班学生的现实适应性。

目前大家对语文知识问题的关注，主要是在语文课程层面，侧重点是达成目标的课程内容具体构成的问题，也就是应该教什么知识、教哪些知识的问题。这可以从两个方面入手来进行研究：第一，对已经纳入语文课程的学校语文知识进行考察。第二，研制应该纳入语文课程的语文知识。

语文知识的重建、语文课程与教学内容的重构，现在才刚刚起步；应该教什么知识、教哪些知识，需要探索成果的逐渐积累，并且需要社会各界通力合作继续探索。

（四）明确语文知识问题研究的基本方法

语文知识的重建、语文课程与教学内容的重构，是一件踏踏实实的工作。语文知识除旧纳新，是具体的；除什么旧、纳什么新，需要一项一项、一个一个地具体研究——在与学术界研究现状的关联、在与语文课程目标的关联、在与学生具体情形的关联中，一项一项、一个一个地具体研究。

研究语文知识问题，总的原则应该是打持久战，做点点滴滴的工作，不断地把研究往前推进，使语文课程、教材、教学一天胜似一天地得到改善。

我建议，语文教师最好能用自己的一堂课、一个教案、一次作业的批改、一回活动、一点体会等，加入语文知识问题的讨论。

在语文课程层面，对语文教育研究者来说，对语文知识问题的研究可以从以下三个方面着力：一是语文课例研究，二是语文教材编写，三是出版面向语文教师和学生的语文知识研究论著。

四、语文知识问题讨论的深化

在众多语文教育研究者的共同推动下，语文知识的讨论又重新浮出水面。这将使语文教育的研究引向深入。但是，其间也埋伏着重蹈覆辙的危机，弄得不好，可能仍会停留在“要”与“不要”的争锋上，或者仅仅做一些归类性的表层描述，满足于得出一些一般性的结论。语文知识问题的讨论，所要牵涉的范围、抵达的深度、顾及的方面，可能比有些学者目前所感受到的要广，要深，要复杂。

（一）明确语文知识的概念

讨论语文知识的问题，首先要界定语文知识的概念，必须认清我们所谈论的是个什么东西。这可以从以下四个方面来观照。

从语文知识所涉及的范围。语文知识是关于语言和言语、文章和文学的知识，主体是听、说、读、写的事实、概念、原理、技能、策略、态度等。

从语文知识存在的状态。语文知识包括语感（隐性知识）和语识[①]（显性知识）两种状态。但是当与语感对举时，语文知识特指语识，即“在个人间以一种系统的方法传递的更加正式和规范的知识”[②]。

从语文知识的现实所指。在语文教育的范畴，当我们说语文知识时，它的现实所指就是“学校语文知识”[③]，它们构成语文课程与教学的内容。

从语文知识学习的角度。语文知识的学习，在很大程度上就是将纳入语文课程与教学的“人类知识”（语识），转化为学生的“个人知识”。根据建构主义的观点，这种转化是由认知主体积极建构的，是通过新旧经验的互动实现的。

通过对上述四个方面的总结，我们尝试对语文知识做概括的描述。

宽式。语文知识是：(1) 应该或已经纳入语文课程与教学的。(2) 关于语言和言语、文章和文学的听、说、读、写的事实、概念、原理、技能、策略、态度。(3) 它有语感和语识两种状态。

窄式。语文知识是：(1) 应该或已经纳入语文课程与教学的。(2) 关于语言和言语、文章和文学的听、说、读、写的事实、概念、原理、技能、策略、态度。(3) 在课程的层面只包括与语感对举的语识；

---

① 关于语识的概念，参见刘大为《语文教学中的语感能力和分析能力》（载何文胜、巢宗祺、何国祥《中国语文及人文素质教育》，香港教育学院 2001 年）一文及《语言知识、语言能力与语文教学》（《全球教育展望》2003 年第 9 期）一文。

② 艾莉. 知识的进化 [M]. 刘民慧，等译. 珠海：珠海出版社，1998: 87.

③ 钟启泉. “学校知识”与课程标准 [J]. 教育研究，2000(11).

尽管从学习的结果看，学生对语文知识的掌握，既可以是语识的状态，也可能是语感的状态。

通常情况下，我们采用的是对语文知识的窄式描述，称之为“学校语文知识”。

（二）确定讨论的层面

要讨论学校语文知识问题，应该区别讨论的层面，必须确定我们是在什么范围内讨论。讨论的层面大致可以做以下划分。

语文课程目标的层面。语文课程目标面对“是什么”的问题：为了适应现代社会和学生个体的发展，国家期望学生具备的语文素养“是什么”？主要包括人文素养和语文能力这两个方面。

语文课程内容的层面。语文课程内容面对“教什么”的问题：为了有效地达成语文课程标准所设定的语文素养目标，“应该教什么”？从大的方面看，一是构成人文素养确切所指的文学、文化经典作品（定篇），以及对它们的阐释；二是包括事实、概念、原理、技能、策略、态度在内的语文知识。

语文教材内容的层面。语文教材内容面对“用什么去教”的问题：为了使广大学生较好地掌握既定的课程内容，“用什么去教”，用什么资源，如何去呈现课程内容？

语文教学内容的层面。语文教学内容同时面对两个问题：第一，针对具体情境中的一个班乃至一组、一个学生，为使学生更有效地达成既定的课程目标，“实际上需要教什么”？第二，为使具体情境中的这一个班乃至这一组、这一个学生能更好地掌握既定的课程内容，“实际上最好用什么去教”？这两个问题如果体现在课堂教学实践中，就是教师“实际在教什么”“事实上是用什么去教的”；如果落实到学生的学习中，则可以集中为一个问题，即学生“实际在学什么”。

（三）认定所要讨论的问题

《标准》的主体是目标，尤其是阶段目标。一方面，与以往的语文教学大纲不同，课程目标是对学生学习结果的描述，而不是对教学内容（比如语文知识）做具体的规定。另一方面，课程目标又蕴含、指引着教学内容，以及中小学生所需要学习和掌握的语文知识。目标是什么，当然可以讨论；但在目标既定的前提下，语文课程目标的研究，主旨应该是使目标得到明晰的表述，使大家对目标的内涵有一致的理解。

在这一层面上关于语文知识问题的讨论，应该是对其具体“所指”的讨论，也就是通过对表达目标所用概念的界定，来界定所涉及的语文知识的含义。比如：“在通读课文的基础上，理清思路，理解主要内容，体味和推敲重要词句在语言环境中的意义和作用。”[①] 什么是课文的“主要内容”？什么是“重要词句”？什么是“语言环境”？什么叫“意义和作用”？什么叫“理解”？什么算“体味”？什么又是“推敲”？什么叫“理清思路”？乃至什么叫“通读课文”？再比如：“阅读简单的议论文，区分观点与材料（道理、事实、数据、图表等），发现观点与材料之间的联系，并通过自己的思考，作出判断。”[②] 什么叫“简单的议论文”？什么是“观点”？“观点与材料之间的联系”指什么？什么是议论文阅读中的“思考”？什么是“判断”？“判断”什么？什么是“区分”？什么叫议论文阅读中的“发现”？乃至什么叫“阅读议论文”？

在我看来，上述这些概念都需要解释、界定，而类似上述界定含义的讨论，目前我们并未系统地开展。综观《标准》的解读文章，论述的几乎都是“学段目标”之前或之后的文字，对学段具体目标本身做分析、阐释的，很少；那些做解释的，多是自己的既有观念对《标准》的投射，

---

①② 中华人民共和国教育部. 全日制义务教育语文课程标准（实验稿）[M]. 北京：北京师范大学出版社，2001: 11.

说的也未必是《标准》的本文含义。打个不太恰当的比方，好比一部法律出台，意义如何重大、观念如何先进，宣传铺天盖地，而对具体的法条则不去理会，大家愿意怎么理解就怎么理解，愿意怎么执行就怎么执行。结果那些大意义、新观念，很容易被篡改，很容易变成歪门邪道。

语文课程内容的层面，所要讨论的是达成目标的课程内容的具体构成。语文知识问题的讨论，可以从两个方面入手：第一，对已经纳入语文课程的学校语文知识进行考察；第二，研制应该纳入语文课程的语文知识。

在我国，语文课程具体形态的研制一直是个空白，语文教材事实上一直顶替着语文课程，由语文教材所传布的语文知识实际上就构成语文课程内容。因此，对已经纳入语文课程的学校语文知识进行考察，在很大程度上就是对语文教材所传布的语文知识——主要表现为语文教材编撰者在“思考和练习”等部分和教师教学参考用书中所选择、生产的语文知识，包括学生教辅读物中所传布的语文知识——进行考察。考察的主题应该在以下三个方面的关系中来确定。

第一，**学校语文知识与学术界相关学科的研究现状之间的关系**。主要考察语文知识的正确性：（1）已经纳入教材的语文知识与学术界的研究是否相一致？（2）是否根据学术界研究的新进展，纳入了必要的新知识，或者废弃了陈腐的旧知识？

第二，**学校语文知识与语文课程目标之间的关系**。也就是课程目标内容化的问题。主要考察语文知识的有效性：（1）诸多相关学科是否提供了足以达成课程与教学目标的语文知识，能不能提供？（2）语文教材的编撰是否从相关学科中获取了足以达成目标的语文知识，有没有获取？（3）已经纳入教材的语文知识与目标是否一致，是否足以达成目标？

第三，**学生在听、说、读、写某一方面的某一环节实际所拥有的语文个人知识与课堂里所授的语文知识之间的关系**。主要考察语文知识的适用性：（1）已经纳入教材的语文知识主要适用于什么样的学生？（2）对另一些学生选用哪些与他们的实际情况相适应的语文知识？

语文教材内容的层面，所要讨论的是语文知识的呈现方式问题，也就是语文教材的编撰策略和技术问题，即课程内容如何教材化、教材内容如何教学化。关于这一层面的讨论，需要进一步具体化，在研究中我们开发了一些有助于问题深入的研究框架。

比如，基于文选型的阅读教材，我们从功能的角度鉴别出了“定篇”（属于课程内容）“例文”“样本”“用件”四种选文类型，并在中外母语教材的比较研究中分别研究了它们的编撰策略和技术。①

再如，在对课堂上的语文知识学习与语文实践活动的考察中，我们鉴别出了三种语文实践活动：(1)“与语文实践能力具有同一形态的听说读写实践活动”，即自悟式的“在游泳中学习游泳”，学生所获得的是语感状态的知识；(2)“对所要培养的语文实践能力有促进作用的实践活动”，类似于在“教师心中有知识，口中无术语”这样的理念指导下所进行的活动，学生所获得的主要也是语感状态的知识；(3)“语识转化为语感的语文实践活动”，在“潜藏式教学”和“知识讲解”之间，有多种可供教材编撰者选择的策略和技术，学生具体所获得的也会呈现出从融化为语感（语识—语感）到只知道干巴巴的术语名称（死记硬背）等多种状态。

在口语交际方面，我们从“日常生活中的口语交际活动”“组织中的口语交际活动”和“隆重场合的口语交际活动”这三大类入手，鉴别出了“反思性”“形成性”“技巧性”这三种质地的课程内容，并对相应的活动分别进行了较为系统的研究。② 在我与著名儿童文学研究专家方卫平教授等合作编撰的《新课标语文学本：小学卷（3—6年级）》中，

① 王荣生. 语文科课程论基础 [M]. 2014版. 北京：教育科学出版社，2014: 295-356.

② 请参见王荣生《口语交际的课程内容及活动设计》（上）和（下），连载于《语文学习》2004年第11和第12期。

我们在实用文阅读、儿童文学作品鉴赏以及古代诗文鉴赏等方面，对编撰策略和技术进行了新的探索。[①]

在语文教材内容层面讨论语文知识，几乎等同于语文教材的编撰研究，在这个方面还有许多问题需要更深入、更细致的讨论，比如在练习题设计中知识呈现的确定性问题、在教学设计中前后知识之间的关联性问题等。我们认为，语文教材研究的宗旨是使教师更方便地“教”，使学生更有味地“学”。换句话说，宗旨是更有创意、更有效地呈现语文课程内容，更有创意、更有效地呈现语文知识。

语文教学内容的层面，所要讨论的主要问题是对具体学生的针对性、适应性，即教师所教的语文知识对该班学生达成语文课程目标的具体针对性、教师所采用的呈现方式对该班学生的现实适应性。由于我国的语文教材近乎名存实亡[②]——远未达到语文课程内容教材化、语文教材内容教学化的程度，如果语文教师不甘心照搬教参的话，其备课几乎等同于课程内容的研制和教材内容的编撰——我国语文教师的所谓备课，尤其是公开课的备课，在很大程度上就是面对一篇课文冥思苦想“教什么”“用什么去教”。这样，在语文课程内容、语文教材内容的层面所要讨论的语文知识问题，乃至在语文课程标准的层面所要讨论的目标界定问题，作为个体的语文教师被迫全部要独立地面对。然而事实上，他根本就不可能独立解决因别人玩忽职守而转嫁到他头上的种种难题。为使语文教学内容层面的语文知识问题的讨论切实有效，我们建议在这一层面重点围绕以下三个方面讨论。

第一，对语文教师所拥有的语文知识，包括理论性知识和实践性知识（教师知道什么）进行反思或审议。

---

① 王荣生，方卫平. 新课标语文学本：小学卷（3—6 年级）[M]. 上海：华东师范大学出版社，2005.

② 王荣生. 语文教材与教学内容 [J]. 语文学习，2004(2).

第二，对语文教师在课堂教学中实际实施的教学内容（教师在课堂上实际教什么）进行反思或审议。

第三，对教学之后学生们所驻留的经验（学生在课堂上实际学什么）进行探询并审议。

当然，上述反思、探询或审议，同样必须在三个关联中进行，即语文教师所拥有的语文知识与学术界相关学科的研究现状之间的关联，教师实际在教的语文知识与语文课程目标之间的关联，学生在听、说、读、写某一方面的某一环节实际所拥有的语文个人知识与课堂上所传授的语文知识之间的关联。我们认为，在三个关联中围绕上述三个方面来讨论语文知识的问题，应该成为语文教师校本教研的主题，应该作为语文教师专业知识发展的主要途径，也应该作为语文教学论目前研究的主课题。

（四）怎么讨论

怎么讨论上面所列举的种种问题？我想总的原则应该是打持久战，做点点滴滴的具体工作，不断地把研究往前推进，使课程、教材、教学一天胜似一天地得到改善。上述种种问题，实际上都是累积了上百年的问题，不可能凭一两个人用“革命”的方式在一转念间便获得圆满的解决。

要坚决避免对语文知识问题的抽象谈论，尤其要警惕某些人胡说八道。我国语文教育研究中的语文知识问题，是一个被人为复杂化乃至意识形态化的问题，其中掺杂了数不清的胡说八道。比如，在一段时间内，有人一说知识就一脸贬斥，“不宜刻意追求语文知识的系统与完整”被荒唐地解读为“不要知识”，把语文课程与教学弄成极端“无知”的课程与教学。再比如，现在又听说一些人开始鼓噪什么重建“语文知识体系”“语法知识体系”，这显然又是胡说八道。离开了与达成语文课程目标的关联，离开了与学术界研究进展的不断流通，离开了母语环境下千姿百态的学生具体情况，所谓“体系”、所谓“系统”，简直就是“皇帝的新装”。

这里谈一谈对“知识清单”的认识。2002年，韩雪屏先生顶着被误解的压力在《语文建设》上发表了《审视语文课程的知识基础》①一文，鲜明地提出了语文课程的知识问题。对此我是赞同的，我荣幸地在同期杂志上发表的《欧美语文课程的知识状况》，自认为是对韩先生的实际声援。但是，对韩先生提出的“知识清单”问题我持保留意见，我也当面表达了我的意见。我认为这个问题应该区分层面来讨论，只有在课程研制的层面提出清单的要求才是必需的，而且现在仍有十分的必要强调这个“必需”。在《语文课程标准所预示的范型转换》②一文中，我建议语文教材审查应该分成两道程序，此后在专著《语文科课程论基础》中我更为详细地论述道：“第一，审查语文课程内容的研制，要求提供语文课程内容各项目的理论依据和实验数据，详细论证它们的合理性、可行性、实施条件和适用情境，对在目前学理背景下尚不能清晰描述的因而无法提出‘教什么’的方面，也应客观地加以说明。过去与教材编写粘连的课程内容设计，理论上讲是依据《大纲》，但实际的工作程序，却是依据另行研制的‘编写方案’，其主体是冠名为‘教材体系’的内容框架，比如‘说明能力训练：说明事物的特征 // 说明的顺序 // 说明的方法 // 说明的语言’，既没有具体的内容项目，也从未被要求论证这些‘内容’的合适性、与达成目标的一致性、可行性，对实施条件和适用情形更是几无考虑。而上述那些空洞、与目标关联未经验明的‘教材体系’，在‘教教材’的执行中则转化为要教师去费力揣摩的‘编辑意图’，从而将课程内容研制中本来就存在的问题转嫁给教学，变成了教师（素质）的问题。这显然是不公道的。”③

① 韩雪屏. 审视语文课程的知识基础 [J]. 语文建设，2002(5).

② 王荣生. 语文课程标准所预示的范型转换 [J]. 教育研究，2003(2).

③ 王荣生. 语文科课程论基础 [M]. 2014 版. 北京：教育科学出版社，2014: 380.

我以为，在语文课程标准层面不存在清单的问题；在语文教材、语文教学层面是不是要以清单的方式出现，则有各种情况。而且，即使在语文课程层面，语文知识也不会只有一张清单。我是鼓吹语文课程具体形态多元并存的。也就是说，我承认条条大路通罗马的现实。道理并不复杂，有人不上语文课，语文能力照样很强，我国古代就靠选文的读读背背，也照样产生了许多文学巨匠。我的意思是说，一种特定的语文课程形态，只适用于特定情形的某些学生，没有一种课程形态是普天下可通用的。道理我想也不复杂，清华大学附属中学、北京大学附属中学的学生所实施的“语文课程”（比如自由读书），与西北偏远地区的学生所经历的“语文课程”（比如知识讲授），显然应该是有区别的。因而适用于这两种情形的语文课程，应该有两份不同的知识清单，尽管它们所要达成的是共同的语文课程目标。从这个意义上说，语文课程需要的不是一份知识清单，而是许多份知识清单。而且，知识清单也绝不是靠几个人拍脑袋所能列出来的，它是在语文课程研制的过程中，在课程内容与教材编制的不断互动中，通过反复审议，才能逐渐明朗的。

但是现在，尤其是对广大语文教师来说，好像还远没有到谈清单的时候。学校语文知识的严重问题，不是没有清单，而是没有构成清单的货色。在我看来，学校的语文知识不是太多，而是近乎没有；或者可以这样表述，语文教学中充满着像徐江老师所说的“垃圾知识”，而真正能帮助学生有效达成课程目标的知识则几乎没有。

所以需要建设，需要在审议和反思中除旧纳新。而建设是具体的，除什么旧、纳什么新，也是具体的。我以为，语文知识的问题必须一项一项、一个一个地具体讨论，在与学术界研究现状的关联、在与语文课程目标的关联、在与学生具体情形的关联中，一项一项、一个一个地具体讨论。

至于讨论的途径和方法，我想应该因条件而异，比如，我写理论文章是一种讨论法，写课例评议是一种讨论法；我和韩雪屏先生合编《新专题教程：初中语文 1：语言知识新视点》[①]是一种途径，我和方卫平等先生合编《新课标语文学本：小学卷（3—6 年级）》是一种途径；我主编从语文教学内容角度着眼的《新课程教例与教案研究丛书 · 语文系列》[②]是一种讨论法，主持《语文学习》“语文课程建设 · 案例”专栏是一种讨论法。

对语文知识的问题，语文教师一定要当作切身的问题，当作自己专业知识发展的问题，当作培养你所教班级的学生的语文素养问题来讨论，千万不要搬运一通陈述性知识、程序性知识、策略性知识等名词来糊弄别人并糊弄自己。

五、语文学科知识概论

语文教学是专业性很强的工作，语文教师的专业化建设刻不容缓。然而，语文教师的专业知识包含哪些方面，有哪些具体内容，长期以来大家对此一直语焉不详，语文教学的专业含量不断弱化，这严重损害了语文教师的专业尊严。这种状况必须改变。

我们承担了教育部考试中心教材研究所组织的全国教师资格考试学习用书编写工作，由 20 位学有专长的博士和教授，根据考试大纲编写完成《语文学科知识与教学能力》（适用于初级中学教师资格申请者）《语文学科知识与教学能力》（适用于高级中学教师资格申请者）。编写的过程，是一个学习和研究的过程，在这一过程中，语文教师专业知识的构成及其具体内容，渐渐呈现出较为清晰的面貌。

---

① 王荣生，韩雪屏. 新专题教程：初中语文 1：语言知识新视点 [M]. 上海：华东师范大学出版社，2004.

② 王荣生. 新课程教例与教案研究丛书 · 语文系列 [M]. 南宁：广西教育出版社，2004.

语文教师的专业知识，由语文学科知识、语文教学设计、语文教学实施、语文教学评价四个方面构成。这里介绍的，是其中的语文学科知识。

语文学科知识，是从事语文教学工作的前提性知识。它包含以下四个方面的内容。

（一）语文学科的基础知识

语文学科的基础知识，即关于语文活动对象或主体的知识。

语言学、文学理论、文章学和心理学，是支撑语文学科的四根支柱，因而是语文学科的基础知识。这些知识理应通过大学相关课程和教材来学习。然而，由于种种原因，一些对语文教学极为重要的知识，大学相关课程和教材或者未予申明，或者未予突出，有的还缺乏研究，因而导致语文教师普遍未能知晓，在语文教学中往往未能发挥其应有的效用。

参考相关学科专家的著述，结合对语文教学实际的考察，我们筛选、提炼了语言学、文学理论、文章学、心理学若干知识点，并加以简洁而有针对性的阐释。具体纲目见下表。

表 2-2　语言学、文学理论、文章学、心理学若干知识点

语言学若干知识点	文学理论若干知识点	文章学若干知识点	心理学若干知识点
一、汉语言文字特点 二、语境与词义 三、语体 四、语篇 五、修辞格及比喻	一、文学的基本要素 二、文学文本的层次 三、文学文类与文学文体 四、抒情话语 五、叙事话语 六、文学接受	一、实用文章 二、亚文类与体裁 三、章法与脉络 四、段落 五、表达方式	一、知识与知识表征 二、图式 三、迁移 四、移情

语言学、文学理论、文章学和心理学知识，在论述语文学习领域的知识和语文教学设计时，将有进一步的展开。比如，进行散文、文言文教学设计时，就要对散文的文类特征、文言文的特点进行清晰的论述；阐述阅读、写作等学习领域的知识时，就会较多地涉及阅读心理学、写作心理学等内容。

（二）语文学习领域的知识

语文学习领域的知识，即关于语文课程与教学内容的知识，在语文教学中“应该教什么”“应该学什么”的知识。

根据《全日制义务教育语文课程标准（实验稿）》，在语文课程中，语文学习有“识字与写字”“阅读”“写作”“口语交际”“综合性学习”五个领域。根据《普通高中语文课程标准（实验）》，高中语文课程包括必修和选修两个部分，其中必修课程分“阅读与鉴赏”“表达与交流”两个方面。“阅读与鉴赏”，实际上指两种不同的阅读类型；“表达与交流”，包括书面表达和口头表达。因此高中语文必修课程，仍可依《全日制义务教育语文课程标准（实验稿）》分为“阅读”“写作”“口语交际”等学习领域。高中语文选修课程的五个系列，则是“阅读”“写作”“口语交际”等学习领域的进一步扩展或深化。

在语文教学中“应该教什么”“应该学什么”，《标准》实际上已做出了明确的回答，那就是“识字与写字”“阅读”“写作”“口语交际”“综合性学习”五个学习领域。这个回答是革命性的；尽管它的革命性意义，在以往的语文课程标准解读中，并未得到充分的阐发。语文课程与教学的内容，主要不是关于对象或主体的知识，不是关于语言的语言学知识，不是关于文学的文学理论知识，不是关于文章的文章学知识，不是关于心理活动的心理学知识。这些知识的学习，是为“识字与写字”“阅读”“写作”“口语交际”“综合性学习”服务的。只有把它们融会在“识字与写字”“阅读”“写作”“口语交际”“综合性学习”中，学习它们才有意义和价值。

换言之，语文课程与教学的内容，是把主体与对象关联起来的知识。“识字与写字”，关系到识字、写字的人和所识的字、所写的字；“阅读”，关系到阅读的人和所阅读的读物；“写作”，关系到写作的人和写作的具体情境及所写的文章样式；“口语交际”，关系到听话、说话的人和听说的具体情境及话语类型；“综合性学习”，关系到学习的人和语文综合性活动的情境及任务。语文学习，是学习如何识字与写字、如何阅读、如何写作、如何进行口语交际、如何运用语文进行综合性学习。这种认识，是语文教育研究者业已形成的共识，即语文学习不是学习静态的语言学、文学理论、文章学知识等，不是学习关于“语言”的陈述性知识，而是学习“言语”，学习如何运用语言的程序性知识、策略性知识。语文课程标准就是把这样的共识固定下来，并以标准的形式加以确认。

问题是研究没有跟进。阅读是怎么回事、写作是怎么回事、口语交际是怎么回事、语文综合性学习是怎么回事，长期以来，似乎并没有说明白过。阅读学习什么、写作学习什么、口语交际学习什么、语文综合性学习要综合什么和学习什么，长期以来，似乎均无着落。现在，到了该说清楚的时候了；所积累的研究成果，也具备了基本能说明白的条件。表 2-3 是关于“阅读”“写作”“口语交际”这三个主要学习领域的论述纲目。

表 2–3　阅读、写作、口语交际领域的学习内容

阅读与学习阅读	写作与学习写作	口语交际学习内容
一、阅读的观念 二、阅读活动中的理解 三、阅读取向与阅读方法 四、阅读规则和策略 五、文学鉴赏的含义 六、实用文章阅读类型举隅	一、写作是特定语境中的书面表达 二、写作的语境要素 三、写作活动：在特定语境中构造语篇 四、中学生写作的语篇类型 五、写作过程、步骤与策略	一、口语交际的含义 二、口语交际的类型及其学习内容 三、口语交际中的倾听和非语言交流

语文学习领域的知识，在散文、小说、诗歌、戏剧、实用文章和文言文阅读教学设计，在自叙文、虚构故事、阐释文、论辩文等写作教学设计，在日常生活中的口语交际、组织中的口语交际、隆重场合的口语交际教学设计，在知识性的语文综合性学习、探究性的语文综合性学习、体验性的语文综合性学习等教学设计中，将有进一步的展开或具体化。对这些知识，语文教师需要理性把握，并将之落实到课堂上，努力转化为学生的语文经验。

(三)语文课程与教学论知识

语文课程与教学论知识，即对语文课程、语文教材、语文教学和语文教学评价的认识。

对语文教学来说，这部分知识处在上位，它贯通教育学原理、课程论、教学论、教育评价论等知识，也体现着语文课程与教学论研究的智慧，对语文教学起着统摄性的引领和规范作用。

比如语文课程论中语文活动与语文学习的关系、语文知识与语文实践的关系、语文课程目标的特点、语文课程目标与课程内容的关系、语文课程内容的构成等，语文教材论中语文教材的类型、语文教材的内容、语文教材中的选文的功能、语文教材使用的原则等，语文教学论中教学方法的含义、教学内容与教学方法的关系、“教的活动”与“学的活动”的关系、“学习状态”与“学习经验”的关系等，正确地理解这些内容，合理地把握这些关系，对语文教学至关重要。

语文教学中出现种种问题，不仅是因为对语文教学内容把握不住，而且往往是因为对语文课程、教材、教学和教学评价的认识不到位。为此，我们专门撰写了语文课程论撮要、语文教材论撮要、语文教学论撮要、语文教学评价论撮要，指明语文教师必须知道的语文课程与教学论知识。

知识来源于可靠的研究。在语文教育、教学的研究和实践中，尤其要强化尊重知识，尤其要注意分辨研究得出的结论与基于个人立场的观点、主张。区分知识与观点、主张，并不那么困难：在一种认识提出之后，我们只需问“你是怎么知道的”，如果所得到的回答是或事实上是“我是这么认为的”，那么这就是个人的观点、主张。个人的观点、主张可能是真知灼见，因而可供参考，应“姑妄听之”；不同观点、主张或许各有道理，因而可多元共存，应“兼听则明”。如果得到的回答显然是基于充分的资料分析，包括对书面资料的公正梳理、对教学实践的客观剖析，那么这就是研究得出的结论。研究得出的结论，在未被证伪之前，就是知识，就是对规律的揭示。除非有证据证明它的资料不可靠、分析不正确、逻辑有错误，否则，不管喜欢与否，不管是否与自己的观念相冲突，都不能无视或轻易反对这一研究结论。尊重知识，是人的美德；按专业知识行事，所以是专业工作者。

（四）语文课程资源知识

语文课程资源知识，主要有以下四个方面。

（1）对语文课程标准的理解。

（2）对所使用的语文教科书与教学参考书的把握。

（3）对优秀语文教师及成功课例的熟悉。

（4）对信息化语文课程资源和语文教学研究主要杂志的了解。

一名语文教师，如果对语文课程标准不能正确理解，对所使用的语文教科书不能妥善把握，不知道有哪些语文教学专家，不能从语文教学专家的成功课例中获取行事的准则，不知道语文教学研究的主要杂志，不能利用好的信息化语文课程资源，就不太可能成为称职的语文教师。

以上是语文学科知识的概貌。为便于大家学习和切磋，这里列出一部分我们精选的拓展阅读书目，供参考。

一、语言学

1. 克里斯特尔. 现代语言学词典 [M]. 沈家煊，译. 北京：商务印书馆，2000.

2. 申小龙. 汉语与中国文化 [M]. 上海：复旦大学出版社，2003.

3. 刘世生，朱瑞青. 文体学概论 [M]. 北京：北京大学出版社，2006.

4. 刘辰诞. 教学篇章语言学 [M]. 上海：上海外语教育出版社，1999.

5. 胡曙中. 语篇语言学导论 [M]. 上海：上海外语教育出版社，2012.

6. 王荣生，韩雪屏. 新专题教程：初中语文 1：语言知识新视点 [M]. 上海：华东师范大学出版社，2004.

二、文学理论

1. 艾布拉姆斯. 文学术语词典（中英对照）：第 7 版 [M]. 吴松江，等译. 北京：北京大学出版社，2009.

2. 韦勒克，沃伦. 文学理论 [M]. 刘象愚，邢培明，陈圣生，等译. 北京：生活·读书·新知三联书店，1984.

3. 南帆. 文学理论新读本 [M]. 杭州：浙江文艺出版社，2002.

4. 童庆炳. 文学理论教程 [M]. 北京：高等教育出版社，2007.

5. 杨义. 中国叙事学：图文版 [M]. 北京：人民出版社，2009.

三、文章学

1. 李扶九. 古文笔法百篇 [M]. 长沙：岳麓书社，1984.

2. 王凯符，吴庚振，徐江. 古代文章学概论 [M]. 武汉：武汉大学出版社，1983.

3. 夏丏尊，叶圣陶. 国文百八课 [M] // 叶圣陶. 叶圣陶教育文集：第五卷. 北京：人民教育出版社，1994.

4. 曾祥芹，甘其勋，刘真福. 新专题教程：初中语文 5：文章知识新视点 [M]. 上海：华东师范大学出版社，2006.

5. 陈满铭. 章法结构原理与教学 [M]. 台北：万卷楼图书股份有限公

司，2007.

四、心理学

1. 麦克德维特，奥姆罗德. 儿童发展与教育 [M]. 李琪，闻莉，罗良，等译. 北京：教育科学出版社，2007.

2. 加涅. 学习的条件和教学论 [M]. 皮连生，王映学，郑葳，等译. 上海：华东师范大学出版社，1999.

3. 安德森，克拉斯沃尔，艾雷辛，等. 学习、教学和评估的分类学：布卢姆教育目标分类学：修订版 [M]. 皮连生，等译. 上海：华东师范大学出版社，2008.

4. 维果茨基. 思维与语言 [M]. 李维，译. 杭州：浙江教育出版社，1997.

5. 卡罗尔. 语言心理学：第四版 [M]. 缪小春，等译. 上海：华东师范大学出版社，2007.

6. 迈耶. 教育心理学的生机：学科学习与教学心理学 [M]. 姚梅林，严文蕃，等译校. 南京：江苏教育出版社，2005.

五、阅读与学习阅读

1. 艾德勒，范多伦. 如何阅读一本书 [M]. 郝明义，朱衣，译. 北京：商务印书馆，2004.

2. 诺德曼，雷默. 儿童文学的乐趣：第 3 版 [M]. 陈中美，译. 上海：少年儿童出版社，2008.

3. 比尔，普林斯顿语言研究中心. 如何阅读：一个已被证实的低投入高回报的学习方法 [M]. 刘白玉，韩小宁，孙明玉，译. 北京：中国青年出版社，2016.

4. 顾晓鸣. 阅读的战略 [M]. 上海：上海人民出版社，1985.

5. 谢锡金，林伟业，林裕康，等. 儿童阅读能力进展：香港与国际比较 [M]. 香港：香港大学出版社，2005.

6. 鲍善淳. 怎样阅读古文 [M]. 上海：上海古籍出版社，1982.

六、写作与学习写作

1. 戴健林，朱晓斌. 写作心理学 [M]. 广州：广东高等教育出版社，2003.

2. 祁寿华. 西方写作理论、教学与实践 [M]. 上海：上海外语教育出版社，2000.

3. 章熊，张彬福，王本华. 中学生言语技能训练 [M]. 北京：人民教育出版社，2005.

4. 叶黎明. 写作教学内容新论 [M]. 上海：上海教育出版社，2012.

5. 荣维东. 交际语境写作 [M]. 北京：语文出版社，2016.

6. 邓彤. 微型化写作教学研究 [M]. 上海：上海教育出版社，2018.

七、口语交际的学习内容

1. 张鸿苓. 中国当代听说理论与听说教学 [M]. 成都：四川教育出版社，1998.

2. 王荣生. 口语交际的课程内容及活动设计 [J]. 语文学习，2004(11/12).

3. 黑贝尔斯，威沃尔. 有效沟通：第 7 版 [M]. 李业昆，译. 北京：华夏出版社，2005.

4. 格里芬. 初识传播学：在信息社会里正确认知自我、他人及世界：插图第 7 版 [M]. 展江，译. 北京：北京联合出版公司，2016.

5. 沃尔文，科克利，吴红雨. 倾听的艺术：第 5 版 [M]. 上海：复旦大学出版社，2010.

6. 赛尔劳. 公共演讲：路径与方法：第 2 版 [M]. 朱强，主译. 北京：清华大学出版社，2010.

八、语文综合性学习

1. 巢宗祺. 语文综合性学习的价值与目标定位 [J]. 人民教育，2005(5): 24–28.

2. 李海林. 活动量、活动对象和活动成果的语文性：对一个语文综合性学习的案例分析 [J]. 语文教学通讯（初中刊），2006(9): 7–9.

3. 洪宗礼，柳士镇，倪文锦. 母语教材研究：5　外国语文课程教材综合评介 [M]. 南京：江苏教育出版社，2007.

4. 佐藤学. 静悄悄的革命：创造活动、合作、反思的综合学习课程 [M]. 李季湄，译. 长春：长春出版社，2003.

5. 申宣成. 表现性评价在语文综合性学习中的应用 [D]. 上海：华东师范大学，2011.

九、语文课程资源

1. 钟启泉，崔允漷. 新课程的理念与创新：师范生读本 [M]. 北京：高等教育出版社，2003.

2. 张鸿苓，陈全明，张定远，等. 新中国中学语文教育大典 [M]. 北京：语文出版社，2001.

3. 谢谦. 国学词典 [M]. 北京：中国人民大学出版社，2011.

4. 洪宗礼，柳士镇，倪文锦. 母语教材研究：6　外国语文课程标准译介 [M]. 南京：江苏教育出版社，2007.

5. 白琳，巴特斯比. 权衡：批判性思维之探究途径 [M]. 仲海霞，译. 北京：中国人民大学出版社，2014.

十、文本解读优质资源

1. 王先霈. 文学文本细读讲演录 [M]. 桂林：广西师范大学出版社，2006.

2. 钱理群. 名作重读 [M]. 上海：上海教育出版社，1996.

3. 孙绍振. 名作细读：微观分析个案研究 [M]. 修订版. 上海：上海教

育出版社，2009.

4. 孙绍振. 孙绍振如是解读作品 [M]. 福州：福建教育出版社，2007.

5. 陈日亮. 如是我读：语文教学文本解读个案 [M]. 上海：华东师范大学出版社，2011.

6. 吴中杰. 吴中杰评点鲁迅小说 [M]. 上海：复旦大学出版社，2003.

7. 吴小如. 古文精读举隅 [M]. 天津：天津古籍出版社，2002.

六、事实性知识、概括性知识与“大概念”

正如艾斯纳所说：“词语不光有字面意思，还有言外之意。通常后者较大地影响了人们的思考方式。”① “Big Idea”，时下有人翻译为“大概念”“大观点”“大观念”“大理念”“大思想”等，至少在语文教育界，在“反知识”的舆论语境中，这串学术词语看来极难按其本义被认识。

（一）复原知识的素容

建构主义学习环境设计，向来是四个中心②：“学习者中心”“知识中心”“评估中心”“共同体中心”。但我国的教育理论传播者却刻意遮蔽其中最为重要的“知识中心”；在语文教育界，至今还弥散着一波“反知识”的舆论。

---

① 艾斯纳. 教育想象：学校课程设计与评价 [M]. 李雁冰，等译. 北京：教育科学出版社，2008: 126.

② 布兰思福特，等. 人是如何学习的：大脑、心理、经验及学校 [M]. 程可拉，孙亚玲，王旭卿，译. 上海：华东师范大学出版社，2002: 147－167.
布兰思福特，等. 人是如何学习的：大脑、心理、经验及学校：扩展版 [M]. 程可拉，孙亚玲，王旭卿，译. 上海：华东师范大学出版社，2013: 115－136.

翻阅基础教育改革中引进的译著，笔者感觉到一种强烈的反差：流传到我国的学习理论和教学设计模式，重在学理阐释；流传到我国的教学模式和教学方法，其倡导者都是用长期实践形成的系统化设计模板来帮助老师实施的。而我国教育理论的传播者，尤其是语文教育界的一些传播者，似乎一厢情愿地在“行为主义”“认知主义”“建构主义”上自我站队，似乎更感兴趣于理念呼喊，似乎更像某种外国产品的热情推销员。

最明显的举止，就是做个“标题党”：似乎有一些天然好词，体现先进理念；似乎有一些本质坏词，弃之、避之，更污名之。其中，被污名最甚的就是“知识”这个词。

然而，在“知识”的原产地好像不是这样的。

◎《布卢姆教育目标分类学：分类学视野下的学与教及其测评（完整版）》（修订版）指出[①]：“我们把一门学科的内容称之为知识……我们有两条理由以‘知识’代替‘内容’。第一条，为了强调学科内容是‘整个历史上的共享知识’这一事实，它通过一个学科内部现有的共识而获得，并随时间的推移而变化；第二条，为了把一门学科的内容与包含内容的教材区分开来。”

◎比利时的易克萨维耶·罗日叶说[②]：“在普通的语言里，我们常常说‘知识’，这简单而平常，但是却不完全明确具体，因为这里我们是通过某一活动（知道某事物）来指称某一状态（我们知道的事物）。不过，在本书中我们将会常常使用‘知识’这个词来指称‘内容’。”

① 安德森，等. 布卢姆教育目标分类学：分类学视野下的学与教及其测评：完整版 [M]. 蒋小平，张琴美，罗晶晶，译. 修订版. 北京：外语教学与研究出版社，2009: 10－11.

② 罗日叶. 整合教学法：教学中的能力和学业获得的整合：第 2 版 [M]. 汪凌，译. 上海：华东师范大学出版社，2010: 31－32.

◎美国“执着地致力于把认知理论应用到教学历程”[①]的理查德·E. 梅耶《应用学习科学：心理学大师给教师的建议》一书，是从学习结果的角度来定义学习的：“学习是由经验引起的学习者知识的变化。”当然，他随即补充说：“我使用的‘知识’这个术语是一个比较宽泛的概念，它包含了事实、程序、概念、策略以及信念。”[②]

◎被誉为“也许是……所有有关学习的示意图中最为著名的一个”[③]的库柏学习圈，四个象限的知识类别是“同化型知识”“聚合型知识”“顺应型知识”“分散型知识”。

◎“致力于将教学研究成果转化为改革实践”[④]的罗伯特·马扎诺提出“学习的五个维度”[⑤]：态度与感受、获取与整合知识、扩展与精炼知识、有意义地运用知识、思维习惯。

◎被公认为新世纪基础教育改革“里程碑”的《人是如何学习的：大脑、心理、经验及学校》一书，明确建构主义学习环境设计有“学习者中心”“知识中心”“评估中心”“共同体中心”这四个中心。2000 年（中译本是 2013 年出版的）《人是如何学习的：大脑、心理、经验及学

① 曾志朗. 专文推荐 [M] // MAYER R E. 教育心理学：认知取向. 林清山，译. 台北：远流出版事业股份有限公司，1996: 1.

② 梅耶. 应用学习科学：心理学大师给教师的建议 [M]. 盛群力，丁旭，钟丽佳，译. 北京：中国轻工业出版社，2016: 14.

③ 伊列雷斯. 我们如何学习：全视角学习理论 [M]. 孙玫璐，译. 北京：教育科学出版社，2010: 56.

④ 盛群力. 后记 [M] // 马扎诺，皮克林. 培育智慧才能：学习的维度教师手册. 盛群力，何晔，张慧，等译. 福州：福建教育出版社，2015: 276.

⑤ 马扎诺，皮克林. 培育智慧才能：学习的维度教师手册 [M]. 盛群力，何晔，张慧，等译. 福州：福建教育出版社，2015: 4－7.

校（扩展版）》，更进一步强调[①]："知识中心的环境也看上去超越了参与，而参与是成功教学的主要指标。学生的兴趣和参与任务显然是重要的。然而，它并不保证学生将习得支持新学习的那种知识。鼓励动手做的任务和项目与那些鼓励理解性做的任务和项目存在重要的差别；知识中心的环境强调后者。"

证据举不胜举。在笔者目击的50余本译著中，没有看到有跟"知识"过不去的。即使是隐性知识，即使是缄默知识，总还是知识！

把"知识"这个学术词语污名化，这是不是"反"错了方向？！

换一个说法的举措，不是没有。以下是著名的三例。

（1）"理解"（名词）。威金斯和麦克泰格（又译为"麦克泰"）在《追求理解的教学设计》的绪论中，一语中的[②]："本书的精髓聚焦在一个问题上：我们如何通过教学设计，使更多的学生真正理解他们所要学习的知识？"

（2）"技能"或"知能"。被誉为"第二代教学设计之父"[③]的M.戴维·梅里尔在《首要教学原理》中用"技能"一词，"统指知识与技能的组合"。他解释道[④]："知识，即我们知道的东西；技能，即我们怎么应用。这两者是有区别的。绝大多数学科内容都可以看成是一些基本的知识与技能之组合，本书使用'技能'一词来统指知识与技能的组合。

---

① 布兰思福特，等. 人是如何学习的：大脑、心理、经验及学校：大脑、心理、经验及学校：扩展版[M]. 程可拉，孙亚玲，王旭卿，译. 上海：华东师范大学出版社，2013: 22.

② 威金斯，麦克泰格. 追求理解的教学设计：第2版[M]. 闫寒冰，宋雪莲，赖平，译. 上海：华东师范大学出版社，2017: 4.

③ 盛群力. 译后记[M] // 梅里尔. 首要教学原理. 盛群力，钟丽佳，等译. 福州：福建教育出版社，2016: 514.

④ 梅里尔. 首要教学原理[M]. 盛群力，钟丽佳，等译. 福州：福建教育出版社，2016: 48－49.

一种成分技能是知识与技能的组合，这是解决复杂问题或者完成复杂任务所必需的。”如我们所知，“技能”这一学术词语在我国也是被严重污名化的。

（3）“解决问题”。“其一生对教育技术领域的贡献基本无人能及”[①]的戴维·H. 乔纳森在《学会解决问题：支持问题解决的学习环境设计手册》一书中开宗明义[②]：“我认为在各种教育机构（公立的中小学校、大学特别是企业培训组织）中，教育（正式、非正式或者其他形式）唯一真正的认知目标就是解决问题。”该著作将“问题”分为逻辑问题、运算问题等 11 种类型[③]：“将问题进行分类的主要理由是假设解决不同类型的问题需要不同的技能。不同类型的问题解决具有不同的风险级别。假设解决不同类型的问题需要不同的技能，那么学会解决不同类型的问题就需要不同形式的教学。”作者解释道，该著作的案例来自高等教育的科学学习，暂没有中小学或者人文学科方面的案例，且书中所说的“解决问题”，与流行的“基于问题的学习”没有关系。[④]

总之，“知识”或“技能”，是“学习内容”的世界通行称谓。正如伊列雷斯在《我们如何学习：全视角学习理论》一书中所说：“内容要素是有关所学之物的，如果学习内容，没有所学之物，那么谈论学习也就不可能有什么意义。”[⑤]

建构主义批判的是学校学习知识的目的，以及由这种目的所导致的“多而浅”的学习内容和“灌输式”学习方式。

“建构主义是一种试图使学生最大限度地理解知识的教学方

---

① 刘名卓. 译序 [M] // 乔纳森. 学会解决问题：支持问题解决的学习环境设计手册. 刘名卓，金慧，陈维超，译. 上海：华东师范大学出版社，2015: 1.

②③④ 乔纳森. 学会解决问题：支持问题解决的学习环境设计手册 [M]. 刘名卓，金慧，陈维超，译. 上海：华东师范大学出版社，2015: 15, 5, 20.

⑤ 伊列雷斯. 我们如何学习：全视角学习理论 [M]. 孙玫璐，译，北京：教育科学出版 社，2010: 25.

式。"[①]"大多数建构主义学习理论把反思和抽象概念（笔者注：知识）作为主要的学习目标，学习 / 教学是一种师生彼此协商的行为，在这个过程中学习者就建构了意义。"[②]

建构意义，意味着对知识的真正理解；流传到我国的种种教学设计理论、教学模式和教学方法，其动力和本意均在于此。

（二）事实性知识及其教学的问题

不同的知识类型，需要不同的教学方法和评估方式，这是课程与教学的基本规律。

安德森等人的《布卢姆教育目标分类学：分类学视野下的学与教及其测评（完整版）》（修订版），将知识分为四种类型[③]：

（1）事实性知识。有"术语知识"和"具体细节和要素的知识"两个亚类。

（2）概念性知识。结构化的知识形式，包括"分类和类型的知识""原理和通则的知识"和"理论、模型和结构的知识"。

（3）程序性知识。关于"如何做某事"的知识，指做某事的方法、探究的方法，以及使用技能、算法、技术和方法的准则。

（4）元认知知识。关于一般认知的知识以及关于自我认知的意识和知识。

---

① 克里克山克，詹金斯，梅特卡夫. 教师指南：第 4 版 [M]. 祝平，译. 南京：江苏教育出版社，2007: 279.

② 卡尔 - 切尔曼. 教师教学设计：改进课堂教学实践 [M]. 方向，李忆凡，译. 福州：福建教育出版社，2018: 12.

③ 安德森，等. 布卢姆教育目标分类学：分类学视野下的学与教及其测评：完整版 [M]. 蒋小平，张琴美，罗晶晶，译. 修订版. 北京：外语教学与研究出版社，2009: 22.

从学科教学的角度来看，前两类相当于学科内容知识，后两类大致可以看成过程技能的知识。

知识类型与认知方式，大致是对应的。比如，事实性知识，主要是“知道”——记住并能回忆；概念性知识，则需“理解”，表现为能够解释、举例、分类、总结、推断、比较、说明等。

事实性知识包括“术语知识”和“具体细节和要素的知识”，“是相互分离的、孤立的、‘信息片段’形式的知识”。[①] 以往的基础教育，主要在教这种类型的知识，强调“知识的覆盖面”，运用“知道”“记住”的方法。这在我国应试教育背景下，则恶化为“死记硬背”的“题海战术”。

以语文教学为例：

（1）语文教师对“概念”基本上没有概念；不明白“概念”和“术语”的区别与联系，把学科概念当术语标签，比如，在课文教学中找到“论点”“论据”，找到比喻的“本体”“喻体”。十二年的课文教学，基本上是反反复复地贴标签找东西。教师和学生对语文知识都似懂非懂。

（2）对有些语文教师来说，课文教学就是教（搬运）教师参考用书中的分析结论和习题答案，也就是要学生“记住”并在学期考试卷上勾对选择题的标准答案。

在语文教学中，还较普遍地出现了其他学科不大有的问题。

（3）术语即“学术词语”，每个术语都有“所对应的、公认的所指”[②]。但语文学科流行的许多术语，尤其是一些新近引入的术语，是被“词义模糊、用法灵活”的，因而其所指不明，或所指因人而随意。术语无所指，或可滥指。据我的观察，课文教学一堂课，对同一种学习行为，语文教师会交替使用许多个学术词语，比如“理解”“感受”“体

①② 安德森，等. 布卢姆教育目标分类学：分类学视野下的学与教及其测评：完整版 [M]. 蒋小平，张琴美，罗晶晶，译. 修订版. 北京：外语教学与研究出版社，2009: 32－33, 36.

会”“感悟”“领悟”“概括”“分析”“探究”“发现”“思考”“品味”等。老师说“同学们探究一下”，意思可能是“大家想一想”，也可能是“谁找到答案啦”。

（4）课文教学，往往变成面面俱到地“教课文”，主要是一篇课文局限语境中的一些具体细节，比如课文中某个人物的动作描写、描写某处景物的比喻句、某个语段中的“好词好句”等。在中小学十二年的语文课上，学生似乎要知道“无限量贩”的具体细节——“知道”的意思是“记住”噢。

（5）可随一篇课文的内容话题，做五花八门的延伸。在语文教研中，不时可以听到一句在其他学科教师听起来感觉很古怪的话：“要把语文课上成语文课！”试试看，如果对一位物理教师说“请注意，你要把物理课上成物理课”，是不是很怪异？难道物理教师在教的竟然不是物理的内容？然而，有些语文课，确实不是在教语文；学生上语文课，“被听”大量与语文学习“不搭界”的东西——算不算“知识”，都要打个很大的问号。

从上面漫画式的简述中可以看出，事实性知识的教学，有各学科普遍存在的问题，也有语文学科所特有的问题；有我国基础教育的比较特殊的问题，也有世界范围内共有的问题。

恐怕没有可治百病的特效药。但外国的经验，尤其是解决共有问题的学理研究及其教改模式和方法，可供我们应用或借鉴；应用或借鉴，也有助于我们认识并解决基础教育的一些本土问题以及语文学科所特有的问题。

（三）概念性视角与概括性知识

正如事实性知识与“知道”“记忆”相联系，概括性知识与“理解”“探究”相联系。

埃里克森（又译为“艾里克森”）建立了一个“知识的结构”模

型[①]，解释他倡导的“以概念为本的课程与教学”。

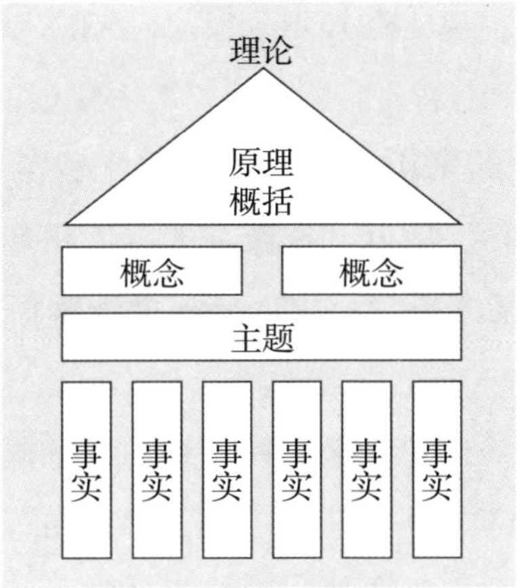

图 2–1　知识的结构

在该模型中，知识被分为两个层面共五个层级，由下往上排列如下。

第一个层面是事实性知识。分为两个层级：(1) 模型的最下方是一些特定的“事实”，即特定内容主题下的知识片段。(2)“事实”的上方是“主题”，即笼罩知识片段的内容主题，如“亚洲文化”。

第二个层面是概括性知识，埃里克森表述为“概括性理解”，大致相当于布卢姆教育目标分类学中的“概念性知识”。由下往上分为三个层级：(1)“概念”，即具有普遍性的类别知识，用一个词或短语来表述，如“文化”。(2)“概括”和“原理”。“概括”是表述两个或两个以上概念之间关系的句子；“原理”，如定律、公理等。埃里克森指出，在课程设计上，“概括”和“原理”不必区分，因而在模型中放在同一

① 埃里克森，兰宁. 以概念为本的课程与教学：培养核心素养的绝佳实践 [M]. 鲁效孔，译. 上海：华东师范大学出版社，2018: 26–27.

个三角形里，可以统称为“概括”。(3)“理论”，即最高层级的知识，但在基础教育课程教学中不太涉及，所以放在最高端的阴影里。

这一模型试图展示事实性知识与概念、概念与概括之间的关系，具有很强的解释力。

（1）解释了概念的来历。概念和主题、事实相联系，某一概念是对大量事实的抽象概括。所以，在教学中需依赖具体的事实（事实性知识），去发现或获得某一概念，也就是深度理解概念，掌握某一术语的内涵。

（2）解释了概念的使用功能。经理解的某一概念，构成一种“概念性视角”（认知的思维框架），凭借“概念性视角”去处理相应主题下的具体事实。事实性层面和概念性层面的相互作用，埃里克森称之为“协同思考”①，也就是认知的探究过程。

（3）解释了概括的含义。在两个层面相互作用的认知探究过程中，建立了某一概念与其他概念的联系，“概念又连接在一起形成跨越时空的概念性理解”②。“概念性理解”，也就是“由事实性实例支撑的真理”③，用句子形式表达就是“概括”（名词），可称之为“概括性知识”。

（4）解释了“概括性知识”的迁移能力。“正是思考的事实性层面和概念性层面的相互作用导致了深层次的理解以及概念与观点（即概括）的迁移能力。”④“概括”或“概括性知识”，“它们是跨时间、跨文化、跨情境可迁移的理解”。⑤

（5）解释了“大概念”的实质。埃里克森称之为“基本理解”或“核心概念”，是学校课程或某门课程、某个单元的“最重要的‘概念

①②③④⑤ 埃里克森，兰宁. 以概念为本的课程与教学：培养核心素养的绝佳实践 [M]. 鲁效孔，译. 上海：华东师范大学出版社，2018: 29, 28, 27, 22–23, 27.

性理解’（即概括）”。有两种“大概念”，一种是基于跨学科“宏观概念”而形成的“概括”；一种是基于与学科和特定主题相联系的“微观概念”而形成的“概括”。埃里克森建议[①]：“在一个课程单元中，应当有一到两个更为广博和抽象的宏观概念，而为了保证理解深度，大多数单元概括要使用微观概念。单元中概括的总数根据单元的长度的不同和年级的不同可以有所不同，但一般情况下，平均每个单元要有 5 到 8 个。”

（6）解释了学科或跨学科的“主题学习单元”与“‘大概念’组织的学习单元”的差别。主题学习单元，是在事实性知识的层次；“大概念”组织的学习单元，则主要在概括性知识的层次。

概括性知识，大致相当于布卢姆教育目标分类学中概念性知识中的“原理和通则的知识”；在教学设计的译著中，一般习惯译为“原理性知识”。但为了便于一线教师尤其是语文教师辨认这一学术词语的所指和含义，并尽可能使术语（概念）在教学实践中可操作化，笔者建议使用“概括性知识”这一学术词语。“概括性知识”这个术语，凸显了“事实”“概念”和“概括”之间的相互联系，也指示了“原理”形成的认知过程。此外，“原理”这个词，在中文中语义似乎比“理论”还要高一个级别，恐有高深而不可及的语义联想，故不宜采纳。

（四）“大概念”即“核心的概括性知识”

“在一门学科中，原理和通则（即概括性知识）往往占支配地位，并被用来研究该学科的现象或解决问题。”[②]概括性知识“在描述、预

① 埃里克森，兰宁. 以概念为本的课程与教学：培养核心素养的绝佳实践 [M]. 鲁效孔，译. 上海：华东师范大学出版社，2018: 34.

② 安德森，等. 布卢姆教育目标分类学：分类学视野下的学与教及其测评：完整版 [M]. 蒋小平，张琴美，罗晶晶，译. 修订版. 北京：外语教学与研究出版社，2009: 39.

测、说明或确定最合适、最恰当的行动后行动方向等方面具有最大的价值”[①]。

从学习内容的角度来看，“大概念”实际上是跨学科或学科“核心的概括性知识”。

“大概念”分两类：一类是跨学科或超越单元主题的，因而需要“综合性理解”；一类是关涉学科及单元主题的，是“主题性理解”。按照威金斯和麦克泰格所提设计标准的要求，“大概念”的“理解”必须用完整的语句表述[②]。看下面从埃里克森、威金斯和麦克泰格的著作中摘录的与语文学科相关的例子。

◎**从文本（文学作品）主题的角度：**（《麦克白》）忠诚包含了不可避免的窘境，因为忠诚总是会引发冲突。《我有一个梦想》其中的词汇和比喻使隐藏在民权运动背后的复杂观点和情感得以具体化。

◎**从作者的角度：**（1）小说家常常透过小说对人类的经验提供洞见。（2）作者不一定写出所想的内容，间接的表达方式（如讽刺、反语）要求读者解读文本的涵义，以发现作者的用意。（3）诗人往往寥寥数语便能生动地表达有关人类经验的人生教训。

◎**从语篇类型的角度：**（1）不同的文本类别（如叙事的、悬疑的、传记的、说明的、劝说的）有不同的结构。（2）现代小说颠覆了许多传统故事的元素和规范，讲述了一个更真实、更引人入胜的故事。（3）一个好的故事总能通过遗漏重要事实或提出问题（紧张、神秘、困境和不确定）来使读者想象接下来会发生什么。

---

① 安德森，等. 布卢姆教育目标分类学：分类学视野下的学与教及其测评：完整版 [M]. 蒋小平，张琴美，罗晶晶，译. 修订版. 北京：外语教学与研究出版社，2009: 39.

② 威金斯，麦克泰格. 追求理解的教学设计：第 2 版 [M]. 闫寒冰，宋雪莲，赖平，译. 上海：华东师范大学出版社，2017: 144－145.

◎**从读者的阅读行为角度：**（1）文本的意义不在于文本本身，而是在字里行间，在于积极的读者与文本之间的相互影响。（2）避免将读者的“个人反应”和对文本的“理解”相混淆。（3）理解文本的结构有助于更加理解其意义。

◎**关于写作：**（1）写作的对象和目的（如告知、劝说、娱乐）会影响文学技巧的应用（如风格、语调、用字）。（2）有效的议论文会使用论据，并采用与其目标读者相对应的语言。（3）以他人的视角进行写作可以帮助我们更好地认识世界、自己和他人。

◎**关于言语沟通：**（1）为了更为清晰地被人理解，高效的主持者将根据目标和受众调整他们的信息和呈现风格。（2）肢体语言可以使陈述变为提问，使肯定变为否定，并影响表述的语气强度。

◎**关于语言知识：**（1）标点符号和文法规则就像高速公路的标示和交通标志，能引导读者读完全文而不至于混淆文意。（2）我知道的词汇越多就越能更好地分享我的观点并理解别人的想法。

◎**关于元认知反思：**（1）我们很容易持续地验证那些我们喜欢的但未经仔细推敲的模式、理论、观点和看法。（2）高效能的读者会利用特定策略帮助自己更理解文本（如使用情境脉络的暗示、针对作者提问、预测接下来的内容、重读、做摘要）。

当然，称“大概念”和说“核心的概括性知识”，可能意味着有差异。

一方面，“知识”这个词，与“知道”有很密切的联系，教师容易操作为“告知”或“讲解”。类似上面摘引的概括性知识，在我国语文学科的课文教学课例中，几乎每节课都能挑出几个来；但是，那都是教师的“告知”，而且是教师在零零散散教学活动中东一句西一句随机冒出来的，或者是夹杂在结课总结性发言中一串含含混混的话。“大概念”与“基本问题”相互联系，鲜明地指向“探究”“理解”。“从学生那里得到这一概括”[①]，是“以概念为本的课程与教学”“追求理解的教学设计”等共同的教学原则。

另一方面，如果不加以细究，如果不去查究它在原产地的素容模样，“大概念”，尤其是翻译为“大观念”“大理念”“大思想”，极容易让人被忽悠而不知所云。尤其是在语文教育界的“反知识”舆论语境里，强调“大概念”的实质，强调“大概念”与“核心的概括性知识”同义或近义，笔者以为有十二分的必要。

因此，笔者建议，至少在正式的教研场合，尤其是在向一线教师宣讲“大概念”的时候，特别是在对语文教师提到“大概念”的时候，“大概念”和“核心的概括性知识”交替使用。

（五）与学生相适应的“大概念”及“基本问题”

埃里克森与威金斯曾同过事，两个团队各自提倡的“以概念为本的课程与教学”与“追求理解的教学设计”，有很多相同、相似之处，一些术语也交互使用，但两者对“大概念”强调的重心，还是有些差别的。

大致而言，埃里克森侧重于“由事实性实例支撑的真理”，当然也注意到对不同年级、不同程度学生所提“基本问题”和“概括”的适切性。而威金斯和麦克泰格则较多地关注“大概念”的教学功能，关注其对学生的意义。

古今中外的格言名句、前贤名人的谆谆教诲，在很大程度上都是“大概念”。对学生而言，“大概念”是抽象的，“核心的概括性知识”的意义，必须在与事实性层面相互作用的探究过程中由学生“揭示”，

① 埃里克森，兰宁. 以概念为本的课程与教学：培养核心素养的绝佳实践 [M]. 鲁效孔，译. 上海：华东师范大学出版社，2018: 93.

才能建构。

威金斯和麦克泰格从以下三个方面论述了“大概念”的教学功能及其对学生的意义。

1. 防止“专家盲点”

“大概念”，“所谓的‘大’，对孩子来说，往往是抽象的、毫无生气的、混乱的，或不相关的”，“追求理解的设计和教学的挑战是（要求设计者和教师）又一次像孩子一样来看待大概念”。[①]

按照我对威金斯和麦克泰格、埃里克森和兰宁的著作的学习体会，以及对小学语文课例的改造尝试，诸如汉字的笔画和结构是有意义的、联系课文语境理解重要字词、阅读（朗读）故事时结合自己的经验在头脑中展现具体的形象、用讲述的语气语调朗读故事等，或许这些在语文教师看来“显而易见的事实”，对我国中小学生来说，都是需要持续探究的“大概念”。

2.“基本问题”的适切性

“基本问题”，是通向“大概念”理解的航标。“基本问题”是“追求理解的教学设计”的枢纽，其作用体现在三个方面：（1）便于教师在进行教学设计时把握作为本单元目标的“大概念”。“基本问题”通向“大概念”的“理解”，对“大概念”的“理解”就是对“基本问题”探究的结果。（2）引导教学。所设计的教学活动是在“基本问题”导向下对“大概念”的持续探究过程，威金斯和麦克泰格称之为“揭示式教学”。“学习活动的计划应该确保学生能透过探究活动和具体教学活动来

① 威金斯，麦克泰格．追求理解的教学设计：第2版 [M]．闫寒冰，宋雪莲，赖平，译．上海：华东师范大学出版社，2017: 83－85.

发现大概念”[①]，教学过程就是“让该领域的大概念在学生的头脑中‘变大’”[②]的过程。(3) 激发学习动机。正如雅各布森所说：“如果课程是围绕问题（而不是目标）而设计的，那么学生会清晰地感到你正在和他们一起探讨问题。”[③]

那么，“是什么使一个问题成为基本问题”？威金斯和麦克泰格是从两个方面来回答的。

第一，“基本问题”与“大概念”互涉。“基本问题”有其本质属性，是一生中会重复提出的重要问题，是对某一学科的核心思想的探究，指向学科的核心内容。

第二，“基本问题”不是就问题本身而言的，关键要看“使用意图”。“一个问题是否是‘基本的’，取决于我们为什么提出它，我们想让学生如何解决它，以及该问题后面紧随的学习活动和评估是怎样的。”[④]从这个意义上说，“没有一个问题本来就是基本问题或非基本问题”[⑤]。“使用意图”不仅要从教师（设计者）这方面看，还必须从学生这方面看。“基本问题”是能够最大限度地吸引特定的学生愿意积极探究的问题，威金斯和麦克泰格提出“儿童友好型教学”[⑥]这一要求。

像这样的问题，或许就可能成为“基本问题”[⑦]：标点符号有必要吗？故事必须有开头、中间和结尾吗？是什么让文章值得一读？我们如何才能知道作者是否是认真的？好的读者遇到自己不理解的内容时会怎么做？“每个作家‘看到’了什么，没有‘看到’什么？”为什么作家那样说？为什么人总做傻事？为什么坏事情会发生？

---

① 威金斯，麦克泰格. 重理解的课程设计：专业发展实用手册 [M]. 赖丽珍，译. 台北：心理出版社，2008: 71

②④⑤⑥⑦ 威金斯，麦克泰格. 追求理解的教学设计：第 2 版 [M]. 闫寒冰，宋雪莲，赖平，译. 上海：华东师范大学出版社，2017: 83, 125, 156, 124, 119–128.

③ 埃里克森，兰宁. 以概念为本的课程与教学：培养核心素养的绝佳实践 [M]. 鲁效孔，译. 上海：华东师范大学出版社，2018: 104.

3.“事实性知识”和“大概念”的辩证观

不但是“基本问题”，“事实”与“理解”之间也是混淆不清的。“没有任何一种陈述本质上就是事实或理解。这取决于学习者是谁以及学习者已具备的先前经验。”① 随着时间的推移（学习的提升），最初一个艰难的推理（探究）可以变成一个公认的明显的“事实”。

威金斯和麦克泰格提醒道：“一旦我们选定了合适的理解，接下来就要对抗教师根深蒂固的本能——教师总是将理解作为事实来教。”② 换言之，是“事实性知识”还是“大概念”，在很大程度上取决于提出问题之后是“告知”还是引导学生“揭示”。“获得一个学科的核心大概念有时会非常缓慢，学生要通过教师的引导的探究学习和反思才能获得。”③

（六）总结及余论

埃里克森和兰宁提倡的“以概念为本的课程与教学”、威金斯和麦克泰格提倡的“追求理解的教学设计”，都主张以“核心的概括性知识”来组织学科或跨学科的单元教学。本文仅从学科内容知识的维度，介绍事实性知识、概括性知识和“大概念”及其相互关系，以期一线教师，尤其是中小学语文教师，对“大概念”有个正确的认知。

以阅读、写作为主体的语文学科，主要是过程技能维度。关于过程技能，如阅读策略、阅读方法及其与“大概念”的关系，笔者将另文讨论。与埃里克森构建的“知识的结构”模型相比较，埃里克森和兰宁后来平行仿制的“过程的结构”模型，解释力稍弱，有一些颇为勉强的地方。

①②③ 威金斯，麦克泰格. 追求理解的教学设计：第 2 版 [M]. 闫寒冰，宋雪莲，赖平，译. 上海：华东师范大学出版社，2017: 155, 156, 74.

威金斯和麦克泰格的著作虽有不少地方零散地以阅读和写作举例，但其所举例的阅读单元，均是我们目前叫作“整本书阅读”的——一本书即一个单元，比如《麦克白》《罗密欧与朱丽叶》《李尔王》《格列夫游记》《安妮日记》《麦田里的守望者》等。且其文学作品的教学倾向于作品的“道德寓意”①，这也有可议之处。与文学本行的朱迪思·朗格《文学想象：文学理解与教学》相较，后者的可借鉴性似乎更直接些。过程技能方面的“大概念”如何组织单元教学，从威金斯和麦克泰格反复申辩的架势看，似乎也是其理论和设计模板的软肋。

笔者也提请注意，美国基础教育“引领变革的人”②琳达·达林-哈蒙德，在其《高效学习：我们所知道的理解性教学》一书中，高举“三基于（基于问题的学习、基于项目的学习、基于设计的学习）”等高效学习教改新模式③，但具体到《理解性阅读》这一章④，推介的高效学习模式和教学方法如下。

（1）与文本对话。推介“读者俱乐部”“共享探究”“教学会话”等对文本充分讨论的教学方法。

（2）阅读策略教学。推介“互惠教学”“转换性策略教学”、元认知策略教学等直接教学法，即阅读策略的示范、练习、应用。“互惠教学”“转换性策略教学”，是用来帮助学生进行阅读理解的技术，帮助学生在阅读过程中说明、阐释并监控他们的理解。“使用元认知策略的模型最初由教师提供，在学生学习使用这些策略时他们练习和讨论策略。最终，学生能够在没有老师支持的情况下提示自己并监控他们自己的

---

① 威金斯，麦克泰格. 设计优质的课程单元：重理解的设计法指南 [M]. 赖丽珍，译. 台北：心理出版社，2015: 102.

② 费德恩，沃格尔. 教学方法：应用认知科学，促进学生学习 [M]. 王锦，曹军，徐彬，译. 上海：华东师范大学出版社，2006: 24.

③④ 达林-哈蒙德，等. 高效学习：我们所知道的理解性教学 [M]. 冯锐，等译. 上海：华东师范大学出版社，2010: 6, 53－84.

理解。”[①]

（3）整合教学。即（跨）学科阅读和（跨）学科写作。比如，与科学和社会整合的“概念导向阅读教学”“支持多元读写能力的探究”“深度拓展科学应用”“历史推理和议论文写作”等。

语文学科向来是我国基础教育课程与教学改革的急先锋；但以往的历史事实告诉我们，语文课程与教学改革从来就没有结出过一个好果子。用“大概念”组织单元（阅读教学单元），目前在语文教学界有一股风云乍起之势。笔者经认真学习并初步尝试，对以“大概念”组织单元持高度认同的态度。但无论是埃里克森和兰宁提倡的“以概念为本的课程与教学”，还是威金斯和麦克泰格提倡的“追求理解的教学设计”，抑或是刚才提及的朱迪思·朗格和琳达·达林-哈蒙德等人各自倡导的，笔者皆建议“缓行”。

总宜先在小范围内消化、试验。毕竟那是别人的国土里长出来的别人的产品，若没有充分理解，没有在中国本土教育教学条件下的先行试验，我们就急吼吼地充当热情的推销员，我看办坏事的危险性很大。据笔者所知，国内语文教育界，以及介入语文教育领域的教育理论传播者，对上述教学模式和教学方法，对以“大概念”组织单元（阅读教学单元），以及对语文学科“基于问题的学习”“基于项目的学习”等，目前尚无较深刻理解并有较可靠实践经验者（包括笔者在内）。笔者以为，切勿匆忙招呼一线教师呼拥前行，先要把“理”弄明白、说清爽，然后再善始善行，行正方能走远。

另外，课文教学，是我国语文教学长期实施的教学模式和教学方法。对课文教学的利弊得失，需要认真总结经验教训。课文教学是否要一概改为单元教学（日本的语文教学就是以单篇课文为主，一篇课文一

① 布兰思福特，等.人是如何学习的：大脑、心理、经验及学校：扩展版 [M].程可拉，孙亚玲，王旭卿，译.上海：华东师范大学出版社，2013: 17.

般 12—16 课时）？如何在单元教学格局下处理单篇课文教学？小学低段与中高段、小学与初中、初中与高中，是否该有分别？如何分别？这些问题都需要谨慎研究。无论如何，以单篇课文为基本单位进行课文教学，在可预见的将来，将依然是我国语文教学的主要模式和教学方法。语文课程与教学改革，只能在本土经验的基础上前进。

七、过程技能与“大概念”

不同的知识类型，需要不同的教学方法和评估方式，这是课程与教学的基本规律。

《布卢姆教育目标分类学：分类学视野下的学与教及其测评（完整版）》（修订版），将知识分为四种类型[①]：

（1）事实性知识。有“术语知识”和“具体细节和要素的知识”两个亚类。

（2）概念性知识。结构化的知识形式，包括“分类和类型的知识”“原理和通则的知识”“理论、模型和结构的知识”。

（3）程序性知识。关于“如何做某事”的知识，指做某事的方法、探究的方法，以及使用技能、算法、技术和方法的准则。

（4）元认知知识。关于一般认知的知识以及关于自我认知的意识和知识。

从学科教学的角度来看，前两类相当于学科内容知识，后两类则是过程技能的知识。

---

① 安德森，等. 布卢姆教育目标分类学：分类学视野下的学与教及其测评：完整版 [M]. 蒋小平，张琴美，罗晶晶，译. 修订版. 北京：外语教学与研究出版社，2009: 22.

（一）过程技能

1. 程序性知识的“知”与“行”

过程技能，只有通过“练习”才能掌握。“练习”与“机械操练”不是一回事，“练习”是知行合一。

“程序性知识”这个术语，凸显了过程技能的“知”这一侧面。首先要“知道”并在一定程度上“理解”（动词）关于“如何做某事”的知识，即做某事的方法、探究的方法，以及使用技能、算法、技术和方法的准则。比如，写一个字，按笔顺和字的间架结构写，这是技能；但前提是对为何这种笔顺好、汉字的间架结构特点、提笔和落笔的要领等要有所了解，要“知道”使用技能的准则。

凸显过程技能的“知”这一侧面，对老师正确理解过程技能、对过程技能的有效教学，都是非常重要的。

但“程序性知识”这个词，也会带来一些麻烦，就因为它仅仅指称了过程技能的“知”这一个侧面。

“程序性知识通常以需要遵循的一系列或序列步骤的形式出现。”①梅耶说得言简意赅：“程序：一步一步的过程。”②威金斯和麦克泰格更直截了当：“技能目标则具有天然的程序性。”③过程技能，本质是“行”——认知行为或动作行为。

而在布卢姆教育目标分类学中，“程序性知识”属于知识维度；

① 安德森，等. 布卢姆教育目标分类学：分类学视野下的学与教及其测评：完整版 [M]. 蒋小平，张琴美，罗晶晶，译. 修订版. 北京：外语教学与研究出版社，2009: 40.

② 梅耶. 应用学习科学：心理学大师给教师的建议 [M]. 盛群力，丁旭，钟丽佳，译. 北京：中国轻工业出版社，2016: 60.

③ 威金斯，麦克泰. 理解为先模式：单元教学设计指南（一）[M]. 盛群力，沈祖芸，柳丰，等译. 福州：福建教育出版社，2018: 147.

“行”则是在认知维度的“应用”，并精选“执行”和“实施”这两个动词以区分认知行为的两种情况。[①]从研究的角度、从精准评估的角度来看，分别“知”与“行”，区分“执行”和“实施”，都很有必要。但从教学的角度来看，这种分别和区分，意义不大。过程技能，天然地就意味着应用，不需要再另加上一个表示“应用”的动词。“执行”和“实施”，其复杂程度不是由认知引起的，而是由过程技能本身的复杂性决定的——简单地说，经练习可自动化的技能，比如写字、计算，叫“执行”；在应用中需根据具体情境变化调整的过程技能，叫“实施”。

心理学家斯特兰·奥尔松甚至认为[②]：“程序性知识”这个术语本身对人就有误导，恰当的称谓应该是“实践性知识”。“实践性知识是目标、情境（或一类情境）和行动（或行动类型）的三方联合”，“有能力、知道做什么就是指什么时候、在哪些条件下应该做什么（以及不应该做什么）”。

2. 内容知识与过程技能的分野

埃里克森和兰宁[③]、威金斯和麦克泰格[④]等课程与教学研究者走得更远。他们认为，对课程与教学来说，“认知维度的动词 + 知识维度的名词”这种“行为目标”，是不必要的，而且还可能有害。

---

① 安德森，等. 布卢姆教育目标分类学：分类学视野下的学与教及其测评：完整版 [M]. 蒋小平，张琴美，罗晶晶，译. 修订版. 北京：外语教学与研究出版社，2009: 58－61, 33－34.

② 奥尔松. 深层学习：心智如何超越经验 [M]. 赵庆柏，唐云，陈石，等译. 北京：机械工业出版社，2017: 103－104.

③ 埃里克森，兰宁. 以概念为本的课程与教学：培养核心素养的绝佳实践 [M]. 鲁效孔，译. 上海：华东师范大学出版社，2018: 11－15.

④ 威金斯，麦克泰. 理解为先模式：单元教学设计指南（一）[M]. 盛群力，沈祖芸，柳丰，等译. 福州：福建教育出版社，2018: 148.

因为它混淆了内容知识目标与过程技能目标。

威金斯和麦克泰格举例说明[①]：比如“区分并归类不同的石头”，动词或许表明了评估的方式，但其真正成效是以知识为基础的，教学目标实际上是希望学生知道石头的种类，也就是事实性知识。如果希望学生识记事实信息，可以通过教授或演示展现、复习等教学方法；而过程技能，则要采用示范、练习、反馈、应用等教学方法。事实性知识可采用纸笔测试进行评估，如选择题；而过程技能，则需要通过实际表现才能真正评估出来。

基于这样的认识，他们坚决主张，在教学设计和教学中，要把内容知识维度、过程技能维度区分开来，把学生“能知”、学生“能做”区分开来。

“以概念为本的课程与教学”，埃里克森自己的另一种表述是“概念—过程的整合课程单元”[②]；“过程的主要技能和内容知识的理解能够清晰地加以区别”[③]，这是埃里克森判断和评价课程及课程单元质量的主要指标之一。

“追求理解的教学设计”模板，在第一阶段“明确期望的学习结果”有五项[④]：

（1）长远的迁移目标。学生能应用所理解的“大概念”及相关知识技能解决真实情境中的问题。落实在阶段二作为评估证据主项的表现性任务。

（2）深入持久的“理解”（名词）。即针对本单元的“大概念”。理

---

① 威金斯，麦克泰.理解为先模式：单元教学设计指南（一）[M].盛群力，沈祖芸，柳丰，等译.福州：福建教育出版社，2018: 148.

②③ 艾里克森.概念为本的课程与教学[M].兰英，译.北京：中国轻工业出版社，2003: 142−143, 12.

④ 威金斯，麦克泰格.设计优质的课程单元：重理解的设计法指南[M].赖丽珍，译.台北：心理出版社，2015:18-22.

解“大概念”，是单元的“核心任务”。按照威金斯和麦克泰格所提设计标准的要求，“大概念”必须表述为完整的语句。①

（3）基本问题。“基本问题”与“大概念”互涉。“核心问题是任何达到理解意义和迁移目标的关键。”②

（4）与“大概念”连接的内容知识目标。即相关联的一些事实性知识。“大概念是核心的、有组织的概念，能对个别的事实和技能赋予意义并加以连接。”③“大概念可以帮助学生将各个知识点联系起来。”④

（5）学生探究“大概念”理解所必需的过程技能目标。过程技能目标不涉及单元具体内容。

比如《麦田里的守望者》（高中）⑤：

内容知识目标（本单元要教的内容知识），列举单元学习应知的主要知识，可用电报式的短语。如，学生应知道：（1）这部小说的故事梗概和人物角色；（2）作者采用的各种风格技巧；（3）写作的步骤；（4）劝说文的写作技巧。

过程技能目标（本单元要教的过程技能），排列单元学习所需的过程技能，必要时可列出具体步骤。如，学生需能做：（1）利用诠释式的阅读策略；（2）通过仔细阅读文本，发展很合理的假设；（3）应用写作过程完成劝说文的草稿及修订；（4）反思对文本的理解，然后思索自己的错误理解。

---

①③④ 威金斯，麦克泰格. 追求理解的教学设计：第 2 版 [M]. 闫寒冰，宋雪莲，赖平，译. 上海：华东师范大学出版社，2017: 144－145, 145, 22.

② 威金斯，麦克泰. 理解为先模式：单元教学设计指南（一）[M]. 盛群力，沈祖芸，柳丰，等译. 福州：福建教育出版社，2018: 28.

⑤ 威金斯，麦克泰格. 重理解的课程设计：专业发展实用手册 [M]. 赖丽珍，译. 台北：心理出版社，2008: 65.

3. 区分维度的积极效应

把学习内容区分为内容知识和过程技能这两个维度，从学术的严谨性角度来看，或许有待考量；但从教学设计和教学活动的实用性角度来看，则有明显的积极效应。

一是有利于把握学科课程或学习领域的特性。

有些学科课程或学习领域，以内容知识为主；有些则以过程技能为主。这两大类别的课程或学习领域，各有特性，应该分别对待。

拿语文学科来说，按国外的通行做法，“文学”属于内容学科，“阅读”和“写作”则侧重于过程技能。“知识目标和技能目标的教学和评估是有所区别的。”① 依此类推，“文学”“阅读”和“写作”，在课程编制和教材编写乃至教学方法上，似乎也应该有不同的路数。

具体到学习领域，比如识字与写字。从维度来看，识字属内容维度，要知道字音，理解和感受字形与字义的关联；写字则属过程维度，是需要自动化的基本技能。如果在现代信息技术背景下从内容维度来考量语文学科的识字教学，如果从过程维度的学习规律来研究写字教学的序列，对我国古代语文教育“识、写分两条线进行”② 这一传统经验，或许能在学理上加以通透解释，因而在实践中继承发扬。

二是有利于学科课程关注并妥善处置学习内容的两个方面。

正像埃里克森所说：“知识和过程是双人舞，没有一个，另一个也难以表演。”③

“过程（过程技能）和知识（学科内容知识）是互补的，而且有一

---

① 威金斯，麦克泰. 理解为先模式：单元教学设计指南（一）[M]. 盛群力，沈祖芸，柳丰，等译. 福州：福建教育出版社，2018: 148.

② 张志公. 传统语文教育教材论：暨蒙学书目和书影 [M]. 上海：上海教育出版社，1992: 38.

③ 埃里克森，兰宁. 以概念为本的课程与教学：培养核心素养的绝佳实践 [M]. 鲁效孔，译. 上海：华东师范大学出版社，2018: 20.

个共生的关系。”[①] 对这种认识，美国基础教育界有较普遍的认同；美国中小学各门学科，都强调并落实阅读、写作、沟通等过程技能。比如《美国国家社会科课程标准：卓越的期望》，在以跨学科“大概念”组织课程内容的同时，明确列出包括“获取信息”“组织和运用信息”“人际关系和社会参与”三大方面的“社会科的基本技能”。“社会科的基本技能”，多数是语文能力，或与语文能力有密切的联系。比如“获取信息”中的“阅读技能”，计 18 条[②]，几乎涵盖了我们《义务教育语文课程标准（2011 年版）》阅读领域的“目标与内容”。

在各门学科开展学科阅读和学科写作，是我国基础教育课程改革的当务之急。

就语文课程来说，看来也需要强化语文学科的内容知识。在 21 世纪语文课程改革中，我们一方面高度强调“语言文字的运用”，另一方面却又大力撤除语言知识。这种处置合理与否，恐怕有反思的必要。语言学习有相互联系的三个方面：（1）学习语言；（2）学习有关语言的知识；（3）通过语言开展学习。学习有关语言的知识，是语文学科不可或缺的内容，它制约、影响着学习语言和通过语言开展学习。如果按当前课程与教学改革的前进方向，体现汉语言文字基本规律的“核心概念”，或许还要提升到“大概念”的高度。

三是最大的好处——顺理成章地把“元认知策略”实质性地纳入学科的学习内容。

把学习内容区分为内容知识和过程技能这两个维度，从某种意义上说，是回归欧美对学习内容的传统知识分类法。

---

① 埃里克森，兰宁. 以概念为本的课程与教学：培养核心素养的绝佳实践 [M]. 鲁效孔，译. 上海：华东师范大学出版社，2018: 20.

② 美国国家社会科协会. 美国国家社会科课程标准：卓越的期望 [M]. 高峡，杨莉娟，宋时春，译. 北京：教育科学出版社，2008: 124－125.

“传统的知识分类中，学习者的能力被分为知识、技能和态度”，其中的“技能”，“与以上提到的程序（程序性知识）和策略（策略性知识）相对应”。[①]

在布卢姆教育目标分类学中，“程序性知识”与包括“策略性知识”在内的“元认知知识”，分属于两种不同的知识类型。把“元认知知识”独立列为一类，目的是强调它的特殊性和重要性。[②]

但从教学的角度来看，因为“元认知知识”的特殊性，它几乎不可能单独教学。“元认知活动的教学必须结合到学习所学的学科知识中。这些策略不是跨越不同学科的一般性内容，把它们作为一般性内容来教学的尝试会导致迁移的失败。”[③] 这样，独立列为一类以强调其重要性，结果很可能事与愿违，导致在教学中事实上难有着落。

况且，“元认知知识”与体现学科思维方式的“程序性知识”，在实际运作中本来就相互牵连、彼此交错，一并纳入过程技能，顺理成章。

对我国语文学科来说，还有一个额外的红利。

在我国的语文学科中，语文知识始终是个说不清道不明的大问题。曾流行的“语修逻常、字词句篇”，现在一目了然都是内容知识，撑死了也只是语文知识的一小半；以阅读、写作等过程技能为主体的语文课程，语文知识主要是如何阅读、如何写作、如何口语沟通的程序性知识和策略性知识。

但是，我们却一直没有合适的学术词语来简洁明了地揭示这一真

---

① 梅耶. 应用学习科学：心理学大师给教师的建议 [M]. 盛群力，丁旭，钟丽佳，译. 北京：中国轻工业出版社，2016: 60.

② 安德森，等. 布卢姆教育目标分类学：分类学视野下的学与教及其测评：完整版 [M]. 蒋小平，张琴美，罗晶晶，译. 修订版. 北京：外语教学与研究出版社，2009: 33－34, 41, 42.

③ 布兰思福特，等. 人是如何学习的：大脑、心理、经验及学校：扩展版 [M]. 程可拉，孙亚玲，王旭卿，译. 上海：华东师范大学出版社，2013: 17.

相，以引起语文教师和社会各界的关注并谋求改进、改善。

笔者曾尝试用“语文基础知识”和“语文学习领域知识”这两个术语来分辨“语文知识”的这两种不同类别[①]；现在看来，这两个术语，既不够简洁，也不够明了，所以意欲引起语文教师和社会各界关注的功效不大。

现在好了，在语文教育界内，用“内容知识”和“过程技能”这两个术语，好像就足以辨认“语文知识”的两大类别。在其他场合，则加上“语文学科”这一定语，称为“语文学科内容知识”和“过程技能”。

“语文学科内容知识”和“过程技能”两相对举，或许还能够把听、说、读、写等过程技能的跨学科、超学科的性质，也传达出来。

听、说、读、写等过程技能，靠一门语文学科单打独斗去培养，是不行的。从国外的经验看，学校的语文学习似乎应该是双轨的：一轨是作为中小学独立科目的“语文”，即语文学科课程，美国等中小学分为“语言艺术”和“文学”两个科目；一轨是作为超学科重要元素而体现在中小学所有科目中的“语文”，或称（跨）学科阅读和（跨）学科写作。

4. 过程技能的复杂性

凡事有利也会有弊。连贯“知”与“行”，整合“程序性知识”和“元认知知识”，兼顾学习、练习和迁移、应用，这无疑增加了过程技能的教学难度。

过程技能包含的具体成分，比学科内容知识要复杂得多；相关的“概括性知识”，从逻辑上讲，会涉及：（1）具体学科或领域的技能和

① 王荣生，宋冬生. 语文学科知识与教学能力［M］. 北京：高等教育出版社，2011: 1–105.

方法的知识，即程序性知识；(2) 确定何时使用某一程序的准则知识；(3) 策略性知识，包括学习策略、认知监控和调节、问题解决的一般策略等；(4) 关于认知任务的知识，包括情境性知识和条件性知识；(5) 关于自我的知识。

以典型的过程技能“阅读”为例。阅读的过程技能，有以下四个方面。由于知识来源不同，四个方面互有交叉。

一是阅读取向。阅读取向，是战略层面上的“如何阅读”。读者的阅读目的、阅读任务和阅读习惯等，决定其阅读取向。包括：(1) 由目的、态度、习惯导致的阅读取向。大体可分为常态、特态和变态。① (2) 因情境、目的、任务而取用的阅读方式。单篇文章或著作，阅读方式主要有精读、略读、浏览。联系多篇文章或著作，阅读方式主要有互文阅读、参读、比照阅读、同主题比较阅读等。(3) 不同思考水平的阅读。比如文章阅读，大致按思考水平从低到高的次序排列，有信息性阅读、理解性阅读（分析性阅读）、操作性阅读、批判性阅读、研究性阅读等。不同取向，采取相应的阅读方式、阅读姿态，进而采用与其阅读取向相匹配的阅读策略、阅读方法。

二是阅读策略。阅读策略来源于外国的心理学科，包括以下三个方面：(1) 学习策略。包括复述策略、精加工策略、（重新）组织策略。从阅读的历程看，主要是在阅读之后加深记忆和理解阶段。(2) 阅读理解策略。即阅读中所使用的策略，它们来源于阅读心理学的研究成果。阅读心理学所提炼的阅读理解策略，主要包括预测、联结、提问、推断、图像化、确定重点、释疑、综合等，它们相互联系，并在实际的阅读理解过程中综合地运用。(3) 自我监控和调节。包括阅读中的阅读理解监控、阅读前和阅读后的自我监控学习。

---

① 王荣生. 阅读教学设计的要诀：王荣生给语文教师的建议 [M]. 北京：中国轻工业出版社，2014: 17－18.

三是阅读方法。阅读方法是程序性知识。与阅读策略的知识来源不同，“程序性知识是通过学科领域内部达成共识、取得一致意见或学科规范等途径发展起来的”①。学科专家或有经验的读者基于研究或实践经验，提炼出有效的阅读方法，要求或建议学习者予以采纳，并在阅读实践中转化为自己的阅读经验和阅读习惯。阅读方法受制于语篇类型，如绘本阅读方法的知识、中国近体格律诗的阅读方法的知识、各种文学批评方法的知识等。阅读方法，国外较常见的称呼是“阅读技巧”。

四是阅读技能。技能是一些具体的操作步骤。一个较大的操作步骤，需分解成一些小的步骤。较小的操作步骤，也称“微技能”。比如，科技文的“情报阅读”，具体的阅读方法分化为以下七项技能：(1) 阅读文章的标题；(2) 阅读内容概要；(3) 阅读小标题；(4) 注意图表的内容；(5) 阅读每一段的第一个句子；(6) 快速浏览段落的其余部分；(7) 阅读最后一个段落。

（二）过程技能的“大概念”

1.“过程的结构”模型

仿拟埃里克森的“知识的结构”模型，埃里克森和兰宁侧重于阅读教学，平行创建了一个“过程的结构”模型②。

① 安德森，等. 布卢姆教育目标分类学：分类学视野下的学与教及其测评：完整版 [M]. 蒋小平，张琴美，罗晶晶，译. 修订版. 北京：外语教学与研究出版社，2009: 41

② 埃里克森，兰宁. 以概念为本的课程与教学：培养核心素养的绝佳实践 [M]. 鲁效孔，译. 上海：华东师范大学出版社，2018: 38.

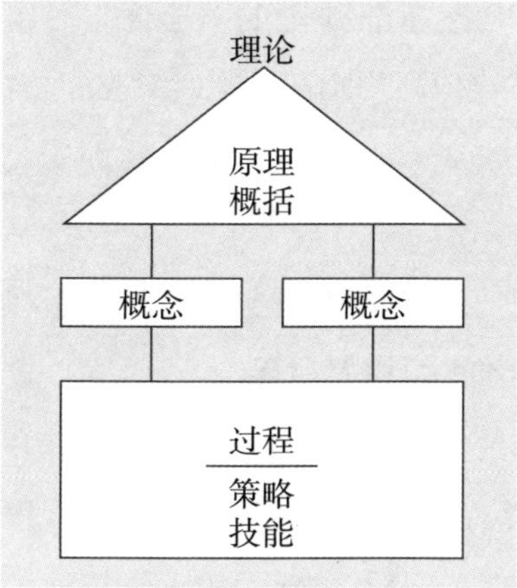

图 2-2　过程的结构

模型的第一层，包括“过程”“策略”“技能”三种成分。

按作者的定义①，“过程”是产生结果的行动，如书写过程、阅读过程；“策略”一词在这里是泛指的用法，泛指程序性知识和元认知知识，可看作学习者自觉（元认知的）适应并监督其提高学习表现的一项系统计划，其中包含许多技能；“技能”是嵌入策略中的较小操作或行动。

很明显，这一层面包含“知—行”两个方面，学生“知道/理解”某一阅读策略或阅读方法，进而在学习中加以“练习”并尝试迁移、应用。

模型的第二层，是“概念”（concept），显示过程技能“知”这一侧面。

“概念”内含在“过程”“策略”“技能”中，包括条件性知识和情境性知识，以及自我知识。

关键点在于在“知”这一侧面，该模型强调的不仅是“技术和方法

① 埃里克森，兰宁. 以概念为本的课程与教学：培养核心素养的绝佳实践 [M]. 鲁效孔，译. 上海：华东师范大学出版社，2018: 38－39.

的准则”，还突出了内含在准则里的“概念”，比如写字的笔顺、字的间架结构等。“概念”是与“理解”相联系的。因而，对过程技能的关注重点和教学重心，就从“知道”准则，转向了“理解”准则所包含的“概念”。

无论从上往下看，还是从下往上看，这个模型都能很好地解释过程技能“知”与“行”之间的相互联系。

按照埃里克森和兰宁的解释，过程技能原来的“知—行”，是“以技能为本”的二维模式；而他们所创立的“过程的结构”，则转变为“以概念为本”的“知—理解—行”的三维模式。①

人们一直知道，“条件性知识是过程技能迁移应用的最关键因素”②，“典型的策略教学应包括某一策略产生的效果以及在什么情况下运用该策略”③。但是，在以往的“知—行”二维模式中，“关于任务的知识”“条件性知识”“情境性知识”等，在很大程度上被脱落了，因而学生在学校里所受的“技能训练”，难以在学校以外的“真实情境”中迁移、应用。

而在“知—理解—行”的三维模式中，学生则有可能通过“关于任务的知识”“条件性知识”“情境性知识”等所隐含的“概念”而获得“概念性视角”，并在“真实情境”应用中逐渐使过程技能“条件化”。

模型的第三层，是“概括 / 原理”。

从第二层的“概念”获得“概念性视角”，在“概念性视角”与具

---

① 埃里克森，兰宁. 以概念为本的课程与教学：培养核心素养的绝佳实践 [M]. 鲁效孔，译. 上海：华东师范大学出版社，2018: 17−18.

② 安德森，等. 布卢姆教育目标分类学：分类学视野下的学与教及其测评：完整版 [M]. 蒋小平，张琴美，罗晶晶，译. 修订版. 北京：外语教学与研究出版社，2009: 42.

③ 戴蒙，勒纳. 儿童心理学手册：第二卷 认知、知觉和语言：第 6 版 [M]. 林崇德，李其维，董奇，等译. 上海：华东师范大学出版社，2009: 596.

体的过程技能的互动体验中，形成“概括”/“概括性理解”，即“概括性知识”或“原理性知识”。埃里克森和兰宁认为，与“知识的结构”模型一样，在课程设计上，“概括”和“原理”不必区分，因而在模型中放在同一个三角形里，可以统称为“概括”或“概括性知识”，其中“核心的概括性知识”，即“大概念”。

“理论”在基础教育课程教学中不太涉及，与“知识的结构”模型一样，也被放在最高端的阴影里，意思是不必涉及。

2. 过程技能的“大概念”生成路径

与“知识的结构”模型相比较，“过程的结构”模型，从“概念”到“概括”的“生成概括”[①]机制，即“大概念”的生成机制，有一些含混的地方。

侧重于过程技能的学科或学习领域，如何以“大概念”组织单元教学，从威金斯和麦克泰格反复申辩的架势看[②]，似乎也是“追求理解的教学设计”理论和设计模板的软肋。

综合埃里克森和兰宁、威金斯和麦克泰格的相关论述和举例，过程技能的“大概念”，大约有两条生成路径。

---

① 埃里克森，兰宁. 以概念为本的课程与教学：培养核心素养的绝佳实践 [M]. 鲁效孔，译. 上海：华东师范大学出版社，2018: 40.

② 麦克泰格，威金斯. 让教师学会提问：以基本问题打开学生的理解之门 [M]. 俎媛媛，译. 北京：中国轻工业出版社，2015: 56−59.　威金斯，麦克泰格. 追求理解的教学设计：第 2 版 [M]. 闫寒冰，宋雪莲，赖平，译. 上海：华东师范大学出版社，2017: 127−128, 150−151.　威金斯，麦克泰. 理解为先模式：单元教学设计指南（一）[M]. 盛群力，沈祖芸，柳丰，等译. 福州：福建教育出版社，2018: 87−88, 123−128.　威金斯，麦克泰格. 设计优质的课程单元：重理解的设计法指南 [M]. 赖丽珍，译. 台北：心理出版社，2015: 99−101.

一是通过程序性知识、策略性知识所内含的“概念”，与内容知识相联系。

过程技能的“大概念”，实际上就是相应内容知识的“大概念”。或者说，相关联的内容知识与过程技能，共享同一个“大概念”。

比如，下述从内容知识角度概括的“大概念”，就同时是“理解”相应的过程技能之“核心的概括性知识”：(1) 为了更为清晰地被人理解，高效的主持者将根据目标和受众调整他们的信息和呈现风格。① (2) 不同的文本类别（如叙事的、悬疑的、传记的、说明的、劝说的）有不同的结构。② 这两条“核心的概括性知识”，有助于学生从“为什么”的高度去理解相应的阅读策略和阅读方法。

这条路径能够较好地解释与“阅读方法”（阅读技巧）相关联“大概念”生成机制。

按知识的生产逻辑讲，关于阅读方法的程序性知识，来源于不同语篇类型各自所具有的特点，是把语篇类型特点这种事实性知识转化成相应的阅读方法。因此，过程技能与相关联的内容知识，其“大概念”是共享的。新闻的阅读方法，是从新闻特点转化的阅读方法；绘本的阅读方法，依据绘本的特点；中国近体格律诗的阅读方法，体现着文言诗的句法和近体诗的格律。

就“阅读理解策略”和“学习策略”而言，要看策略与文本的语篇类型的关联程度。如果较受制于语篇类型，甚至取决于语篇类型，那么应该和“阅读方法”相类似。比如，“预测”策略需依据语篇类型和文本内容，“提问”策略应紧贴语篇类型和文本内容，“确定重点”策

① 埃里克森，兰宁. 以概念为本的课程与教学：培养核心素养的绝佳实践 [M]. 鲁效孔，译. 上海：华东师范大学出版社，2018: 20.

② 威金斯，麦克泰格. 重理解的课程设计：专业发展实用手册 [M]. 赖丽珍，译. 台北：心理出版社，2008: 110－111.

略主要依赖语篇类型的文本结构，“推断”策略受制于语篇类型且要借助特定的上下文信息。或许意识到有一些阅读策略与阅读方法（阅读技巧）相近相似，国外有研究者把阅读策略看成“正在考虑中（即尚未定型）”[①]的阅读方法（阅读技巧）。

而另外一些更倾向于阅读者主体的阅读理解策略和学习策略，尤其是自我监控和调节，看来无法从这一路径生成“大概念”，因为不能再凭这些策略所包含的概念而形成的“概念性视角”，生产出概括程度更高的“概括性知识”。比如，“联结”策略——一个好的阅读者能够在阅读过程中调取已有的背景知识和个人经验，从而更好地理解文本的意义；“释疑”策略——一个好的阅读者能够意识到自己遇到了理解困难，并为了读懂而停下来，回头重新阅读；“综合”策略——一个好的阅读者能够分析信息，整合文本和自己的认识或经验加以思考，并得出结论。

“过程的结构”模型所不能解释的，就是这一部分。上述阅读策略，如何再生成“概括”，生成哪些“概括”，乃至是否还需要生成“大概念”，从目前的资料看，语焉不详。

二是对“关于任务的知识”“条件性知识”“情境性知识”“自我知识”的具体陈述。

威金斯和麦克泰格，似乎侧重于更倾向于阅读者主体的阅读理解策略和学习策略，尤其是自我监控和调节。

威金斯和麦克泰格是从“基本问题”的角度来解说“大概念”生成的。但对过程技能的解说看来一直在遇到阻碍：“在我们的经验中，把教学焦点围绕在概念（如文学、社会、科学）的教师，倾向于更轻松自在地编写及使用基本问题；把焦点放在技能发展（如数学、语文、体育、

① MANOLI P, PAPADOPOULOU M. Reading strategies versus reading skills: two faces of the same coin [J]. Procedia-social and behavioral sciences, 2012(6): 817－821.

外语、音乐）的教师则可能认为，对他们所教及要学生学的众多技能而言，基本问题是不自然的、不需要的。”①

“我们认为并非如此”，威金斯和麦克泰格坚定地说，过程技能“不仅仅需要操练，也需要具有洞察力”②，“事实上，理解及适当地应用技能依赖的是（大）概念”③。

关于过程技能的“大概念”——“基本问题”，威金斯和麦克泰格有以下两种说法。

第一，列举的说法。“我们发现，基本问题可以围绕与有效技能学习相关的四大概念类别来架构”④：（1）关键概念。如，你如何知道自己读懂了正在阅读的内容？（2）目的和意义。如，为什么读者应该时不时地检验一下自己的理解？（3）策略和战术。如，好的读者在遇到自己不理解的内容时会怎么做？（4）使用情境。如，我们何时应该用“改进（修补）”策略？

第二，阶段的说法。“有时在技能领域的主要问题，不是关于概念或理论，而是关于实际做决定。”⑤“无可否认，在初次学习一项新技能时，可能没有需要做的决定；其目标可能只是单纯习得技能，然后增加熟练程度。但学生很快就理解到，由于策略是和有效使用该技能有关，因此存在待做的决定。就在有策略、有情境式决定的场域中，往往可以找到大概念（以及伴随的理解事项和基本问题）。”⑥

也就是说，过程技能的“大概念”，主要不是在学习和练习阶段，而是在迁移、应用阶段：“当我们在学习迁移的情境中遭遇真实的挑战或难题时，我们必须问问题，例如：哪项技能最适合用于此处？何时我

---

①③⑤⑥ 威金斯，麦克泰格. 设计优质的课程单元：重理解的设计法指南 [M]. 赖丽珍，译. 台北：心理出版社，2015: 99, 89, 99, 100－101.

②④ 威金斯，麦克泰格. 追求理解的教学设计：第 2 版 [M]. 闫寒冰，宋雪莲，赖平，译. 上海：华东师范大学出版社，2017: 146, 128.

们应该使用这项而非那项策略？这群观众将如何影响我的演出？策略和目标全都是‘主要的’问题，而技能的迁移总是要求问策略型问题——涉及判断而非事实的问题。”①威金斯和麦克泰格特别说明：“然而也请注意，相对于目标明显未知的简单‘取用’练习，问题只是在学生遭遇真实的难题时，才会是主要的。”②

上述第一种说法，“大概念”明确包含“策略和战术”（另有译本译为“策略和技巧”或“策略”）；上述第二种说法，事实上主要也是在强调“策略”——策略是解决问题的，只有当已有知识不足以解决问题的时候，才需要策略，才要用策略，策略才有用。

这样看来，关于学习策略、阅读理解策略、自我监控和调节的概括，应该都是过程技能的“大概念”。

（1）阅读取向，是关于“如何阅读”的战略，关系到阅读的“目的和意义”，无疑属于“大概念”。

（2）阅读前和阅读后“学习的自我监控”、阅读中的“阅读监控理解”，肯定属于“大概念”。比如，“一个好的阅读者能够意识到自己遇到的困难，并为读懂而停下来，回头重新阅读”③；“有效能的读者会利用特定策略来帮助自己更理解文本（如使用情境脉络的暗示、针对作者提问、预测接下来的内容、重读、做摘要）”④。

（3）更倾向于阅读者主体的阅读理解策略和学习策略，比如上文提及的“联结”策略、“释疑”策略、“综合”策略，本身应该就是“大概念”，无须也无法再行“概括”。

---

①② 威金斯，麦克泰格. 设计优质的课程单元：重理解的设计法指南 [M]. 赖丽珍，译. 台北：心理出版社，2015: 99, 100.

③ 吉尔. 阅读力：文学作品的阅读策略 [M]. 岳坤，译. 南宁：接力出版社，2017: 2.

④ 威金斯，麦克泰格. 重理解的课程设计：专业发展实用手册 [M]. 赖丽珍，译. 台北：心理出版社，2008: 111.

（4）其他阅读理解策略和学习策略，比如，上文提到的那些较受制于语篇类型，甚至取决于语篇类型的“预测”策略、“提问”策略、“确定重点”策略、“推断”策略等，尽管威金斯和麦克泰格未及讨论，但从他们的上述两种说法推断，或许也应该看成“大概念”，至少是否是“大概念”可存疑。

埃里克森和兰宁、威金斯和麦克泰格分别论述的过程技能的“大概念”两条生成路径，都具有部分解释力，也都有些含混的地方。

3. 过程技能“大概念”的知识来源及其作用

过程技能包含多个来源的多种复杂成分，单用一个模型，要全面地解释过程技能“核心的概括性知识”生成机制，确实勉为其难。

“设计基本问题是一件棘手的事”[①]，威金斯和麦克泰格反复提醒；过程技能恐怕尤其如此。

真实的情况可能是这样的：“不要假定教师个人能够指出某个课程单元（过程技能）中重要的可迁移的概括（大概念），以概念为本的课程可以为教师们提供很多概括，那些概括将成为区域层面或学校范围内各年级指导教学的焦点。”[②] 埃里克森和兰宁真是这么说的，如果译著没有严重误译的话。

埃里克森和兰宁的上述说辞、威金斯和麦克泰格所称“我们发现”，似乎透露了这样的消息：学科内容的“概括性知识”（大概念），与过程技能的“概括性知识”（大概念），知识的来源有所不同。

原则上讲，学科内容的“概括性知识”，来源于该学科研究共同体

① 麦克泰格，威金斯. 让教师学会提问：以基本问题打开学生的理解之门 [M]. 俎媛媛，译. 北京：中国轻工业出版社，2015: 59.

② 埃里克森，兰宁. 以概念为本的课程与教学：培养核心素养的绝佳实践 [M]. 鲁效孔，译. 上海：华东师范大学出版社，2018: 93.

的共识，比如语言知识、文学知识。而过程技能的“概括性知识”，似乎更有赖于课程研制和教学设计者——更有赖于课程研制和教学设计者的学习科学素养、运用过程技能的丰富经验，以及发现或发掘的智慧。

如果情况真的是这样的，那就很值得我们深思了。

由此进一步推论，学科内容的“概括性知识”（大概念）与过程技能的“概括性知识”（大概念）的作用，也有所不同。

学科内容知识，是知或不知、理解或误解的问题。随着学龄增长，学科内容知识从深度和广度两方面发展：“核心的概括性知识（大概念）”螺旋式上升，学生不断加深“理解”；同时事实性知识也逐渐延展，学生不断扩大学科的知识容量。

而作为“实践性知识”的过程技能，则是一个效率问题——针对所要达到的目的，高效或低效、有效或无效。在过程技能的发展中，“大概念”的作用，主要有两个方面。

第一，与内容知识共享的“大概念”，可帮助学生“理解”过程技能。而“理解”的表现，是学生能主动运用所学的策略和方法，经练习、应用而逐渐精熟并尽可能自动化。作为学习内容的听说读写等过程技能，随着学龄增长、学段递升，在增加情境复杂性的同时，应该逐步添加或扩展新的策略和方法。换言之，学习是否是同一个或同一批“核心的概括性知识（大概念）”的螺旋式上升，从目前的资料看，情况不明。

第二，更倾向于阅读者主体的阅读理解策略和学习策略，尤其是自我监控和调节，按威金斯和麦克泰格的观点，其“大概念”主要作用于在真实情境的迁移、应用阶段，具体的表现是在学生遭遇真实的难题时问策略型的“基本问题”。如果是这样，那么这些过程技能的所谓“大概念”，其实是“关于任务的知识”“条件性知识”“情境性知识”“自我知识”的一种方便统称。换言之，实际起作用的，是“元认知知识”。

4. “必须经由‘发现’而得”[①]的阻隔

区分过程技能与内容知识维度，意味着两者在教学方法和评估方式上有质的差别。那么，以“大概念”组织单元教学，两者会不会有质的差别?

在内容知识维度，“大概念”或称“核心的概括性知识”，“学习活动的计划应该确保学生能透过探究活动和具体教学活动来发现大概念”[②]。这在理论上至少是圆顺的，也有较多教学案例支撑。而在过程技能维度，看来有阻隔。

对其阻隔，威金斯和麦克泰格应该是心知肚明的。

在批驳“行为目标”混淆了内容知识目标与过程技能目标时，他们解释“为什么做这样的区分很重要”[③]:“这是因为，对单元成效的明确区分影响教学与评估。”如果是过程技能，那么教学的方法一般是：“将技能加以示范，让学生练习并锤炼技能，同时给予反馈，并不断地在更加复杂/新颖的环境下持续练习，直至实现技能的自动化（‘我做，你看；你做，我看’）。”这里没有“探究”“发现”的迹象。在学习、练习这一阶段，学习过程技能的方法是“直接教学”。

在迁移、应用阶段，对更倾向于阅读者主体的阅读理解策略和学习策略，尤其是自我监控和调节，威金斯和麦克泰格说[④]:“请注意，这些问题需要从教师提示进步到自我提示。其学习目标是独立理解意义和迁移所学，在识字、数学以及其他技能为焦点的教学领域，当我们遇到实作表现的障碍时，其关键问题都涉及到这类后设认知（即元认知）

①② 威金斯，麦克泰格. 重理解的课程设计：专业发展实用手册 [M]. 赖丽珍，译. 台北：心理出版社，2008: 66, 71.

③ 威金斯，麦克泰. 理解为先模式：单元教学设计指南（一）[M]. 盛群力，沈祖芸，柳丰，等译. 福州：福建教育出版社，2018: 148.

④ 威金斯，麦克泰格. 设计优质的课程单元：重理解的设计法指南 [M]. 赖丽珍，译. 台北：心理出版社，2015: 100.

的提示。”从“教师提示”进步到“自我提示”，其学习活动，与“探究”“发现”显然是不同的教学事件。

这样，作为“以概念为本的课程与教学”“追求理解的教学设计”等共同的教学原则——“从学生那里得到这一概括”①,在过程技能方面，就要受到质疑。

尽管有心理学家乐观地表示，“学生能够并且可能的确通过发现学习掌握了许多重要的技巧。因此完全有可能设计出一些由教师指导的发现学习情境，鼓励学生思考自己成功或不成功的原因是什么”②，但是，多本译著③,包括撰写上述乐观观点的同一批作者在该章上引那段话之前多达 39 页及此后 2 页的论述中，都主张阅读策略应该更加直接地教学：教师清晰地解释策略并用心理报告的方式具体示范，学生加以充分练习，鼓励学生以自我调节的方式长期坚持应用。

综上所述，“过程的结构”模型在理论上是有缺憾的；关于过程技能的“大概念”及其以“大概念”组织单元教学，尚有一些需进一步明确的地方。

但瑕不掩瑜；尽管与“知识的结构”模型相比较，“过程的结构”模型解释力稍弱，但这一模型对过程技能维度的学科或学习领域、对设

---

① 埃里克森，兰宁. 以概念为本的课程与教学：培养核心素养的绝佳实践 [M]. 鲁效孔，译. 上海：华东师范大学出版社，2018: 42.

② 戴蒙，勒纳. 儿童心理学手册：第二卷　认知、知觉和语言：第 6 版 [M]. 林崇德，李其维，董奇，等译. 上海：华东师范大学出版社 2009: 623.

③ 达林 - 哈蒙德，等. 高效学习：我们所知道的理解性教学 [M]. 冯锐，等译. 上海：华东师范大学出版社，2010: 64－73.　吉尔. 阅读力：文学作品的阅读策略 [M]. 岳坤，译. 南宁：接力出版社 2017.　吉尔. 阅读力：知识读物的阅读策略 [M]. 王威，译. 南宁：接力出版社 2017.　MAYER R E. 教育心理学：认知取向 [M]. 林清山，译. 台北：远流出版事业股份有限公司 1996: 203－217.

计和实施以“大概念”组织的单元教学，仍具有强劲的引导力。

上述论述表明：过程技能的“大概念”，在生成机制、知识来源及其作用、学习方式和教学方法等方面，与内容知识的“大概念”，都有质的差别。如果语文课程的阅读、写作和口语沟通等领域，要实施以“大概念”组织的单元教学，那么就必须自觉而充分地认识到过程技能和过程技能“大概念”的特点。

第三章 / 阅读能力与阅读方法

一、阅读活动与阅读能力

“对某一个体而言，能力就是为了解决某一类问题情境，以内化的方式调动已被整合的一整套资源的可能性。”① 阅读能力，体现在阅读活动中。

阅读活动由广义、狭义、特指之分。广义的阅读活动，指做阅读这件事。狭义的阅读活动，指具体语篇的阅读过程。特指的阅读活动，指在所设置的阅读测试情境中的阅读活动和阅读理解过程。

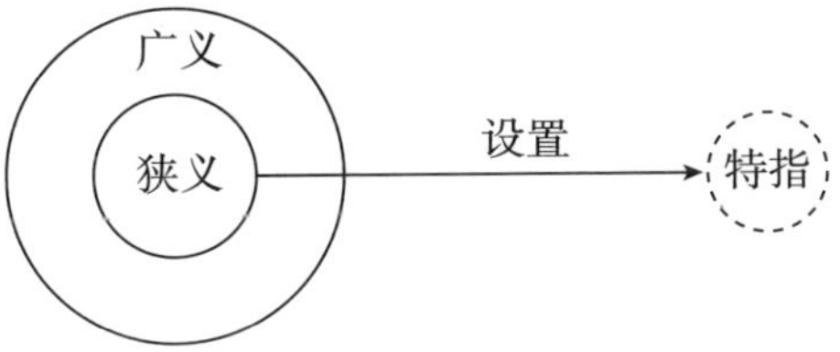

图 3–1 广义、狭义、特指阅读活动的关系

与广义、狭义、特指的阅读活动相应，阅读能力也有广义、狭义、特指之分。广义的阅读能力，或曰“阅读素养”；狭义的阅读能力，指阅读理解能力，核心是阅读方法和阅读策略的运用；特指的阅读能力，通俗的解释就是阅读测试所得的分数。

① 罗日叶. 学校与评估：为了评估学生能力的情境 [M]. 汪凌，周振平，译. 上海：华东师范大学出版社，2011: 92.

（一）广义的阅读活动与阅读能力

1. 广义的阅读活动

广义的阅读活动，指做阅读这件事。表现为各式各样的阅读行为，包含众多差异悬殊的阅读类型，从随意翻阅报刊到正襟危坐复习背诵，从学童的朗朗书声到学者的细读琢磨，等等。

做阅读这件事，较正式的过程，一般要经历阅读前、阅读中、阅读后三个阶段。

阅读前，萌发阅读的意愿，做种种必要的准备工作，或预览、预视，或暂时中断后再行接续。

阅读中，即狭义的阅读活动，指具体语篇的阅读过程，从眼睛接触所读语篇的第一个字，到对它的最后一瞥。

阅读伴随着思考和评价。思考和评价，在阅读中进行，有时连续性阅读活动暂时中断了，往往要延续到阅读活动之后。掩卷而深思，当眼睛离开所读的最后一个字时，与文本的对话并未终止。

古今中外的“读书法”“读书方法”，有许多讲的是广义阅读活动的读书法、读书方法，涵盖阅读前、阅读中、阅读后，往往侧重于阅读前和阅读后。

比如《阅读的战略》[①]《阅读：阅读技巧指南》[②]《如何高效阅读》[③]《实用性阅读指南：把读到的知识转化成能力》[④]《秋叶：如何高效读懂一本

---

① 顾晓鸣. 阅读的战略 [M]. 上海：上海人民出版社，1985.

② 尼特. 阅读：阅读技巧指南 [M]. 贺微，张荣建，江地，译. 重庆：重庆出版社，2004.

③ 孔普. 如何高效阅读 [M]. 张中良，译. 北京：机械工业出版社，2015.

④ 大岩俊之. 实用性阅读指南：把读到的知识转化成能力 [M]. 陈怡萍，译. 南昌：江西人民出版社，2017.

书》[①]《如何有效阅读一本书：超实用笔记读书法》[②]等。

尤其是以理解为目的的学科阅读，往往要经历阅读前、阅读中、阅读后的多重循环。对专业知识的深度理解和牢固记忆，功夫主要在对教材内容的阅读后的精加工阶段。

2. 广义的阅读能力

广义的阅读能力，或曰“阅读素养”，指“从阅读中学习”的能力——获取信息，学习知识，解决问题，参与“文学生活”，获得思想和精神的启迪。

国际阅读素养进步研究（PIRLS）和国际学生评估项目（PISA）这两项权威性的国际阅读测试，均以“从阅读中学习”来界定“阅读”并制定测试框架。

PIRLS 对“阅读”的描述是：“一项既属于个人认知也涉及社会成规的活动，参与者（即读者）被要求能够流畅、有效率地把语言符号为载体的篇章，转化为其他读者也会获得相似结果的意义，俾能在社会上成为无论个人性情发展，抑或社会功利上均有成就的成员。”[③]

PISA 对“阅读素养”的界定是：“为了实现个人发展目标，增长知识、发挥潜力并参与社会活动，而理解、使用、评价、反思文本并参与阅读活动的能力。”“阅读素养的发展不局限于知识和技能的发展，也涉及动机、态度和行为。”[④]

---

① 秋叶. 秋叶：如何高效读懂一本书 [M]. 北京：北京联合出版公司，2015.

② 奥野宣之. 如何有效阅读一本书：超实用笔记读书法 [M]. 张晶晶，译. 南昌：江西人民出版社，2016.

③ 谢锡金，林伟业，林裕康，等. 儿童阅读能力进展：香港与国际比较 [M]. 香港：香港大学出版社，2005: 11.

④ 国际学生评估项目中国上海项目组. 质量与公平：上海 2009 年国际学生评估项目（PISA）研究报告 [M]. 上海：上海教育出版社，2013: 6.

本研究把“广义的阅读能力”操作性定义为：在真实的情境中，个人愿意、能够进行的阅读活动及其所能达到的理解程度。广义的阅读能力，主要涉及以下四个方面。

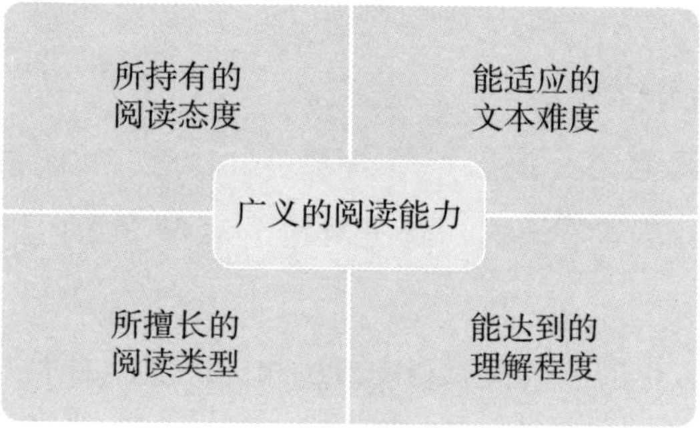

图 3-2　广义的阅读能力包含的四个方面

（1）**所持有的的阅读态度**。

按上文中的界定，阅读态度指阅读的主观意愿、实际的阅读面与阅读量。

（2）**能适应的文本难度**。

包括上文中所界定的文本形式难度和内容难度。

（3）**所擅长的阅读类型**。

阅读类型，是阅读取向与语篇类型的交集。比如小说阅读，诗歌阅读，论说性文章的理解性阅读、操作性阅读、批判性阅读等。所擅长的阅读类型越多样，“从阅读中学习”的能力就越强。

（4）**能达到的理解程度**。

进行特定阅读类型的阅读，形成对具体语篇的阅读理解，并达到一定的理解水平，即狭义的阅读能力，也就是阅读测试所要评估的阅读理解能力。

假设合适的阅读测试能够较准确地评估个人的阅读理解能力，那么，针对广义的阅读能力，需要专门考察的项目有实际的阅读面和阅读量、能够独立阅读的文本难度。

广义的阅读能力测评的考察项目

考察项目	考察方法
实际的阅读量	结构性问卷调查
实际的阅读面	结构性问卷调查
能够独立阅读的文本难度	结构性问卷调查或专项测试

（二）狭义的阅读活动与阅读能力

1. 狭义的阅读活动

狭义的阅读活动，指具体语篇的阅读理解过程（processes of comprehension）。

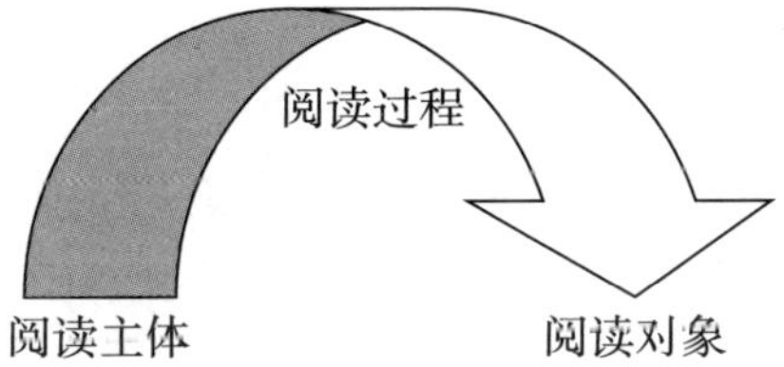

图 3–3　阅读主体、阅读对象与阅读过程

阅读，是眼睛“看”连贯的文字。[①] 眼睛怎么看，涉及两个方面。

（1）**涉及无意识的眼动技能。**

阅读过程中的眼动有四种模式：注视、眼跳、回视和回扫。回扫是

① “阅读：看（文章）。”中国社会科学院语言研究所词典编辑室. 现代汉语词典 [M]. 5 版. 北京：商务印书馆，2007: 336.

从上行之尾到下行之首。回视是眼睛又退回到刚才注视过的地方。眼跳是从一些字跳到另外一些字，跳的跨度即眼跳距离；在阅读过程中眼跳时不能获得视觉信息，因而也不发生理解。阅读时主要在注视期间获得信息，注视即较长时间（单位是毫秒）看，被注视的字词语句叫“注视点”。①

阅读过程中的眼动是无意识的，很容易形成每行注视固定次数的“运动习惯”，而不受阅读内容的影响。研究者认为，是否容易形成这种“运动习惯”是阅读较快的读者与较慢的读者的一个区别特征②。对较慢的读者可通过专门的训练加以调节，形成新的眼动习惯。调节的总方向，是减少眼动中的“浪费”。具体的方法有加大视觉幅度、尽可能增大眼跳距离，努力减少回视次数、坚持默读（避免发音干扰）等。其目的是快速阅读（速读）。

（2）**涉及大脑的阅读理解活动。**

阅读中的“看”，与其说是眼睛在看，不如说是大脑在“看”——人脑获得语篇的意义。

“在阅读过程中始终存在着两条视线，一条是（眼睛）生理性的外部视线，一条是（大脑）心理性的内部视线。”③外部视线的“注视点”，其实就是内部视线的“意识点”。“人们阅读时所注视的内容正是他所加工的内容。”④

因此，阅读中的“理解”问题，可以看成“注视点”和“意识点”的关系问题。也就是说，眼睛的“注视点”，应该看到语句和语篇的关

---

① 沈德立. 学生汉语阅读过程的眼动研究 [M]. 北京：教育科学出版社，2001: 44－47.

② 白学军，闫国利，等. 阅读心理学 [M]. 上海：华东师范大学出版社，2017: 8.

③ 顾晓鸣. 阅读的战略 [M]. 上海：上海人民出版社，1985: 32.

④ 闫国利. 阅读发展心理学 [M]. 合肥：安徽教育出版社，2004: 268.

键点，“注视点”要与“意识点”同步。[1]

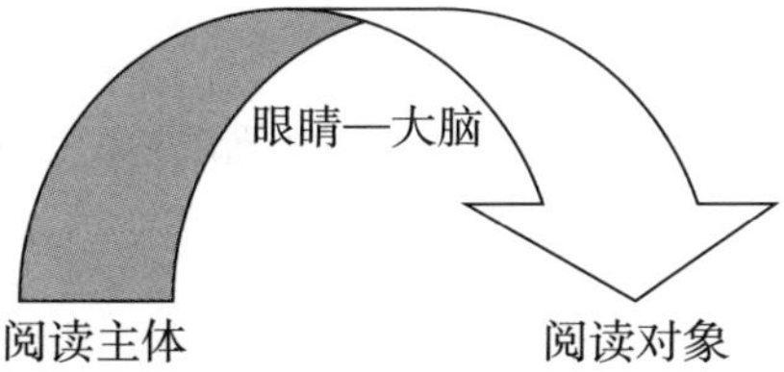

图 3-4 “眼睛—大脑”的阅读理解活动

“通过视线扫描，筛选关键性语言信息，结合读者头脑中储存的思想材料，引起连锁性思考，这就是阅读过程。”[2]

从“眼睛—大脑”的角度看，具体语篇的阅读过程，大致可以归结为相互联系的两个要点。

（1）**眼睛“看到”（注视）语篇的关键点。**

（2）**大脑“看出”（理解）关键点的意义。**

“语篇的关键点”，或称“文本关键点”，包括语义方面和非语义方面，前者如语篇中的关键词语、关键语句、关键语段、篇章结构等，后者如诗歌的断行、分段等语篇形式的特征、特点等。“关键点的意义”，指语义方面和非语义方面的意思和意味。

2. 狭义的阅读能力

指在具体语篇的阅读过程中所体现的阅读理解能力，通称“阅读理解能力”。

① 白学军，闫国利，等. 阅读心理学 [M]. 上海：华东师范大学出版社，2017: 12.　闫国利. 阅读发展心理学 [M]. 合肥：安徽教育出版社，2004: 268.

② 章熊. 思索·探索：章熊语文教育论集 [M]. 张彬福，编. 北京：人民教育出版社，2002: 191.

心理学研究，把阅读分为“解码”和“解释”这两个互为关联的领域。① 解码即认字识词，建立符号和语义的链接②。解释即理解语句和语篇的意义，需借助于上下文加以推论。阅读活动的核心是理解，“这几乎是所有教育家、心理学家的共识”③。正如阅读研究专家詹森所指出的：“阅读和理解之间的区别仅仅是语义上的区别，因为没有理解，阅读就只是在追随书页上的记号。”④

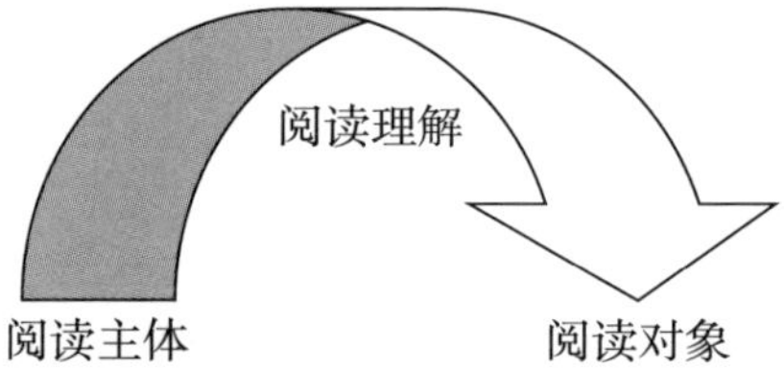

图 3–5　阅读活动的核心：阅读理解

从阅读主体的角度看，对一个特定语篇的理解，主要源于三个方面。

（1）**解码能力，也就是认字、识词、断句的基础能力。**

---

①“从稍微狭窄一点的意义上来说，阅读意味着它是对某一特定文本进行解码和解释的具体而自愿的行为。”迪克. 作为话语的新闻 [M]. 曾庆香，译. 北京：华夏出版社，2003: 145.

② 阅读教学中流行的“贴标签”做法，其实是建立语料与术语（标签符号）的链接，这也应该看成一种“解码”的行为。比如，“阅读议论文”，就是让学生指认事实论据、道理论据、对比论证、举例论证、比喻论证的语料；“阅读说明文”，就是让学生在文章中找到列数字、下定义、打比方、举实例、作比较等说明方法的相应部位。

③《心理学百科全书》编辑委员会. 心理学百科全书：第 1 卷 [M]. 杭州：浙江教育出版社，1995: 518.

④ 尼特. 阅读：阅读技巧指南 [M]. 贺微，张荣建，江地，译. 重庆：重庆出版社，2004: 8.

（2）**读者对语篇所涉主题（话题、内容）的生活经验和百科知识。**

（3）**理解过程的心智活动，可以表述为阅读方法和阅读策略的运用。**

在基本具备解码能力、对语篇所涉主题内容比较不陌生的前提下，可以认为，语篇的理解主要来源于理解过程的心智活动，即阅读方法和阅读策略的运用。

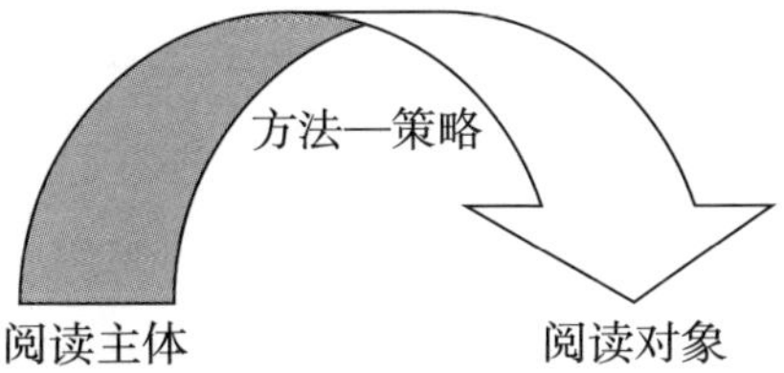

图 3–6　阅读能力：阅读方法与阅读策略的运用

从这个意义上讲，语文教学中经常说的“学会如何阅读”“掌握阅读方法”“提高阅读能力”，表达的差不多都是同样的意思——学会如何阅读，也就是要掌握阅读方法；而掌握了阅读方法，也就意味着提高了阅读理解能力。

阅读教学，主要是使学生学习运用阅读方法和阅读策略；阅读能力测试，实质是要测试在语篇阅读的过程中运用阅读方法和阅读策略的能力。从阅读教学和阅读测试的角度来看，语篇阅读理解能力，大致可以看成阅读方法和阅读策略的运用。

（三）特指的阅读活动与阅读能力

1. 特指的阅读活动

特指的阅读活动，是为了测试的目的而人为设置的一种阅读活动。

从原理上讲，阅读测试是用可靠的方式测量个人的真实阅读理解能力，测试情境中的阅读活动和阅读理解过程，应该与狭义的阅读活动一致。

但是，阅读测试，尤其是大规模的阅读测试，采用的是反应性测试——根据要求在规定的时间内阅读指定的语篇，完成文后的一系列测试题，如选择题、简答题和短小的论述题等。这种测试情境与常态阅读有实质性的差别，导致阅读测试中所特有的、与常态阅读很不相同的课文（试卷）扫描模式，或曰“应试答题模式”。

据闫国利的研究①，阅读测试中的阅读活动有顺序扫描和逆序扫描两种模式。顺序扫描，即先读文，再读题、做题；逆序扫描，也就是先读题，再读文、做题。随着学生年级的提高，使用逆序模式的学生逐渐增加。根据读题、读文、做题的不同往复行为，两种模式又可各细分出三种方式。比如逆序扫描：(1) 读题—读文—重读文—做题；(2) 读题—读文（到某一处）—做题—接着读文（到某一处）—做题；(3) 读题—读文—有选择地重读—做题。

无论是哪一种模式，都与常态的阅读活动和阅读理解过程很不一样，尤其是逆序扫描，似乎是受测试方式的限制而被造出来的一种只有阅读测试中所特有的阅读活动。

如何善用反应性测试、如何在阅读测试中实施表现性评价，尚有许多问题要进一步研究。

2. 特指的阅读能力

或可操作性定义为：一次特定的阅读作业或阅读测试所获得的分数。

（1）一些特定的文本。

（2）有一些特定的指标，表现为一系列测试题。

---

① 闫国利. 阅读发展心理学 [M]. 合肥：安徽教育出版社，2004: 264－265.

（3）试题设定标准答案（或评分标准）和赋分值。

（4）以与标准答案（或评分标准）的符合程度，赋分。

（5）以得分（总分）多少来判定能力水平的高低。

具体有两种情况。

一是形成性评价，主要在中小学语文学科的教学过程中。从原理上讲，形成性评价应该是基于本阶段的教学目标，聚焦于本阶段教学所培养的某项或某些特定的阅读能力。

二是终结性评价，在一次具有代表性的（随机抽样意义上的）阅读测试中所表现的阅读能力。大规模阅读测试，所测试的就是（或应该是）这个意义上的阅读能力，由此推断考生的阅读理解的潜能，以考分高低予以判定。

阅读是具体的，总是一个特定文本的阅读；阅读能力，当然要通过特定的阅读测试加以评判。关键是：这一特定的文本，要具有代表性；这一特定的阅读活动，应该具有随机抽样的意义；这一测试所测的，是应该测试的阅读能力；所赋的成绩，对学生个体的阅读能力要有足够的解释力。

无论是形成性评价还是终结性评价，目前我国主要局限于中小学语文学科、依赖命题者经验的阅读测试，其信度和效度，都与应该做到的有很大距离。

以广义的阅读能力为指引，扎扎实实做好狭义的阅读理解能力的研究，形成特指的阅读能力适合的测试框架和测试工具，在我国尚有一段很长的路程要走。

阅读测试要提供参与真实性阅读活动的机会。J. Charles Alderson（奥尔德森）的建议值得我们记取：阅读测试的设计“首先选择目标读者可能阅读的文本，然后分析正常情况下读者会怎样处理文本，包括为什么会阅读此文本、阅读的场景和方式、希望从文本中获取的信息以及读后的行为等。这样才能找到合适的测试方式，以及正确地描述任务及界定结果的方式”。[①]

二、阅读能力是具体的

在语文教育研究中，常常使用集合概念，比如“语文”“阅读”“写作”。“语文”“语文能力”等，在用法上与“体育”“体育能力”这些词很相似。显然，笼统的“体育”是没有的，它或者指跑步，或者指游泳，或者指踢足球，或者指下围棋，总之，在作为对象考虑时，它必须有具体的所指。从这个意义上说，“发展体育运动”与“提高语文能力”一样，要么只是个宏观的号召，要么预设着某种特定的所指。

再进一步举例，将“跑步”作为一个对象加以思考和研究时，显然还要将之具体化为 100 米跑、400 米跑、800 米跑、5000 米跑、10000 米跑、马拉松跑以及铁人三项中的跑，或者区分出是篮球场上的跑、足球场上的跑还是打羽毛球时的跑等。只有确定了是哪一种跑步，我们才可以研究这种跑步的“能力”是如何构成的，才可以研究如何培养这种“跑步能力”——“体育能力”。

研究阅读能力、研究阅读能力的培养，也是这样。笼统的“阅读”是没有的。具体的阅读活动一定是某种特定样式的阅读，而不同样式的阅读所运用的能力是有区别的。

“哪一种阅读”，也就是阅读的取向问题。在阅读学、阅读教学研究中，我们必须将取向问题置于首要位置——离开了这个前提，研究就会成为无本之木，很可能陷入空谈。

从阅读能力具体性的角度考察，我们过去关于阅读能力的研究，至少存在着以下两个方面的问题。

---

① ALDERSON J C. 阅读评价 [M]. 王笃勤，导读. 北京：外语教学与研究出版社，2011: 40.

第一，**抽象能力观。**

这典型地表现在“阅读能力”的逻辑构造上，比如将“阅读能力”看成是认读能力、理解能力、鉴赏能力、评价能力四个层级。“阅读能力”的逻辑构造，可能有其独立的学术价值，各家的不同构造法也可能有其内在的合理性，如果愿意，当然可以也应该继续研究。但是，从阅读教学的角度看，这样的研究（采用逻辑的方法而不是实验的方法），意义就很有限。因为离开了特定的样式，就不存在阅读的活动，因而也就无所谓什么阅读能力。

王云峰在《近二十年阅读能力研究与阅读教学模式的发展》一文中，系统地梳理了近二十年关于阅读能力结构的理论研究，指出：“以上这些研究虽然促进了人们对阅读能力的认识，但并未完整、清晰地揭示阅读能力的构成，加之其结论主要是借助思辨获得的，缺乏可操作性，对教学实践的发展没有多少直接的帮助。”[①] 他的这个判断是符合实际的。

第二，**未经过反思的预设。**

这反映在理论上，尤其表现在阅读教学中。我们在中小学一直培养的学生的所谓“阅读能力”，实际上有两种：一种是“鉴赏者取向式”的阅读，一种是“语文教师备课样式”的阅读。

“鉴赏者取向式”是一种以鉴赏乃至崇敬心理来对待文本的阅读方式。

我曾随便抽一篇语文教材的课文，比如某篇议论文，问学生：“这篇文章的观点对不对？”学生一起回答：“对！”我又问学生：“这篇文章写得好不好？论证是不是严密？语言是不是恰当？”学生又纷纷回答：“好！严密！恰当！”于是我问学生：“这篇文章我们还没有读，你还不

---

① 王云峰. 近二十年阅读能力研究与阅读教学模式的发展［J］. 中学语文教学参考，1999(6): 4.

知道它写的是什么，更不知道它是怎么写的。你们凭什么说它观点对、论证严密、语言恰当？凭什么？”

显然学生从来没有被人这样诘问过。

我们的学生在语文教学中一直在做的所谓阅读，就是这样一种近乎盲目的“鉴赏者取向式”的阅读：一篇文章还没有读，甚至不用读，就知道它对，就知道它好。这是很奇怪的。但问题是大家都见怪不怪，在阅读教学中，师生的任务就是从文章中找出那些本来就已经预设了的“对”（思想的高处），找出那些似乎天然就存在的“好”（文字的妙处）。

周有光写的《现代文化的基本特点》被选入某读本，编撰者的导语说：“作者注目于现代社会的全球化特征，从匡正人们将现代文化与西方文化混为一谈的谬误出发，阐述了现代文化的全球性、时代性等特征，并以此为基点，进一步就如何对待文化的问题进行深入思考：从文化共存的角度，提出现代文化与传统文化并行不悖的想法；从文化构成的角度，提出铸造‘双文化人’的设想。”在课后“思考题”部分（附有“点拨”）让学生思考的问题如下。

【思考题】

本文运用丰富的例证进行多方阐释和深入思考，请找出第二、第三、第五段中所运用的例证，具体说明它们在文中的作用。

【思考与点拨】

例证能使文章的阐述具体可感，具有说服力。

①第二段中列举三例，其中第一例说明了现代文化是全世界人民共创的文化，后两例说明现代文化是全世界人民共有共享的文化。

②第三段中列举一例，说明现代文化是全球化的文化，是一种共同的认识。

③第五段中列举一例，从反面说明了科学是一元性的，全世界科学

家一致认可才是科学的论断。

显然这是让学生“鉴赏”。其实这篇文章在今天看来，在论证上是有欠缺的，虽然在当时曾起过较大的作用。我们曾把这篇文章交给十余位大学生或研究生，让他们阅读并记下阅读时的评点。结果是一致对这篇文章持否定态度。下面是他们“评点”的片段展示。

原文第三段	评　点
现代文化是全球化的文化。交通阻隔、往来不便的时代，不可能有全球化的文化；交通发达、往来频繁的时代，地球缩小成为一个地球村，才可能有全球化的文化。全球化的现代文化没有国界，它是国际文化。例如，月球在不同的国家有不同的神话，你的月球神话跟我的月球神话不同，那是地区的传统文化。人类登月成功之后，拍下了月球的照片，拿回了月球的土块，月球的面貌从神话变成现实，大家有了对月球的共同认识，这是国际性的现代文化。	◎用传播的范围作为“现代文化”的特征是有条件的。 ◎作者在举例中，前边是说“神话”，后边在说“科学”，莫非在作者看来，只有“科学”才是“国际性的现代文化”？那些“科学”之外的呢？比如“民主”的价值观，算不算“现代文化”？
原文第五段	**评　点**
现代文化以科学和源出于科学的技术为主体。人类的文化发展在原始文化之后可以分为三个时期：早期以宗教为主体，中期以哲学为主体，后期以科学为主体。科学是一元性的，全世界科学家一致认可才是科学，没有公说公有理、婆说婆有理的民族科学。苏联创造米丘林生物学和马尔语言学的失败经验已经证明了这一点。	◎这三个时期不知有何凭据？ ◎“科学是一元性的……”这个判断太武断，也不合事实。科学往往是在争议中发展的，是动态的过程。 ◎没有民族科学，并不等于没有现代民族文化。

上述十余位大学生或研究生的读法，是“解读者取向式”的阅读，就是人们在正常状态下阅读文章时的阅读方式。不难看出，我们在中小学语文教学中的“阅读”，与人们在正常状态下的阅读是不一样的。因

而，我们在中小学语文教学中培养的所谓“阅读能力”，与人们在正常状态下所运用的阅读能力不是同一种东西。

所谓“语文教师备课样式”的阅读，也就是我们在阅读教学中普遍采用的阅读模式，即围绕着“思考和练习”“分析课文”。在一篇论述著名语文特级教师魏书生老师的文章[①]里，我写道：

至少有50年，我国的阅读教学一直把学会语文教师职业性的备课样式和方法的“阅读”，作为事实上的教学目标。语文教师们一直企图将自己所习惯了的阅读样式和方法“移交”给学生，尽管这种样式和方法的“阅读”，除了为“讲课文”而进行的备课之外，在其他场合，教师们自己从来都不用。在许多语文教师的心目中，所谓“阅读”，实际上特指自己备课时的那种样式和读法，所谓培养学生的“阅读能力”，实际上是希望学生达到像自己备课那样的水准。

占主流的备课样式和方法的“阅读”，有两个主要特征：一个是大的程序，有前辈归纳为“从形式到内容，再从内容到形式”。具体操作方式是三步，即先粗读，以了解课文说了什么，包括课文前面的提示和课后的练习题；再精读，按提示和练习题的指引，分析课文形式的方面，而分析则归结为“语文知识”的例说；最后落实到练习题的答案。另一个是具体的程序，即分析篇章和讲课的程序，常规是解题—作者介绍—划分段落写出段意—分析结构并用术语概括（比如“总分式”）—按程式归纳中心思想—分析文章的细部并归纳文章的写作特点和语言特色。是非好坏姑且不论，总之我们的多数语文教师在备课时是这样“阅读”的，而他们想让学生学会的也就是这样的“阅读”，我们的考试在多数情况下考的也是这种方式的“阅读能力”。

① 王荣生. 语文课程与教学内容 [M]. 北京：教育科学出版社，2015: 367-369.

…………

我们要问的问题是：中国的中小学生，是否应该学习语文教师的备课样式和方法的“阅读”？

在《语文科课程论基础》（2014 版）里，我又写道[①]：

有人说，我们的语文教学没有培养起学生的“阅读能力”，这话是有歧义的，需要做具体的分析。至少有两种情况。

第一种情况，我们确实在培养某一种“阅读能力”，但实际上却不能被许多学生所拥有。那么，问题可能主要出在课程与教学上。也就是说，语文课程内容或者教学方法上，存在着缺陷，还不足以培养起那种能力。这样，我们面临的任务，便是实证地研究“怎样才能培养起那种能力”。

第二种情况，我们在培养某一种“阅读能力”，而且也的确培养起来了，但那种“能力”，却是我们不想要的、学生不必要的、社会不认可的。……如果是后一种情况，我们所遭遇的质疑，便不是“没有培养起阅读能力”，而是培养了“错误”的“能力”。即刻需要研究的，也还不是“怎样培养”的问题；我们首先必须做出抉择的，是“培养哪一种阅读能力”，也就是取向问题。

在我看来，我国的语文教学中两种情况都有，但主要是第二种情况。也就是说，我们培养的学生的所谓“阅读能力”，根本就不对头。打个比方，社会所要求的、学生所需要的、教师所希望的，是学生具有“游泳”的能力，而我们的课程、我们的教学乃至我们的考试，却懵懵

① 王荣生. 语文科课程论基础 [M]. 2014 版. 北京：教育科学出版社，2014: 146－147.

懂懂一味地在“训练”学生跑步（取向错误），而且还是不知道跑几百米的“瞎训练”（取向不明）。结果学生一跳到水里，注定要淹死（只有个别学生凭着识水的天性，比如课外阅读，侥幸活命）。

许多专家都有相同的观察结果。钱理群先生曾举过一个例子：他所接触的大学中文系的学生，拿到小说问的第一句话往往是“老师，这篇小说的‘主题’（即‘中心思想’）是什么”[①]。钱先生说，捧起一篇小说，不是用自己的心去触摸它、去感受它，而是习惯性地执意去“概括”，往往还是套用某种现成的公式去“概括”所谓的“主题”，“那么这种人已经与文学无缘了”。显然，那种“已经与文学无缘”的“阅读能力”，是我们中小学阅读教学一直在培养的。大量的事实证明，我们也的确把学生的这种阅读能力培养起来了，尽管到了大学，文学教师要花十二分的力气将它“通通磨掉”。杨启亮在一篇文章中说：“读读我们浩如烟海的中小学生语文试卷，就足以获得它（非体验的语文教学）在语文知识技能技巧训练方面有效功能的证明，甚至，这些试卷还证明了当代语文教学创造的奇迹：学生们竟能凭借意志和单调的智慧，精确无误地回答那些连课文作者都莫名其妙的问题。”[②]显然，“精确无误地回答那些连课文作者都莫名其妙的问题”是一种很了得的“阅读能力”，可惜这种“能力”，有人把它叫作“误尽苍生”！

语文课程要培养学生的阅读能力。但在讨论培养阅读能力的教学之前，我们有必要事先查明，希望学生现在或将来所从事的是哪一种方式的阅读活动。只有这样，我们才能明了要培养学生的究竟是些什么样的阅读能力，才能接着来研究怎样去培养这些能力等一系列课题。

---

① 王丽. 中国语文教育忧思录 [M]. 北京：教育科学出版社，1998: 62.

② 杨启亮. 体验语文：一种教学方法论的解释 [J]. 语文教学通讯，2002(10): 8.

三、“怎么读”大致可以归结为“读什么”

阅读能力，可以描述为掌握阅读方法。叶圣陶对此曾多次明确地论述，他指出，“国文教学自有它独当其任的任，那就是阅读与写作的训练”。所谓训练，“第一，必须讲究方法。怎样阅读才可以明白通晓，摄其精华，怎样写作才可以清楚畅达，表其情意，都得让学生心知其故。第二，必须使种种方法成为学生终身以行的习惯。因为阅读与写作都是习惯方面的事，仅仅心知其故，而习惯没有养成，还是不济事。国文教学的成功与否，就看这两点”①。他还告诫学生，“文学名著与其他艺术品一样，没有素养辨不出它的真味，必须讲求欣赏的方法，才能够领会”②，“不在读法方面多注点儿意，阅读十个选本也是徒然，不用说是一个”③。

那么“阅读方法”是什么呢？

怎么读（阅读方法），实际上可以分为两个层面。

战略的——阅读取向：阅读姿态、阅读样式
战术的——阅读方法：在哪里、读什么

第一个层面是宏观的，具有战略意味，我们在上面用“阅读取向”来指称。阅读取向由阅读目的（动机）、文本体式等决定，表现为一种特定的阅读样式，或称为解读模式（惯例），比如上面举例的“鉴赏者取向式”“解读者取向式”“语文教师备课样式”的阅读等。

第二个层面是微观的，具有战术的意味，也就是人们通常所说的“阅读方法”，实际上是在某一特定取向下阅读什么的问题。我们看下面的例子。

---

①②③ 叶至善，叶至美，叶至诚. 叶圣陶集：第十三卷 [M]. 南京：江苏教育出版社，2004: 53, 63, 163.

1.《英语阅读技巧》①

Skimming

What is skimming?

Skimming means reading selectively to get a general idea of what an article is about and to become familiar with the most important ideas in it. The basic task of skimming is to identify those parts of a reading material which contain the main ideas.

How to skim?

The technique of skimming is similar to pre-reading. It involves selecting and reading those parts of the selection that contain the most important ideas and merely glancing at the rest of the material. Below is a step-by-step procedure to follow in skimming for main ideas.

① Read the title

② Read the introduction

③ Read any headings and subheadings

④ Notice any pictures, charts or graphs included

⑤ Read the first sentence of each paragraph

⑥ Glance at the remainder of the paragraph

⑦ Read the summary or last paragraph

这段材料讲什么是“skimming”（浏览），接着讲如何“skim”，也就是“skim”的阅读方法，材料中列举了 7 个方面：阅读文章的标题、阅读内容概要、阅读小标题、注意图表的内容、阅读每一段的第一个句子、快速地浏览段落的其余部分、阅读文章的小结或最后一个段落。也就是说，怎么读（阅读方法）可以转化为读什么。

① 吕凤芳. 英语阅读技巧 [M]. 上海：上海外语教育出版社，1994: 173.

2.《古文关键》

《古文关键》开篇有一个序言《总论看文字法》，讲的是古文的读法。

第一句说“学文须熟看韩、柳、欧、苏，先见文字体式，然后遍考古人用意下句处”。这是从宏观的角度确定读什么，同时也规划了“遍考古人用意下句处”这种以学写古文为目的的阅读（鉴赏）方法。接下来是具体的“读法”。

第一看大概主张。

第二看文势规模。

第三看纲目关键：如何是主意首尾相应，如何是一篇铺叙次第，如何是抑扬开合处。

第四看警策句法：如何是一篇警策，如何是下句下字有力处，如何是起头换头处，如何是缴结有力处，如何是融化屈折剪截有力处，如何是实体贴题目处。

这是具体的“看文字法”，“关键”显然在于“看”什么。

至于具体的作家作品，则还有具体的读法，也就是要看到不同的东西。比如“看韩文法”要着眼于简古，“学韩简古，不可不学他法度，徒简古而乏法度，则朴而不文”；“看欧文法”则要着眼于平淡，“学欧平淡，不可不学他渊源，徒平淡而无渊源，则萎靡不振”。

3. 批判性阅读

欧美学者认为：“有证据表明，在批判性阅读中存在一些专门的技巧。”[①] 他们提出，发展下列技能，将有助于人们依据逻辑推理来评估

①《心理学百科全书》编辑委员会. 心理学百科全书：第 1 卷 [M]. 杭州：浙江教育出版社，1995: 350－351.

书面材料。“技巧”，也就是“读法”。而下面的“读法”，重心显然在“读什么”上。

①区别因果关系和相关关系。

②找出错误的比喻，这种错误是有些比较项目之间缺乏可比较性造成的。

③找出因没有考虑各种可能性而导致的错误的两分法。

④找出没有充分证据的结论。

⑤判断前提的准确性，然后确定是否应作出结论。

⑥识别自相矛盾的地方。

⑦识别不相干的问题。

⑧识别过分强调事物的共性而忽视个性的做法。

上面古今中外的材料显示：“怎么读”，在很大程度上可以看作或处理为在一种特定的取向（阅读样式、文本等）下“读什么”。怎么读的问题，就是在具体的文本中去读什么地方、在这些地方读出些什么的问题。

如果上面的论述没有错，那么我们过去在研究中就可能存在以下两方面的问题。

第一，**未注意心理学的旨趣与教育的旨趣有所不同。**

从研究的角度来看，研究阅读行为——心理操作有独立的价值，比如“生成技术”，在实验的条件下，单独研究“点划评注”等生成技术的作用，这在学理上有很重要的意义。但从阅读教学的角度来看，“点划评注”是特定取向的阅读中对具体文本的点划评注。在哪里点，在哪里划，在哪里评，在哪里注，从行为的角度来看是有共性的；但从具体运用来看，不同取向、不同文本，各有不同。比如在上面举例的《现代文化的基本特点》阅读活动中，“鉴赏者取向式”的阅读与那些大学生的“解读者取向式”的阅读，两者显然是在文章的不同地方做点划评注的。

第二，**抽象“技法观”**。

“怎么读”与“读什么”，是行为操作与操作对象的关系，在研究中、在思维时，可以将它们相对地分离，分别加以研究。在阅读教学中，对行为操作进行专门的训练有时也有必要，比如速读确实有眼动的行为问题。但是，从真实的阅读状态中抽掉具体的阅读对象（读什么）而只关注怎么读，很容易导致阅读方法、阅读技法的抽象化，导致“读什么”和“怎么读”两者的割裂。

根据曾祥芹先生的统计，改革开放以来，中国学者出版的阅读学著作有264本（截至2000年）。这表明了我们阅读学研究的好势头，但是如果细看那些书名，情况可能比数字要来得丧气。因为类似的书名在其中占有较大的份额，比如读书方法种种、读书方法二十谈、读书方法纵横谈、读书的诀窍、中学生最佳读书法、阅读技巧、阅读方法指南、读书方法百种、阅读技法系统、分步阅读法、阅读策略与技巧、快速阅读法、超级读书百法、青年读书技巧等。

从阅读学研究的角度，对“法”进行抽象归类比照研究，有其学术的价值，当然应该继续研究。但是，仅仅从行为上着眼，可能是有缺陷的，至少对阅读教学的作用不大。因为离开了“读什么”，“怎么读”就难以得到合适的解释。

下面是一份法国语文教材《文学》下册的目录（20世纪）[①]，它对我们理解“怎么读”在很大程度上是“读什么”、理解怎样进行“阅读方法”的研究和教学，可能是有帮助的。

① 江苏母语课程教材研究所. 当代外国语文课程教材评介 [M]. 南京：江苏教育出版社，2004: 344.

20 世纪引言 20 世纪插画 1. 现代诗歌：新思想、新形式 方法 43——自由诗 2. 戏剧的变迁：从喜剧到宇宙 3. 从普鲁斯特到塞利纳：我之尽头的旅行 方法 44——叙述声音的多样化 4. 超现实主义：梦想流派 方法 45——超现实主义文学 5. 文学与价值 方法 46——荒诞与存在主义 6. 打碎的戏剧：革新的语言 方法 47——当代舞台	7. 新小说：探索与经验 方法 48——人物出了问题 8. 当代诗歌：词语的立场 方法 49——现代诗歌中的空间、节奏和音色 9. 虚构的纪元：小说的虚构性 方法 50——神话与文学 10. 平行文学：阅读，收看，收听 方法 51——多义的幽默 阅读图像 阅读电影 会考法语与文学试卷 索引

综上所述，研究阅读方法，研究如何培养学生的阅读能力，使他们掌握适宜的阅读方法，实际上就是要对特定阅读取向“读什么”进行具体化的研究。比如：

◎操作性的说明（菜谱、电器操作等），怎么读——读什么？

◎与自己切身利益相关的合同，怎么读——读什么？

◎社论，怎么读——读什么？

◎社科文（比如冯友兰《人生的意义及人生中的境界》）[①]，怎么读——读什么？

◎科技文，怎么读——读什么？

◎小说，怎么读——读什么？

◎戏剧，怎么读——读什么？

① 王荣生. 语文课程与教学内容 [M]. 北京：教育科学出版社，2015: 182-187.

◎诗歌，怎么读——读什么？

比如诗歌，孙绍振批评我们高考试卷中的一道“诗歌鉴赏”题，该题要求学生指出对一首诗解释不恰当的一项——“‘金黄的稻束站在割过的秋天的田里’一文涉及的时间，从全诗看，除了‘秋天’还隐指暮色降临以前”。孙先生说：“显然，这是超越了时间和场景的具体性的，确定时间根本没有意义，暴露出命题者对诗歌理念上的外行：抒情诗与散文的不同之处，就是它是高度概括的，超越具体时间的确定性，有利于它的深邃概括。”[①] 这里所说的“诗歌理念”，实际上就是诗歌的“读法”——在诗歌中的“时间”里读什么。

再比如现代小说，萨之山点评余华《十八岁出门远行》，在第一段旁点道：“请注意叙述语言，这是以一个十八岁男孩的感知和口吻来叙述的，有些夸大其词和虚张声势，如‘迎风飘飘’、‘定居’，掩饰着对陌生的‘成人世界’的复杂心态。”[②] 这就是“读法”——在小说的什么地方读出什么东西。

如果有兴趣，大家可以找金圣叹点评的《水浒传》来看看，我们能从中学到什么是“读法”。在开篇处，金圣叹写道：“今人不会看书，往往将书容易混帐过去，于是古人书中所有得意处，不得意处，转笔处，难转笔处，趁水生波处，翻空出奇处，不得不补处，不得不省处，顺添在后处，倒插在前处，无数方法，无数筋节，悉付之于茫然不知，而仅仅粗记前后事迹，是否成败，以助其酒前茶后，雄谭快笑之旗鼓。”[③] 这什么什么处，就是在《水浒传》的什么地方去读出什么，这就是怎么读

① 孙绍振. 直谏中学语文教学 [M]. 广州：南方日报出版社，2003: 14.

② 王尚文，吴福辉，王晓明. 新语文读本：高中卷 3 [M]. 南宁：广西教育出版社，2001: 90.

③ 林乾. 金圣叹评点才子全集：第三卷　第五才子书《水浒传》评点（上）[M]. 北京：光明日报出版社，1997: 30.

的“读法”。

也许有人会有疑惑：难道阅读方法就是这样一篇篇地来，一种种地教？有没有能概括全部阅读活动的“方法”，比如精读、略读？

精读、略读，是历来都有的。但是精读、略读是抽象程度很高、概括性很强的“阅读方法”，在不同的文本里，在不同的阅读取向下，“精”什么、“略”什么，其实是有很大差别的。离开了具体的文本，离开了具体样式的具体阅读，不一篇篇、一种种地考察“精”什么、“略”什么，而单从阅读行为上去抽象地讲如何精读、如何略读，这就是我们在上面所批评的“抽象技法观”。

抽象能力观加上未注意心理学的旨趣与教育的旨趣有所不同，未经反思的预设加上抽象技法观，这些因素导致了我们的阅读教学理论始终停留在“披文入情”的宏观把握上，或者是几句近乎空洞的“口号”，或者是简单地搬运心理学在严格控制的实验条件下所得出的某些结论。由于阅读学和阅读教学研究对阅读取向漠视、对阅读方法（读什么）开发不够，所以中小学阅读课程与教学“无内容”。

上面我们论述了对阅读能力的两点认识：第一，阅读能力是具体的；第二，“怎么读”在很大程度上可以归结为“读什么”。我们认为，这两点认识，对阅读教学的研究和实践具有非同小可的意义。

四、阅读取向与阅读方法

（一）阅读与“看”

学习阅读，需要从理解的过程入手，实质是学习如何阅读。阅读是眼睛“看”连贯的文字。如何阅读，从阅读行为的角度来看，其实是眼睛怎么“看”的问题。

阅读中的“看”，与其说是眼睛在看，不如说是大脑在“看”——人脑在获得语篇的意义。

从“眼睛——在脑”的角度，如何阅读大致可归结为以下两个要点。

（1）**如何找到语句和文本的关键点，即看语句和语篇的什么地方？**

（2）**对这些关键点，如何做深度加工，即从这些地方看出什么东西来？**

看语句和语篇的什么地方，从这些地方看出什么东西来，这取决于两个因素：一是阅读主体（读者），二是阅读对象（语篇）。只有在阅读主体（谁阅读）和阅读对象（阅读什么）的关联中，我们才能谈论阅读和学习阅读。

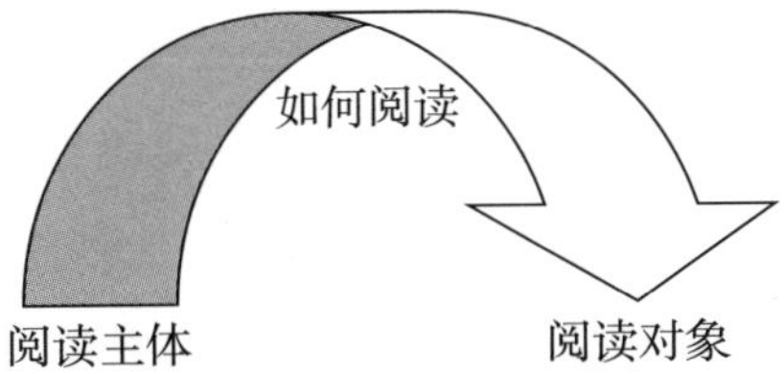

图 3-7　阅读主体与阅读对象的关联

（二）阅读主体决定阅读取向

阅读，意味着有一个特定的阅读者。读者的阅读目的、任务和阅读习惯等，决定其阅读的取向。根据不同的取向，采取相应的阅读方式、阅读姿态，进而运用与之相匹配的阅读方法。

阅读取向，是战略层面上的“如何阅读”。比如：

【例 1】亲爱的，你放在冰箱里的两颗葡萄，我把它吃了。

如果阅读任务是默写，那么就会采用与任务相应的记背取向，并运用与此相配的方法：记住每一个词，看清每一个字。如果阅读任务是划分出单词，那么就会这么阅读：

【例 2】亲爱/的，你/放/在/冰箱/里/的/两颗/葡萄/，我/把/它/吃/了。

阅读取向是阅读目的、任务的转换，但与目的、任务并不等同，它可以成为一种阅读态度、阅读习惯但又相对独立，甚至可以成为一种阅读的观念。——不顾具体的阅读目的和任务，而一概采用单一的阅读取向，这是不良阅读者的标志之一。

阅读取向有常态、异态和变态之分。常态，就是在正常的情况下读者通常的阅读取向，或者是具有较高阅读能力的读者们一致采取的阅读取向。比如把小说当小说读，把诗歌当诗歌读，把散文当散文读。阅读是一种社会性的交往活动，“作者写作是希望读者分享他们所表达的意义，从而成为互相理解的群体中的一分子”；“学习阅读就是加入这个群体”，取向常态是一种需要学习才能获得的阅读能力。[1]

异态，就是基于合理的目的、任务而采取的与通常不一致的阅读取向。比如小说，编辑校对样稿，是一种读法；语言学家统计某种句法的使用情况，是一种读法；依据小说中的描写研究那时的服饰样貌，则是另一种读法。中小学生因语文经验不足而采取的与通常有差异的阅读取向，也应该看成是异态，需要在阅读能力发展的过程中加以改变或改善。

变态，就是扭曲的阅读取向。它基于某种错误的观念而采取一种奇特的阅读取向，有意或习惯性地曲解文本。“为阅读而阅读”，“为学习阅读而学习阅读”，甚至“为语文考试（为答阅读测试题）而学习阅读”，往往导致变态的阅读取向。

变态的阅读取向，是学习阅读的最大陷阱。以“首尾照应”“以小见大”等古文笔法，对付“率性而为”的现代散文；以“论点”“论据”

① 诺德曼，雷默. 儿童文学的乐趣：第 3 版 [M]. 陈中美，译. 上海：少年儿童出版社，2008: 79.

“论证”的西方逻辑理路，对付《劝学》《师说》乃至《石钟山记》《游褒禅山记》等古文；以事件目击旁观者的身份，指点虚构小说中的人和事而横加评判；以欣赏“好词好句”的心态，面对《论美》（培根）、《蝉》（法布尔）、《奥斯维辛没有什么新闻》（罗森塔尔）等实用文章：均属阅读取向之变态。

（三）阅读方法受制于文本体式

阅读方法，是战术层面上的“如何阅读”。方法是相对于目的来说的，目的不同，方法就要变换。方法也受制于对象，在诸多制约中，文本体式最为重要。

首先是文类、体裁。文学作品和实用文章的阅读方式以及具体的阅读方法，有本质的差异。概言之，实用文章阅读，是“得其意可以忘其言”；而文学作品阅读，则要“品其言才能会其意”。将例1改写如下。

【例3】

亲爱的
你
放在冰箱里的
两颗葡萄
我
把它吃了

根据以下两点试着比较例1、例3：（1）看语句和语篇的什么地方？（2）从这些地方看出什么东西来？

例1是便条，通常采取实用的阅读取向，运用获取资讯的阅读方法。阅读便条，着重点在它说了什么，即它的所指，而理解的标志则是读者能将它转换为自己的语言（转述）。

例3是诗歌的形式，自然要求文学鉴赏的取向："冰箱"和"葡萄"必须看成意象，或许还有象征意味；"你"与"我"的突出对举，则逼迫我们在突出对举中寻求其诗的意味。诗的意味，只在诗中，存在于诗的言语中，即其能指；而意味的获得要通过言语的品味，也存在于言语的反复咀嚼中。

阅读的过程，"是通过书面语言的感知获得意义的思维加工过程"①。而语篇的理解，是一种受文体制约的思维，或曰"文体思维"。把小说当小说读，把诗歌当诗歌读，把散文当散文读，不仅是一种阅读取向，而且预示着各自不同的阅读方法。"有能力的读者不知不觉地将这些（文本体式）惯例和准则吸收进他们的阅读经验，而对阅读具有制约作用，使得读者解释作品的半自觉活动成为可能。"②

古今中外人们讲述阅读方法时，无不把"辨体"放在首位。刘勰的"六观""体位"就是如此。心理学研究证明："阅读和理解说明文的过程完全不同于阅读记叙文的过程，因此，必须经过专门的培训和练习，大多数学生才能在阅读说明文时愉快胜任。"③

实用文章的阅读不但要运用文体思维，还必须运用学科思维。阿德勒、范多伦在《如何阅读一本书》中阐述"分析性阅读"，第一条规则就是："依照书的种类和主题做分类。""你一定要知道自己在读的是哪一类书，而且越早知道越好。最好早在你开始阅读之前就先知道。"④

---

①《心理学百科全书》编辑委员会. 心理学百科全书：第1卷 [M]. 杭州：浙江教育出版社，1995: 515.

② 王先霈，王又平. 文学批评术语词典 [M]. 上海：上海文艺出版社，1999: 469.

③ 尼特. 阅读：阅读技巧指南 [M]. 贺微，张荣建，江地，译. 重庆：重庆出版社，2004: 23.

④ 阿德勒，范多伦. 如何阅读一本书 [M]. 蔡咏春，周成刚，译. 上海：上海译文出版社，1991: 55-56.

不但不同的文类、体裁，就是同一文类、同一体裁之不同风格、流派，在“看语句和语篇的什么地方”和“从这些地方看出什么东西来”两个方面，也有实质性的差异。《守财奴》是“真实地再现典型环境中的典型人物”的现实主义作品，若把老葛朗台的举止看成是滑稽小丑的漫画式表演，那就是看偏了眼。

不但不同的风格、流派，就是同一位作家的不同作品，也有文体之别。朱自清的《荷塘月色》《背影》《威尼斯》《飞》，都是散文，但文体差别显著，因而阅读方法各异。正如有的学者指出的：“鲁迅的《狂人日记》开心态小说的先河；《阿Q正传》是传记体的变格；《药》写了四个场景，分明是戏剧体小说；《社戏》是抒情体小说；《猫和兔》是寓言体小说；《一件小事》是随笔体小说；《示众》是速写式小说……”“读《一件小事》《社戏》《故乡》等课文，就不能按规范小说去解释，要注意其中的散文成分，以及杂文笔法，这样就能较好地读出小说中所深藏的意义。”①

（四）阅读取向与阅读方法的关联

综上所述，如何阅读可以分为两个层面：一是特定的阅读取向。表现为特定的阅读姿态、阅读样式。一是具体的阅读方法。落实在阅读行为中就是看某一特定语篇的紧要地方，并从这些地方看出作者刻意表达的意思或意味来。

如何阅读
- 战略的——特定的阅读取向
- 战术的——具体的阅读方法

① 蒋成瑀. 语文课文读解理论与方法 [M]. 杭州：杭州大学出版社，1991: 103－104.

人们通常所说的“阅读方法”（读法），实际上就是在某一特定取向下，有意识地关注语句和语篇中与取向相一致的关键点，并对此做深度的心理加工。看下面的例子。

1. 以筛选信息为目的的实用文章（专业论文等）的程序阅读法[①]

采用跳读或扫读的方法，快速抓住文章的表面信息，按下图程序，主要关注七个点。

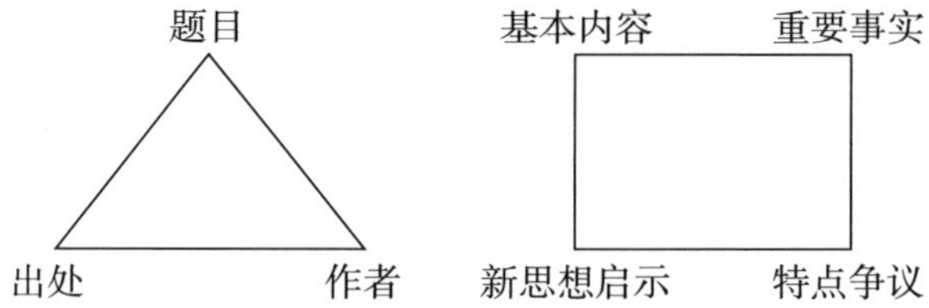

图 3-8　程序阅读法的程序

2. 倾向于解构的“症候式阅读”

“症候式阅读”，即把文本明确的论述与文本未曾言明的论述——那些“欠缺部分、空白点和沉默之处”结合起来读。文本的“欠缺部分、空白点和沉默之处”就是“症候”，它们往往是作者无意识隐匿的。而“症候式阅读”“意味着把隐匿的东西表现出来”。换言之，“症候式阅读”不是关注作者已经表述出来的部分，而是关注隐匿在文字后面，作为论断“当然前提”的那些没有写出来的东西。[②]

“作品与意识形态之间的关联，主要靠的是没说出来的部分，而不

① 程汉杰. 高效阅读法 [M]. 北京：知识出版社，1991: 9.

② 张一兵. 问题式、症候阅读与意识形态：关于阿尔都塞的一种文本学解读 [M]. 北京：中央编译出版社，2003: 64－73.

是说出来的部分。”与“症候式阅读”相似的，是“反读文本”。“反读文本”，关注文本中的“缺席”，即文本视为“理所当然”而并未说出来的观念或假设，其目的是“浮政治假设于台面”“浮性别假设于台面”“浮种族假设于台面”“浮个体假设于台面”。①

从上述例子中，可以看出以下三个要点。

第一，**阅读总是特定取向的阅读。**

通常所说的精读、略读、浏览等，以及古人读书法中的“熟读精思”“虚心涵泳”“出入法”等，与其说是阅读方法，不如说是阅读取向。它们要么本身就是阅读取向，要么以相应的阅读取向为前提，如果不从战略的高度去把握，往往难得这些“阅读法”的要领。

第二，**阅读取向落实在具体的阅读方法中。**

精读、略读、浏览等，其应用要依赖文本体式等一系列情境，转化为依据具体文本而生成的具体的阅读方法。比如 skimming（浏览、跳读），是情报阅读的样式，主要适用于说明性的实用文章，其具体的阅读方法分化为七项技能。

◎阅读文章的标题

◎阅读内容概要

◎阅读小标题

◎注意图表的内容

◎阅读每一段的第一个句子

◎快速地浏览段落的其余部分

◎阅读文章的小结或最后一个段落

① 诺德曼，雷默. 儿童文学的乐趣：第 3 版 [M]. 陈中美，译. 上海：少年儿童出版社，2008: 248-288.

第三，**阅读方法与阅读取向有一致关系。**

良好的阅读，其阅读方法与阅读取向有一致性。不良的阅读，往往是方法与取向分裂，甚至南辕北辙，比如以抽象概括的方法“体会”作者的情感，用朗读的方法“获取”新闻的信息，用扫读法（scanning）、跳读法（skimming）“品味”散文，以论点、论据的标签法“学习”古文等。

五、阅读策略 vs 阅读方法

随着译著的引进，“阅读策略”这个词语，开始进入我国语文学科的话语体系。已有不少人注意到，“阅读策略”与我国语文教学中的“阅读方法”，很有些不同[①]。

这不仅仅是用词的不同。学术词语往往有它的背景和历史。

（一）阅读策略

从译著看，“阅读策略”有两种用法。一种是泛指，可能如心理学家奥尔松一样“出于一致性的考虑”[②]而使用“策略”一词。比如，《美国学生阅读技能训练》罗列300条，书名中被译为“技能”的词，原文的用词是“策略（Strategies）”。

一种是特指，来源于外国的心理学科——学习心理学、教育心理学、认知心理学、语言心理学、阅读心理学等。包括以下三个方面。

① 朱永新. 丛书序：在读写中思考与创造[M]// 吉尔. 阅读力：文学作品的阅读策略. 岳坤，译. 南宁：接力出版社，2017: 3.

② 奥尔松. 深层学习：心智如何超越经验[M]. 赵庆柏，唐云，陈石，等译. 北京：机械工业出版社，2017: 104－105.

1. 学习策略

学习心理学所研究的“学习”，主要是学校背景下的学习。而学校背景下的学习，正如有的严厉批判者所指出的，在很长一段时间内，是“被动学习”情境的。“被动学习”情境的学习，在很大程度上就是聆听老师讲课、阅读教科书等材料，以及现在的观看在线视频课程。①“他们（学生）在课堂上所学到的内容取决于他们对所读东西的理解和记忆能力。”②

这样，“学习”就与“阅读”密切关联。学习心理学所证实的高效“学习策略”，在很大程度上也就是理解教科书等材料的策略。所涉及的学习材料，一是低年级学生需要记诵的内容，二是具有相当难度的说明性文本，如科学、物理、几何等教科书的章节。“学习如何阅读，就是学习‘如何学习’。”③

然而，学习心理学所关注的，是通过阅读学习学科知识，是记忆和理解教科书等材料所承载的符号、概念、规则等知识。理解教科书内容（知识）与阅读理解，还不完全是一回事。其所证实并建议学生使用的高效“学习策略”，从阅读的历程看，主要是在阅读之后加深记忆和理解阶段。包括以下几个。

复述策略。利用双重编码等多种促进记忆的办法，牢固记住并复现（回忆）言语信息。

精加工策略。用已知知识对新材料进行解释和扩展，如将所学内容分类记忆、根据说明性文本的组织结构来选择和理解教科书的主要内容、用自己的话解释、总结等。

（重新）组织策略。将材料转变为另一种形式，如进行概述、做摘

① 梅耶. 应用学习科学：心理学大师给教师的建议 [M]. 盛群力，丁旭，钟丽佳，译. 北京：中国轻工业出版社，2016: 66.

② 麦克德维特，奥姆罗德. 儿童发展与教育：上册 [M]. 李琪，闻莉，罗良，等译. 北京：教育科学出版社，2007: 420.

③ 弗莱. 如何学习 [M]. 蔡朝旭，译. 广州：新世纪出版社，2001: 8.

要、绘制认知地图或概念图、划重点、提炼、做各种形式的笔记等。

语言文字是人类最伟大的发明。毫无疑问，通过教科书等学习材料来学习，至今乃至将来，依然是最主要的学习方式。阅读能力是最重要的人力资源；学会学习，最主要的途径，就是学会通过阅读学习。

2. 阅读理解策略

阅读理解策略，是阅读时所使用的策略，它们来源于阅读心理学的研究成果。

受优秀读者对阅读理解过程的“出声思维报告法”① 启示，阅读心理学家精心设计心理实验，证实了一些优秀读者普遍使用的阅读理解策略，并在实验性教学中证明了其对发展学生的理解能力确实有效。心理实验中所使用的文本，是为了验证某个假设而特意制作的文本，主要是较浓缩的说明性短文和民间故事。

所提炼的阅读理解策略，各种译著大同小异②，主要包括：

◎**预测**。包括阅读起始时，基于标题、图片和关键词等来预测将要阅读的内容；故事文本阅读中，对人物、事件、故事结局等进行预测。

---

① 戴蒙，勒纳. 儿童心理学手册：第二卷　认知、知觉和语言：第 6 版 [M]. 林崇德，李其维，董奇，等译. 上海：华东师范大学出版社，2009: 602－603.

② MAYER R E. 教育心理学：认知取向 [M]. 林清山，译. 台北：远流出版事业股份有限公司，1996: 322－340.　吉尔. 阅读力：文学作品的阅读策略 [M]. 岳坤，译. 南宁：接力出版社，2017: 2.　马特林. 认知心理学：理论、研究和应用：第 8 版 [M]. 李永娜，译. 北京：机械工业出版社，2016: 156－158.　戴蒙，勒纳. 儿童心理学手册：第二卷　认知、知觉和语言：第 6 版 [M]. 林崇德，李其维，董奇，等译. 上海：华东师范大学出版社，2009: 609－615.　坦珂斯莉. 教会学生阅读：策略篇 [M]. 王琼常，古永辉，译. 北京：教育科学出版社，2008: 116－117.

◎**联结**。一个好的阅读者能够在阅读过程中调取已有的背景知识和个人经验，从而更好地理解文本的意义。

◎**提问**。一个好的阅读者在阅读前、阅读中和阅读后都能够提出基于文本或由文本出发的问题，从而更深刻地理解文本的含义。

◎**推断**。一个好的阅读者知道并非所有信息都在文本之中，它能够利用文本提供的线索，合理进行补充假设和合乎常理的推断。

◎**图像化**。一个好的阅读者能够在阅读过程中，由其“思维之眼”创造出“多重感官图像”，从而有助于对文本的理解。

◎**确定重点**。一个好的阅读者能够根据文本的组织结构特点对文本中的信息进行重要和不重要的分类，并细读重要的内容。

◎**释疑**。一个好的阅读者能够意识到自己遇到了理解困难，并为了读懂而停下来，回头重新阅读。

◎**综合**。一个好的阅读者能够分析信息，整合文本和自己的认识或经验加以思考，并得出结论。

上述各项策略，前后没有必然的顺序，它们相互联系，并在实际的阅读理解过程中综合地运用。

3. 自我监控和调节

“监控对于认知策略的自我调节运用是非常重要的。”①

心理学家描述了有技巧的读者在阅读理解过程中的自我监控和调节②。

①② 戴蒙，勒纳. 儿童心理学手册：第二卷　认知、知觉和语言：第6版 [M]. 林崇德，李其维，董奇，等译. 上海：华东师范大学出版社，2009: 596, 602－603.

有技巧的读者在阅读过程中会监控自己对文章的理解，特别留意文章中的那些令人困惑的或者与自己已有知识不一致的内容。他们能意识到自己以前是否看到过这些观点以及自己是不是同意这些观点。阅读能力强的读者在感到困惑时会重新读一遍文章，或者放慢阅读速度以便更好地理解文章。他们会监控自己是不是正在专心阅读，还是分心正想其他事情。他们特别关注自己付出努力后是否驶向了所设定的阅读目标。如果发觉文章无助于实现所设定的阅读目标，那么读者可能会加快阅读速度，或者改为浏览全文甚至终止阅读。如果文章中提供了大量的有助于发展其思想的新知识，那么读者可能会运用更多的策略，例如放慢阅读速度、仔细思考、做笔记等。

上述引文中多次出现的“如果……那么”，就是程序性知识的典型表达式。

学习的自我监控和调节也是这样。“学生关于各种策略的知识中最重要的一些信息就是这些策略在特定情境下能够改善作业成绩。”① 要想实现自我监控学习，学习者就必须掌握以下几种能力②。

为学习活动设定目标；有效安排学习的时间；在所学习的科目上保持注意力集中；使用恰当的学习策略；指向目标的管理过程，自我评价学习策略的有效性并在必要时加以调整；评估学习活动的成效。

综上所述，阅读策略或包括三个主要成分：（1）阅读教科书等学习

① 戴蒙，勒纳. 儿童心理学手册：第二卷　认知、知觉和语言：第 6 版 [M]. 林崇德，李其维，董奇，等译. 上海：华东师范大学出版社，2009: 597.

② 麦克德维特，奥姆罗德. 儿童发展与教育：上册 [M]. 李琪，闻莉，罗良，等译. 北京：教育科学出版社，2007: 248－250.

材料的“学习策略”，主要涉及阅读之后的进一步理解；(2) 阅读过程中的“阅读理解策略”；(3) 学习或阅读过程中的自我监控和调节。前两者互有交错，但侧重点不同。学习过程中的自我监控和调节，在很大程度上与阅读过程中的自我监控和调节相类似，它们都属于元认知知识。元认知知识，有的译著称为“元认知技能”。

来源于心理学研究的元认知知识，适用于多种学科。“学习策略”，是“所有科学分支学科和一般的学术性科目”① 的学习策略；“阅读理解策略”，是阅读所有文章和书籍的阅读理解策略，尽管心理学实验所涉及的文本，主要是故事性和说明性的。

(二) 阅读方法

1. 阅读方法的知识来源

阅读方法是程序性知识。

“程序性知识反映了具体学科的知识或具体学科的思维方式。”② 与阅读策略的知识来源不同，“程序性知识是通过学科领域内部达成共识、取得一致意见或学科规范等途径发展起来的”③。按布卢姆教育目标分类学的界说，分“具体学科的技能的知识”和“具体学科的方法的知识”。以语文学科为例，前者如汉字书写的笔画、笔顺的知识，根据汉字形体结构来理解字义的知识等；后者如绘本阅读方法的知识、中国近体格律诗的阅读方法的知识、各种文学批评方法的知识等。

---

①②③ 安德森，等. 布卢姆教育目标分类学：分类学视野下的学与教及其测评：完整版 [M]. 蒋小平，张琴美，罗晶晶，译. 修订版. 北京：外语教学与研究出版社，2009: 34, 41, 41.

2. 阅读方法的作用

阅读方法指导如何阅读。

如何阅读，从阅读行为的角度来看，在很大程度上就是眼睛怎么“看”的问题。大致可归结为以下两个要点。

如何找到文本的关键点？即，**“看”语句和语篇的什么地方？**

对这些关键点，如何做深度加工？即，**从语篇的关键语句“看出”什么样的意义？**

阅读方法是对如何阅读的规范性或建议性的指令。学科专家或有经验的读者基于研究或实践经验，提炼出有效的阅读方法，要求或建议学习者予以采纳，并在阅读实践中转化为自己的阅读经验和阅读习惯。

3. 阅读方法受制于语篇类型

阅读方法受制于语篇类型。

语篇类型，指文本的具体形态，包括形式（如连续性文本、非连续性文本、绘本等）、体裁（如长篇小说、短篇小说、抒情散文等）、流派（如现实主义小说、现代派小说等）、风格、语体等元素。非文学的实用文章，语篇类型及其具体形态更为多样。

一方面，作者表达他们所要表达的意义，需要选择恰当的语篇类型，并运用相应的体裁、语体等具体形态。

另一方面，“有能力的读者不知不觉地将这些（语篇类型）惯例和准则吸收进他们的阅读经验，而对阅读具有制约作用，使得读者解释作品的半自觉活动成为可能”[①]。

① 王先霈，王又平. 文学批评术语词典 [M]. 上海：上海文艺出版社，1999: 46.

图 3-9　阅读方法即抓住文本关键点

按知识的生产逻辑说，关于阅读方法的程序性知识，来源于不同语篇类型各自所具有的特点，是把语篇类型特点这种事实性知识，转化成相应的阅读方法。

新闻的阅读方法，是从新闻特点转化的阅读方法；绘本的阅读方法，依据绘本的特点；中国近体格律诗的阅读方法，体现着文言诗的句法和近体诗的格律；神话、寓言、民间故事、童话等，阅读方法同中有异。

实用性的文章也是这样，有效的阅读方法，是紧扣典型的语篇类型特点的阅读方法。例如“技术性文章”的阅读方法，要点如下①。

◎定义与术语。在阅读任何技术性文章时，首先你必须从了解术语着手。

◎举例。举例有助于澄清抽象原则。

◎分类与列举。作者运用分类来归纳广泛的细节。

◎对比的运用。借呈现相反的状况，凸显复杂的资料。

◎因果关系。因果关系是科学研究的基本探索方法，阅读技术性文章，你必须认清这种关系及其意义。

阅读和写作是一种文体思维。会读新闻的人，未必能读小说；会读小说的人，未必能读文件；会读文件的人，未必能读操作手册。

① 弗莱. 有效阅读 [M]. 尤淑雅，译. 广州：新世纪出版社，2001: 86－99.

就因为如此，外国众多关心基础教育的有识之士，一致强力推进学科阅读和学科写作：“每一门学科都有其自身的特点和可预测的内容结构，在注重内容的教学中，具体的特点和结构需要具体的方法去帮助学生理解文本。”① “高层次的读写能力是学科性的，不同学科有专业词汇、修辞结构、表征风格和论证举例规则，它们最好在学科范围内学习、应用。”②

（三）阅读方法和阅读策略，各得其所

要提高学生的学习能力和阅读理解能力，阅读方法和阅读策略这两类过程技能，都是必需的。“元认知技能（阅读策略）让学生将大脑中存储的相关信息和他们（学生）当时阅读的思维和理解联系起来，而基本的阅读技巧（阅读方法）能促使学生根据文本及其篇章组织建构起自己的理解模式。”③

比较合理的分布，大约是语文学科的阅读教学，以文学和文章主要语篇类型的“阅读方法”为主，并用化整为零的办法有计划地在学段全程加入“阅读理解策略”的元素；小学和初中的（文学类）整本书阅读指导，建议实施“阅读理解策略”的直接教学；其他学科则注重其学科特点的阅读方法指导，重点是阅读之后的“学习策略”的学习和运用；所有学科，共同关注学生阅读和学习过程中的自我监控和调节。

1. 整本书阅读指导，适度引进作为学习内容的“阅读策略”

在我国基础教育课程，尤其是以培养过程技能为重任的中小学语文

①③ 坦珂斯莉. 教会学生阅读：策略篇 [M]. 王琼常，古永辉，译. 北京：教育科学出版社，2008: 6, 85.

② 朗格. 文学想象：文学理解与教学 [M]. 樊亚琪，译. 上海：上海教育出版社，2015: 1.

课程中，把包括学习策略、阅读理解策略、自我监控和调节的“阅读策略”，纳入学习内容，具有十分重要的意义。

研究和经验都表明，中小学生以及许多成人读者，较普遍地存在阅读策略的“产生式缺陷”[①]：虽然在以往的阅读中他们可能曾经验地“知道”有一些有效策略；但是，他们“不知道”在某个情境中应该运用哪个策略，“不知道”在这个特定情境中可以运用已掌握的某个或某些策略，“不明白”在这个特定情境中如何运用已掌握的策略，“不能”自主地运用策略或只是习惯性地运用自以为是的策略。比如，一些阅读困难的学生往往“不知道”[②]，出色的读者通常反复阅读某部分以便更好地去理解文章；有阅读障碍的学生通常“不知道”[③]，其实，优秀的读者会根据文章目的而改变阅读速度。

阅读策略的“产生式缺陷”，在我国中小学生中想必更为严重。我国小学语文教材，以短小的课文为主。短小的课文，几乎望一眼就能初步感知课文的大致内容，因而学生较容易发展形成的是“预览”技能，而较难发展（因为不需要）“预测”等阅读理解策略；课文教学是老师频繁提问，所以学生想必难以发展（因为没机会）“提问”等阅读理解策略；“推断”“联结”“释疑”“图像化”等，教学中零零散散或许有些，但那些多是被当作教学方法，从未被当作学生的学习内容。而且，语文教育研究界（包括笔者）之前对“阅读策略”并无较深入的了解，只凭道听途说的一线语文教师因而也极无可能把“阅读策略”当作学习内容并合适地进行教学。

以单篇课文，尤其是以短小的课文为阅读教材，最大的损伤，就是

---

① 戴蒙，勒纳. 儿童心理学手册：第二卷　认知、知觉和语言：第 6 版 [M]. 林崇德，李其维，董奇，等译. 上海：华东师范大学出版社，2009: 584.

②③ 坦珂斯莉. 教会学生阅读：策略篇 [M]. 王琼常，古永辉，译. 北京：教育科学出版社，2008: 101－102, 42.

抑制了学生阅读策略发展的机会。

随着《教会学生阅读：策略篇》《如何培养良好的阅读品质？》《阅读力：文学作品的阅读策略》《阅读力：知识读物的阅读策略》等译著的引进，对“阅读策略”及“阅读策略教学”，我们开始有了较为质感的理解。最重要的是，绘本、童话等整本书阅读在小学较广泛地推进，以及初高中整本书阅读明确纳入语文课程内容，也使“阅读策略”有了可（需）教学的条件和用武之地。

美国、加拿大等小学语文课程，以教师自选的绘本、童话、小说等整本书作为主要学习资源。可能有不少小学语文教师（实际是全科教师）的教学，原来是这样的①：（1）在指定或学生在推荐书籍里自选绘本、童话、小说之前，有分类预测、读图、词汇介绍等指导活动；（2）在阅读之后有各种组织策略（重新组织策略）的应用，如维恩图、思维框、故事地图、读后感、摘要等；（3）而在阅读中，基本上是留白。教师主要起管理的作用，或只有一些随机的指导。也就是说，与我们目前的写作教学缺乏过程指导一样，有一部分教师的阅读教学，阅读过程指导基本上是放任自流的。

可以想见，在这样的情况下，加入阅读中的“阅读理解策略”这一学习内容，无疑是一场切中时弊的及时雨。2000 年，美国国家阅读委员会提出，阅读理解策略可以使学生受益；2001 年，阅读理解策略明确列入《联邦儿童公平发展 2001 法案》，成为阅读理解教学的必要内容之一。②

我国小学、初中乃至高中语文课程中的（文学类）整本书阅读，类

---

① 吉尔. 阅读力：文学作品的阅读策略 [M]. 岳坤，译. 南宁：接力出版社，2017: 11.

② 戴蒙，勒纳. 儿童心理学手册：第二卷　认知、知觉和语言：第 6 版 [M]. 林崇德，李其维，董奇，等译. 上海：华东师范大学出版社，2009: 614.

似上述情况的似乎也较为普遍，不少师生甚至流连于阅读之后的种种图、框、表，把本是用来促进阅读理解的手段（支架）错当成了目的甚至炫耀的成果。

他山之石，可以攻玉。在整本书阅读进入课程的起步阶段，及时引入阅读中的阅读理解策略的教学，或可避免重蹈美国、加拿大等以往（整本书）阅读教学的覆辙。

据笔者目击的译著，作为学习内容的“阅读策略”教学，有实验教学和试验性教学实践两种情况：(1) 心理学家的实验教学，从实验教学中发现或证实策略教学的有效方法；(2) 专家与中小学教师合作，或者经专门研修的有志于阅读教学研究的先进教师带领，以“研究项目”“推进项目”的方式开展的带有试验性的教学实践。比如美国哥伦比亚大学师范学院开展的“阅读与写作项目”、加拿大温哥华和哥伦比亚地区一些学校参与的“阅读力项目”等。

实验教学和试验性教学实践的结论是策略教学必须采用更加直接的教学方法。琳达·达林-哈蒙德等著《高效学习：我们所知道的理解性教学》推介的阅读策略教学，包括“互惠教学”“转换性策略教学”、元认知策略教学等，都是过程技能示范、练习、应用的直接教学法。[①]

直接教学的要点，大致如下[②]：(1) 分项传授给学生需综合起来协调运用的为数不多的几种策略。(2) 每一策略，教师都必须直接清楚地解释和示范（边示范边讲述自己的思维过程）如何运用该策略。(3) 学生在老师指导下，阅读经挑选的（对路的）书册加以练习运用，学生在阅读过程中说明、阐释和监控他们的理解。(4) 通常需要坚持较长时间

---

① 达林-哈蒙德，等.高效学习：我们所知道的理解性教学 [M]. 冯锐，等译. 上海：华东师范大学出版社，2010: 53－84.

② 戴蒙，勒纳. 儿童心理学手册：第二卷　认知、知觉和语言：第 6 版 [M]. 林崇德，李其维，董奇，等译. 上海：华东师范大学出版社，2009: 609－615.

来练习，在阅读一系列书籍中持续应用，才能达到自动化执行的程度。（5）把直接的策略教学和间接的元认知策略教学结合起来，促进综合运用多种策略。（6）最重要的是要促进学生以自我调节的方式长期运用各种策略，包括元认知策略。

2. 课文教学的重心，应该是文学和文章主要语篇类型的阅读方法

学习策略、阅读理解策略，是为了“促进学习”“促进阅读理解”，并非代替学科内容的学习，也无法取代阅读方法的教学。

第一，语言知识和语篇类型的知识，是策略运用的前提。

心理学家告诫我们：“许多策略的运用取决于学生关于世界的常识性知识。策略执行过程中就包括了运用相关的已有知识和经验。”[①]

就我们讨论的话题而言，学生的常识性知识，主要是语言知识和语篇类型的知识。

例如，阅读起始的“预测”策略，必须基于标题、图片和关键词等来预测，前提是学生对不同语篇类型的标题、关键词等有所知晓。在故事文本的阅读过程中，有意识地对人物、事件、故事结局等进行预测，前提是对故事的语篇类型的特点有所知晓。

第二，阅读方法可以取代阅读策略，而且比阅读策略更有效。

策略是解决问题的，只有当已有知识不足以解决问题的时候，才需要策略，才要用策略，策略才有用。例如，学生首先要认字识词（知识），在上下文中确定词义（技能）；只有在碰到不认识字词的时候，或者字词的意思与自己知道的意思不一致的时候，才需要动用“利用字形、上下文等线索猜测词义”的策略。如果是重要词语，还需要查阅字

① 戴蒙，勒纳. 儿童心理学手册：第二卷　认知、知觉和语言：第6版 [M]. 林崇德，李其维，董奇，等译. 上海：华东师范大学出版社，2009: 622.

典或词典予以确认（知识）。如果手头无字典或词典，则需要动用“重读上下文以验证自己对该词义的猜测”的策略。

学科教学，重心是学科内容知识和过程技能（程序性知识）。“知识不仅是策略运用的前提，而且能够代替策略运用。”[①] 心理学家们在总结关于知识和策略关系的研究成果之后，得出结论：“这方面的研究成果告诉了人们一条重要的警示：‘随着学生头脑中的知识库容量的扩大，学习者越来越多地依赖自己已知的知识而不是通过策略来解决问题。’”[②]

基于这种研究结论，心理学家们建议：“如果学生仅凭其丰富的知识库而无需运用策略就能完成某项任务，那么教师就不要鼓励学生通过策略来得出答案。在尽可能情况下鼓励学生运用已有的知识，这一点很重要，因为策略执行会占用短时记忆的许多资源。那些非必需的策略执行占用的资源越少，必需的策略执行以及其他要素的协调配合的操作过程所能支配的资源就越多。”[③]

从理论上说，学生读一篇新的散文，有两种主动促进理解的办法。

（1）联系自身生活经验、百科知识和以往的阅读经验，运用相应的阅读策略（因没有接受过阅读策略的学习，事实上是不能运用，见上文“产生式缺陷”），理解和感受作品。

（2）联系自身生活经验、百科知识，应用所学的阅读方法及经验（如没有学会相应的阅读方法，则只能退回到上述策略运用的办法），理解和感受作品。

阅读教学，尤其是课文的阅读教学，应该优选第二种办法，即依据语篇类型特点转化而来的阅读方法的教学。比如，我国作为语文课程主

①②③ 戴蒙，勒纳．儿童心理学手册：第二卷　认知、知觉和语言：第 6 版 [M]．林崇德，李其维，董奇，等译．上海：华东师范大学出版社，2009: 598, 599, 622.

导文类的散文阅读，根据笔者近十年研究的结论[①]，学生需要学会以下阅读方法。

◎如果是读散文，首先注意散文中的“我”（作者）字，并在阅读时把“我”理解为“他”。要明白散文是“他”（作品中的“我”）在讲述“他”所感受的人、事、景，是在讲述“他”对人、事、景的感受和认识。散文中作者的独特感受，通常是你（读者）以前在日常生活中感受不到的。

◎如果是散文，重心一定是作者对人、事、景的独特感受，应找到作者表述他独特感受的语句。

◎如果是散文，作者表述他独特感受的词语或同类词语，一定会在上下文中反复出现，应联系上下文反复出现的这些词语，把握散文的情感线索。

◎如果是散文，课文中写景等描写语句一定透露着作者的独有发现，应联系作者表述他独特感受的语句，发掘写景语段中作者所选用的词语和句式是如何表达作者情感的。

◎如果是散文，则读完全文后，返回第一段并朗读，读出你阅读全文所感受的情感，并体会词语、句式、节奏的情感意义。

◎如果是散文，则读完全文后回到标题，理解标题的含义，并根据作者的情感探测作者取这个标题的用意。

再如“确定重点”，心理学家一致列为教科书阅读、说明性文章阅读最为重要的阅读理解策略。确定重点，依据是文本的组织结构特点，

① 请参见王荣生《语文课程内容的合理性研究：散文为主导文类的困境与突围》，此研究为教育部哲学社会科学研究后期资助项目（项目编号12JHQ024）。

而文本的组织结构因语篇类型而异。从《教育心理学：认知取向》所介绍的“网路建造”“顶层结构训练”“基模训练”这三个代表性实验教学[①]来看，似乎主要是依据语篇类型而转化的阅读方法的训练，只是其语篇类型较为抽象概括，试图使其成为所有科学分支学科和一般的学术性科目的学习策略。

加拿大“阅读力项目”阿德丽安·吉尔在进入知识读物的阅读策略实验教学时，发现种类繁多的知识读物，必须从语篇类型入手，于是自行发明了一项叫“推进”的阅读策略[②]：“积极的读者能够识别和确定知识读物的特点，并对其进行解释。”包括描述、说明、解释、劝说、传记等“文本结构”和图、表、斜体字、粗体字、小标题等“文本特点”。观其教学设计，主要内容是“寻找知识读物的特点”[③]，依我的看法，这其实是语篇类型的事实性知识的教学，依据语篇类型的特点使其转化为阅读方法，并进行阅读方法的练习和应用。从这个意义上说，“推进”与其说是“阅读策略”，不如说是“阅读方法”。

第三，用语文教材的课文来教“阅读理解策略”，看来不大成功。

台湾师范大学柯华葳教授任总召集人的“阅读理解策略教学”项目，试图结合小学语文教材的课文，直接教学阅读策略。从我赴台考察的现场直感和对成果案例[④]的研判来看，好像不太成功。

该项目有预测、联结等五项策略。“预测”选较富情节性的幽默小说《倒立的老鼠》，该教师团队的小结是“此策略易引起学生学习的动机，但常是天马行空地猜”，教师焦虑于“猜对猜错”的命中率，似未

---

① MAYER R E. 教育心理学：认知取向 [M]. 林清山，译. 台北：远流出版事业股份有限公司，1996: 203－218.

②③ 吉尔. 阅读力：知识读物的阅读策略 [M]. 王威，译. 南宁：接力出版社，2017: 25－27, 81－97.

④ 幸曼玲，等. 阅读理解策略教学手册 [M]. 台北：台湾地区“教育部”发行，2010.

得“预测”促进阅读理解的要义。“联结”也较随意，可能是因为翻译成“连结”而造成的语义联想，该案例额外地加入了“句子与句子间的连接，段落与段落间的连接”这一事实性知识的内容，并作为教学的重点。加拿大“阅读力项目”主持人还曾报告过他们实验学校的另一种情况[①]：教“联结”，也就是联系自己的经验和背景知识理解作品的语句，任教教师喜气洋洋地告诉她，学生有好多好多的“联结”！“联结”变成了学生谈论与自己有关的事情，而不是促使他们更好地理解课文。

这是一个方面的问题，对策略是什么、为什么要教学策略、学生用策略来干什么，乃至是谁的策略，理解都不到位。

另一个方面的问题，是课文与策略难相匹配。该项目的其他三项策略是“写摘要”“摘大意找主旨”“做笔记”。前面已介绍，这是“学习策略”（不属于“阅读理解策略”），而且主要是科学等学术科目的教科书阅读之后的“学习策略”，目的是理解教科书所呈现的学科内容知识。

用语文教材中的课文（如以获取信息为主的科普文、记叙文、一般性话题的议论文等）来教这些“学习策略”，往往费力不讨好。用科普文（《日本的樱花》）和记叙文（《欢欢回来了》），来教学写摘要；用记叙文（《笨鹅阿皮》）或一般性话题的议论文（《超级人民保姆》），来学习摘大意找主旨。这与其他学科通过写摘要、做笔记来理解教科书的学科内容知识，不是同一回事。对语文学科来说，学写摘要、摘大意找主旨，是阅读和写作的过程技能教学；所学的其实是语文学科中某些语篇类型的阅读方法，通常难以在真正需要用这些“学习策略”的其他学科中迁移、应用。

“这里需要再次强调不同内容之间的迁移没有那么简单”，“如果‘学习如何学习’项目没有嵌在学科情境中，那么它很可能没什么

① 吉尔. 阅读力：知识读物的阅读策略 [M]. 王威，译. 南宁：接力出版社，2017: 164.

价值”。[1]

3. 语文学科的阅读教学，有计划地在学段全程加入“阅读理解策略”的元素

笔者建议，语文学科的阅读教学，以文学和文章主要语篇类型的“阅读方法”为主，并用化整为零的办法有计划地在学段全程加入“阅读理解策略”的元素。

全程加入“阅读理解策略”的元素，有两个途径。

（1）作为阅读方法的上位“大概念”，以加深学生对阅读方法的“理解”。阅读理解策略的概括，都是关于阅读的“核心的概括性知识”，即“大概念”。比如“推断”：一个好的阅读者知道并非所有信息都在文本之中，它能够利用文本提供的线索，合理进行补充假设和合乎常理的推断。

（2）不同的语篇类型，侧重于某个或某几个“阅读理解策略”，比如故事、小说等，侧重于“推断”“联结”“图像化”等；说明性文章，侧重于“预测”“确定重点”“释疑”等；议论性文章，侧重于“推断”“提问”“综合”等，并与“批判性阅读”相联系。在教学法上则化整为零，在各学段全程教学中，相机而时时提出并提醒学生有意识地运用。

课文教学和整本书阅读指导的学习内容，各自相对独立分工，也有利于我国语文教师较便利地把握课文教学和整本书阅读指导的各自教学重点，并设法谋求两者的相互促进。

① 哈蒂.可见的学习（教师版）：最大程度地促进学习 [M].金莺莲，洪超，裴新宁，译.北京：教育科学出版社，2015: 117.

第四章 / 写作能力与文章体式

一、表达方式与基本文体

（一）关于“表达方式”

1.“表达方式”的来历

表达方式是指表述特定内容所使用的特定的语言方法、手段。中国传统的表达方式即“赋”“比”“兴”，现在通常所说的表达方式来源于西方。

20世纪初，我国开始移植西方文章分类思想。1914年傅斯年在《怎样做白话文》中引进西方分类理念，把白话文分为形状文、记叙文、辨议文、解说文四类。此后，陈望道、黎锦熙、夏丏尊、刘薰宇、叶圣陶等人也都纷纷提出类似的文章分类体系。

这些引介来自英文的“description, narration, exposition and argumentation”或“descriptive, narrative, expository, persuasive”。在西方，这四种文章分类其实是写作教学中的通用体式，而不是单纯的写作形式，它还包括决定写作形式的写作情境，它是由“读者”“写作目的”“具体写作形式”等要素综合决定的四类交际任务。在英文文献中，基本上是用“Writing Assignment”（写作任务）、“Writing Mode”（写作样式）或“Writing Style”（写作类型）来指称上述四种文章分类，而不用“Writing Stylistic”（写作文体）。20世纪中后期至今，西方作文文体知识是基于写作的“交际性”，经典的“四类文章分类体系”中的“描写”“叙述”“说明”逐渐从“写作类型”下放为相对独立的“表达手段”。目前，把“记叙”“说明”“描述”等仅作为“表达手段”，并与其他“作文技能”并列使用的情况，在西方国家的语文课程标准中非常普遍。[①]也就是说，一篇具体的文章，或以某种表达方式为主，但往往综合运用其他表达方式。

2. 记叙

记叙，即叙述、叙事。记叙是动的，与时间相关，记叙人物、事件的变化和发展历程。在写实的文章中，记叙主要有顺叙（直叙）和倒叙。

顺序或直叙，就是照着自然发生的顺序写，这是最自然的写法，也是基本的写法。某一篇记叙文之所以生动，多半是因为那件事本身生动；之所以平淡，多半是因为那件事本身平淡。“也就是说，得有婀娜的身材，才有曲线美好的旗袍。”[②]根据王鼎钧的研究，直叙要生动，需要三个条件。

（1）起落。起落是读者反应的强弱。记叙不宜平铺，事情本身有起落，写出来的记叙文也就有起落；如事情本身的起落感不强，就要采用倒叙等补救办法。

（2）详略。详略指取材，重要的详写，不那么重要的略写，不重要的不写。取材有主从，所以文笔有繁简，不宜平均。

（3）表里。表里指作文材料的显隐。大家都能看到的是表层；而偶尔露出事情真相、引起读者的想象和推论的，是里层。

倒叙是“在‘忠于事实’原则下动一点小小的手脚”[③]。把发生在后面的事情先说，或许就能造成文章的“起落”。但倒叙毕竟不自然，所以经常伪装成直叙的样子，如全部倒叙的“侦探小说”。局部倒叙，

① 魏小娜. 中西方作文文体知识开发的比较研究 [J]. 课程·教材·教法，2009(1): 91－96.

②③ 王鼎钧. 作文七巧 [M]. 北京：国际文化出版公司，2007: 14, 15.

往往要回到主流，继续直叙下去。

叙述可分为详叙和概叙，这是比照实际发生的时间来说的。通俗地讲，用较多的文字来记叙较短时间里发生的事，就是详叙。详叙常要借助于描述，尤其是白描。用较少的文字记叙较长时间里经历的事，就是概叙，比如“八年里，他一直平静地生活着”。

3. 描述

描述，即“description”“descriptive”，有多种翻译，如形状（文）、记述（文）、描写（文）等。

描述是静的，与空间有关。介绍、呈现、刻画眼睛所能看到的，或理论上可能看到的静态物象，就是描述。描述是写实，报告所看到的人物、场景。文学性的描述，称为“描写”，包括虚构作品中的描写和非虚构文学作品（如散文）中的描写。

描述或描写是基于观察，观察至少有三种类型。

（1）日常观察。

日常观察，即正常情况下通过眼睛的观感就能看到。在正常的情况下，不同的眼睛所看到的大致趋同。

（2）科学观察。

科学观察或者是受过专业训练的人所能看到的，比如 X 光照片；或者是通过专门仪器可以看到的，比如望远镜、显微镜等。科学观察建立在客观的基础上，也就是说，同样受过专业训练，或使用同样的仪器，所看出来的东西应该是一样的。

（3）文学观察。

文学观察，与其说是用眼睛看，不如说是用心看。日常观察、科学观察都是可以通过调查得到证实的，因而是报告。而文学观察则是主观的，是这一位作者在这一境遇中的独特观感，是由作者的想象、联想、情感、趣味等独特体验所酿造出来的主观之镜像。[1] 换言之，是其他人的眼睛所看不到也不可能看到的。比如《荷塘月色》中“正如一粒粒的明珠，又如碧天里的星星，又如刚出浴的美人”，这荷花，便是寻常人所不得见，朱自清在平日里所未尝见的荷花。散文中写的景，往往是文学观察所产生的主观之景；散文中写的人，往往是包含作者情感的独特的“这一个”。

描述或描写实际上把瞬间发生的事定格、延长，把综合的物体景观加以分解、特写。前者，如“灌篮高手”投篮一瞬间，整整放了一集电视剧；后者，如长城一览，对角角落落细致地加以展示。学生学习描述或描写，实际上是学习如何把观察到的镜像定格、延长、分解并加以特写。

描述或描写，具体是关键，具体才会生动，才会营造身临其境之感。与语文教师的直觉相反，具体的描写主要靠名词和动词，而不是靠带有评价色彩的形容词——概念化的形容词往往导致不具体和虚假感。

白描是常用的技法，其特点是不用或少用色彩浓烈的修饰性形容词，不加渲染烘托，也不用修辞格，只用质朴而有“骨感”的文字刻画出事物的特征，如《祝福》中对祥林嫂的外貌描写：“头上扎着白头绳，乌裙，蓝夹袄，月白背心，年纪大约二十六七，脸色青黄，但两颊却还是红的。”

与白描相对的，是现代形成的以大量使用比喻、拟人、夸张等修辞格为特征的“彩绘”，“彩绘”与其说是描写，不如说是通过描写来抒情，因而在诗歌、散文中较多使用。

① 蔡毅. 创造之秘：文学创作发生论 [M]. 北京：人民文学出版社，2002: 22-23.

4. 阐释

英文“exposition”“expository”，原义是暴露、显露、揭示，引申为说明、讲解、阐述等。作为表达方式，它通常的翻译有解说、说明、解释等。在《国文百八课》中，夏丏尊、叶圣陶是这样界定“说明文”的：“说明文所表示的是作者的理解，换个说法，就是作者所懂得的一些道理、原因、方法、关系等等。”“所谓理解，乃是说天地间本来有这么些道理，给作者悟出来了，明白地懂得了。”① 换句话说，“说明”是抽象的分析过程。根据英文原义，以及先辈的权威解释，将它们译为“阐释”可能更为准确。

阐释是解释现象、揭示事理。它或对一类事物的状态、性质、功能等加以解说，或对一个抽象概念、一种道理等加以阐明。在与描述和论辩（论证）的区别中，可以清晰地把握“阐释”的含义。

描述所面对的是用眼睛可以看到的特定事物，比如所看到的一只鸟。阐释所面对的，则是一类事物，比如“麻雀”，要通过科学的研究，才能说明什么样的动物叫“麻雀”——实际上是解释“麻雀”的概念。描述所面对的是外观，比如描述赵州桥的形状；阐释则是解说何以如此的道理，比如赵州桥为什么如此坚固。

在下面的对话中，小李的第一次回答是论证，而第二次回答则是阐释。

小王：小李，你为什么说我发胖了？

小李：看看你的腰带，都要扣不上了。还有你的衣服，比起以前有点儿紧。

小王：还真是的，你说我为什么会发胖？

① 夏丏尊，叶圣陶. 国文百八课 [M] // 叶圣陶. 叶圣陶教育文集：第五卷. 北京：人民教育出版社，1994: 279, 287.

小李：最近你饮食过量，而且缺乏锻炼，所以你就发胖了。

“为什么”要求给出阐释或论证。

在用“为什么”寻问原因时，问题要求回答者解释造成某个事实的原因。例如：狗为什么会叫？光线为什么会弯曲？“阐释”为什么是文章学知识而不是写作知识？

在用“为什么”寻问根据或理由时，问题要求回答者给出坚持某一主张的论证。例如：你为什么说小华不守纪律？他凭什么要求索赔？为什么要对“阐释”做如此详尽的介绍？

换言之，阐释所要回答的，是事实性问题（是或不是），即事实之所以如此的道理；论辩（论证）所要回答的，是评价性问题（对或不对、好或不好），即何以如此主张的理由。前者，是研究得出的结论，可证实或证伪；后者，是经过辩护而成立的观点，可说服别人或被辩驳。

阐释，以往称为“说明”“解释”“解说”等。根据说明的对象，有人曾把说明分为“介绍实体事物”的介绍性说明和“阐述事物道理”的阐释性说明。根据所回答的问题的类型，有人曾把解释分为“回答为什么”的因果性解释和“回答怎么做”的说明性解释。上述这些称呼和不同角度的分类，有助于我们正确而全面地把握“阐释”的含义。

阐释的核心有两个方面：一是对“是什么”这样的事实性问题进行妥帖的解答，二是将自己的解答向别人系统而明白地阐述。因此，阐释的方法也可以分为两个方面：一是如何获得妥帖的解答，二是如何向别人明白地阐述。尽管上述两个方面是相互联系、相辅相成的。

需要用写作来阐释的问题，一般都是需要做进一步探究的，需要通过科学观察、实验、调查、资料的梳理和运用等途径才能解答。科学观察不仅仅是“仔细地看”，往往还要对观察的对象加以分类、分解、比较等。运用资料进行思考和写作，是阐释的基本特点。资料的梳理和运用，包括资料的提炼、分析、联系、比照、比较、综合等。

阐释性文章往往涉及一些知识术语，有时整篇文章就是围绕一个关键术语的阐释展开的。下定义，提供理解这一术语的背景材料，列举被定义术语的各种成分，用否定的方式辨析它不是什么，对相关术语进行比较，引用权威的说法并加以解说等，是常用的方法。

说清楚，包括合理的顺序，列举、举例、图表、比喻、比较等方法的运用，以及适合读者对象的语言。

5. 论辩

论辩英文为“argumentation”“persuasive”。与此相关的词语有“arguable”，意为可论证的、可辩驳的。“argue”意为争论、争吵，辩论、论证，争辩、说服。“argument”意为争论、争吵，理由、论据、论点，据理而定、说理。“persuade”意为说服、劝说，使相信、使确信。“persuasion”意为劝说、说服，说服力，教派、派别。“persuasive”意为有说服力的，善于游说的。[①] 关于“议论文”，《国文百八课》是这样定位的：“议论文是把作者所主张的某种判断加以论证，使敌论者信服的文章。”“我们写作议论文，情形正和上法庭去诉讼，向敌方和法官讲话一样。”[②] 根据英文原义，以及先辈的权威解释，姑且采用“论辩”。

论辩的核心，是所提出的观点能够成立，能够被原本持不同观点的人同意。而之所以成立，之所以被同意，关键是证据和由证据支持观点的论证过程。关于议论的相关概念见下表。

① 朗文公司. 朗文英汉双解词典 [M]. 郑荣成，等译. 北京：外语教学与研究出版社，1992: 54, 893.

② 夏丏尊，叶圣陶. 国文百八课 [M] // 叶圣陶. 叶圣陶教育文集：第五卷. 北京：人民教育出版社，1994: 378－379.

表 4–1 关于议论的相关概念解释

论题：有待解决的问题。
观点：对问题的看法。
断言：未经过充分论证的看法。
论点：通过论证得出的问题答案，建立在理由基础上的观点。
论证：由一个结论和支持该结论的理由组成。
理由：对我们为什么要相信某一特定结论的解释。
证据：支撑理由的事实材料的报告。
报告：叙述那些通过调查可以得到证实的信息。
推论：根据真实信息描述眼下尚不知道的事情。
判断：根据一定标准进行评估的结论。

论证的过程，即逻辑推理，包括演绎推理、归纳推理和辩证推理等。推理要符合逻辑的规则。从另一方面看，也就是论证要避免思维的陷阱，比如“草率概括”“倒因为果”“错误类比”“以权威为据”“以无知为据”“黑白思维”“源于愤怒的论证”“众所周知”“相对主义”“以错制错”“转移注意力”“夸张”“含糊其词”“嘲讽”等。①

理由 + 结论 = 论证。首先是理由，然后才是结论，这是论辩的首要规则。不能先选择观点，然后再考虑理由，否则就是“颠倒的逻辑”或“倒逆的逻辑”。

理由包括信念、证据、比喻、类比以及其他用来支持或证明观点的陈述。但信念、比喻和类比，只能作为辅助的理由。理由，归根结底依赖证据。因此，论辩的关键，是要收集足以确立观点的优势证据，或者说，是要收集在质量上明显优于相反、相对观点的证据。

① 关于思维的陷阱，多种论述“批判性思维”的著作都有列举，名称因人而异。可参见：布朗，基利. 学会提问：批判性思维指南 [M]. 赵玉芳，向晋辉，等译. 北京：中国轻工业出版社，2006. 摩尔，帕克. 批判的思考 [M]. 余飞，谢友倩，译. 北京：东方出版社，2007.

表 4-2 证据的类型及可靠程度

直觉（我以为，我知道）：不可靠。除非有其他证据证明直觉建立在广博的个人经验和知识的基础上。
自己的经验（据我所知，依我所见）：不可靠。
他人的证词：不可靠。需要有对提供证词的人在充分了解基础上的可信任度评估。
个人观察（我看到）：较可靠。但必须通过其他观察者来验证。
事例（案例）：不太可靠。要评估案例是否典型，是否有代表性。
权威的意见：需要谨慎评估。权威的意见可能是错的，权威的意见往往相互矛盾。
常识（大多数人的意见）：不太可靠。其中往往隐藏着偏见。
类比：只能作为辅助证据。以两个事物已知的相似性为基础，得出关于另一方应该如何的结论，是建议性的。往往导致错误类比。
统计数据：较可靠。要评估调查的数量、广度和随机性。
科学研究：最可信的来源之一。需要评估研究的质量。

（二）关于“基本文体”

我国中小学的作文教学，至今仍奉行所谓的“基本文体”。把历史地形成的种种文章体裁，用逻辑加以划分并抽象归类，企图形成“基本文体”，这本来就不是一个妥当的办法。如果硬要这么做，那么叶圣陶等人早年的“四分法”，比后来的“三分法”，在逻辑上要更圆顺一些。

1. 对“四分法”的轻率改造

在奠定现代“文章学系统”的《国文百八课》[①] 中，夏丏尊、叶圣陶首先把“文章”分为“记叙文”“论说文”两大类，然后将“记叙文”再分化为“记事物的形状、光景”的“记述文”与“记事物的变化经

① 叶圣陶. 叶圣陶教育文集：第五卷 [M]. 北京：人民教育出版社，1994: 44.

过”的“叙述文”，将“论说文”再分化为“说明文”（后曾改称“解说文”）与“议论文”。“记述文”“叙述文”“说明文”“议论文”，也许可以看成是四种“基本文体”。但这里的“文”或“文体”，指的是言语的表达方式，相对应的是文章中的“成分”，也就是由表达方式构成的语段，所以叶圣陶说，一篇实际的文章，往往含有两种以上的“成分”，即含有两种以上的“文体”。

按叶圣陶等人的设想，“记述文”“叙述文”，“解说文”（说明文）、“议论文”，均有“平实”与“生动”两条路线。以“记述文”为例，“平实的记述”也就是外观的介绍，比如介绍一座桥、一幅画、我家乡的一条河、我们的教室等，总之是介绍用眼睛观察可以看到的、静态的、具体的东西。“生动的记述”，则是对静态事物、光景的“描写”，比如描写一个人的外貌、一处风景等，而描写往往隐含着评论，夹杂着抒情。

1963 年前后，在“汉语”“文学”分科陡然停止的背景下，统编语文教材在未经严密论证的情况下推出了新的“文章学系统”。主要举措包括以下两个方面：第一，删除了“记述文”，而把天下“文章”归并为“记叙文”“说明文”“议论文”这三种“基本文体”。第二，削弱了表达方式构成的语段这层含义，而把“记叙文”“说明文”“议论文”中的“文”，改造成以“篇”为单位的“文体”（文章体裁）。

2.“基本文体”的一系列漂移

删除“记述文”，导致“基本文体”的一系列漂移。

（1）“记述文”本来包含“平实的记述”和“生动的记述”，现在，“生动的记述”被归并到了“记叙文”中。由于“生动的记述”的加入，静态状况的“描写”混合进了动态事件的“叙述”，模糊了动与静的界限，因而使“叙述文”（记作者所经历或想象的动态事件的语段）的含义发生了变化，形成了以人物、风景等静态事物“描写”为主体、混合评论、偏向抒情的“记叙文”文体（体裁）。

（2）“平实的记述”被归并到了“说明文”中。由于“平实的记述”的加入，“说明文”的含义也发生了变更，似乎形成了“具体的说明文”“抽象的说明文”这样的文体（体裁），而“具体的说明文”则占据了主导地位。所谓“具体的说明文”，大致相当于原来的“记述文”，且倾向于“生动的记述”。

（3）这样，受挤压的“抽象的说明文”就自然地向“议论文”靠拢，因而造成“议论文”的含义也发生了变更，使“议论文”又退回到含混的“论说文”境地，而“论说文”则变成了讲述“观点”（我认为）且倾向于“生动”的文体（体裁），有人把它叫作“议说型议论文”。

（4）结果原本意义上的“说明文”与“议论文”几乎丢失了。在《国文百八课》中，夏丏尊、叶圣陶是这样界定“说明文”的：“说明文所表示的是作者的理解；换个说法，就是作者所懂得的一些道理、原因、方法、关系等等。”“所谓理解，乃是说天地间本来有这么些道理，给作者悟出来了，明白地懂得了。”换句话说，“说明”是抽象的分析过程，典型的“说明文”，在《国文百八课》中列举的是“类型的事物”（区别于具体的事物）、“抽象的事理”“事物的异同”“事物间的关系”“事物的处理法”（诸如立身处世等“抽象处理法”）、“语义的诠释”等。关于“议论文”，《国文百八课》是这样定位的：“议论文是把作者所主张的某种判断加以论证，使敌论者信服的文章。”“我们写作议论文，情形正和上法庭去诉讼，向敌方和法官讲话一样。”“议论文”的要义在于“论证”的力量，正如《国文百八课》所提示的，“议论文”的写作训练，关键是“演绎”“归纳”“辩证”等“推理的方式”，关键是要建立足以确立观点的优势证据。

3.“三分法”给作文教学带来的后果

“基本文体”的分类，本来是从中小学作文训练着眼的。删除“记述文”所造成的“基本文体”的一系列漂移，以及把“文体”由表达方式偷换为“文章体裁”，给中小学作文教学带来了恶劣的后果。

（1）由于“描写”的加入并备受重视，“平实的记叙文”在写作教学中逐渐丧失了地盘，而“生动的记叙文”则演变为用“好词好句”来“描写”与“抒情”，这样，学生便在很大程度上失去了记动态事件的训练。

（2）由于“具体的说明文”的加入并占据主导地位，而“具体”又被理解成“形象”“生动”，“形象”“生动”在教学中又被操作成运用“好词好句”，运用“修辞手法”，这样，学生便在很大程度上失去了记静态状况的训练。

（3）在含混的“论说文”中，“议说型议论文”占据上风，学生所写的文章只求观点“自圆其说”而很少顾及“说服”的功用，因而也逐渐失去了论证的训练。

（4）而所谓“议说型议论文”，又崇尚“生动”“形象”，实际上是议论性的散文，对于“类型的事物”“抽象的事理”“事物的异同”“事物间的关系”“事物的处理法”等解说，中小学生的写作几乎从未涉及，这样学生又逐渐失去了解说（说明）的训练，本来意义上的“说明文”（解说文）在中小学写作教学中几乎销声匿迹。

“记叙文”偏重“描写”而削弱“记叙”，“说明文”偏重“记述”而忽略“说明”，“议论文”偏重“议说”而疏于“论证”，所谓“记叙文”、所谓“说明文”、所谓“议论文”，已经名不副实。

进而又把“记叙文”“说明文”“议论文”中的“文”偷换成“文章体裁”，危害就更大了。一方面，作文的训练被引向“篇”而严重地忽视了“语段”这个单位。所谓作文训练，被简单地理解为让学生写出一篇篇的“文章”。这样，选材、构思、谋篇，加上命题作文的审题、提炼主题，乃至想象、联想等，便成为作文教学的主要项目，作文教学在很大程度上丢失了“表达”的训练，因而也就失去了划分“基本文体”（表达方式）的初衷。

另一方面，正如许多人所指出，夏丏尊、叶圣陶也早就明确论述过的，“记叙文”之类，只是“类”的说法，而不是文章的“体”。“这种分类都不过是大概的说法，指明文章有这几种性质而已”，“我们平常所谓记述文或叙述文，就是记叙成分较多的文章，所谓说明文或议论文，就是论说成分较多的文章”。把“类”扭曲为“体”，其结果是造就了一种中小学作文中所特有的“文体”，叫“优秀作文”体，或者叫“考试作文”体，也就是我把它叫作“小文人语篇”的东西。[①]

从文章体式的角度来看，“小文人语篇”其实就是“散文”。正如刘锡庆所指出的，我国中小学生的“作文”，“实际上是‘散文’的习作”，“其特点及写作要求大略与‘散文’相同，只是由于它‘文学性’不足，一般较难跨入文学文体中‘散文’的殿堂”。[②]

在我看来，我国作文教学的种种难题，很可能是由文章体式的错误选择造成的。要彻底改变（学生作文）“说假话”等现象，作文教学中的文章体式很可能需要做根本性的调整。也就是说，必须抛弃 1963 年前后仓促出笼的“文章学系统”，重构我国语文课程的作文教学。而在重构尚未完成之前，用叶圣陶等人早年的“四分法”来取代目前通行的“基本文体”“三分法”，也许是个比较稳妥的应急措施。

二、为什么几乎没有写作教学

（一）问题的提出

这早就不是秘密：在我国中小学的语文课里，几乎没有写作教学。据我们所知，中小学的“作文教学”，主要在两个阶段：一是在写之前，主要的工作是指导学生审题，或使学生进入写作的情境，或有构思

① 王荣生. 语文科课程论基础 [M]. 2014 版. 北京：教育科学出版社，2014: 165.

② 刘锡庆. 基础写作学 [M]. 北京：中央广播电视大学出版社，1985: 156.

的激发乃至“训练”。这一阶段主要解决“写什么”的问题，对“怎么写”只有原则性的引导或要求。二是在写之后，教师对学生的作文进行讲评，或展示好的作文，或做提升作文档次的修缮；有时是教师介绍批卷的感观，或解释本次作文打分的标准。这一阶段主要解决“写得怎么样”的问题，对学生是怎么写的则很少顾及。中小学有“当堂作文”一说，但所谓“当堂作文”，只是给学生写作的时间罢了，至于具体的写作过程，教师通常很少顾及，更缺乏有效的指导。

为何我们的语文课几乎没有写作教学呢？这自然可以罗列很多原因，比如教材的原因、教师的原因等。但按我们的判断准则，在语文教学实践中长时期、大规模地出现的问题，一定与语文课程研制、语文课程标准研制有直接的关系。与国外语文课程标准相比较，直观的印象是我国的语文课程目标有欠具体。那么，在语文课程标准研制中我们能不能使“写作”的目标更具体些呢？为什么我们过去数十年几代语文教学大纲目标都不具体，到了现在的课程标准还是有欠具体呢？我们的语文课几乎没有写作教学，这是不是跟教学大纲、课程标准的目标不具体有因果关系呢？

（二）“文学性的散文”及其不可教性

关于“作文”“习作”“写作”“表达”等名目的取舍，在语文教育研究中已有不少讨论乃至争论。之所以关注名目的问题，是因为大家感到中小学作文教学出了问题，而且是比较严重的问题。与语文教育其他领域的研究一样，大家对作文教学问题的关注点，也是其价值导向；近十年语文课程改革在作文教学方面的主要努力，就是倡导新理念，树立新导向。而新理念、新导向的核心，则是提倡写“真情实感”。这里似乎隐含着这样一种逻辑：如果学生们写了自己的“真情实感”，那么作文教学中的种种问题便会迎刃而解。大家是这样提问的：怎么才能使学生写出自己的真情实感？或者反过来问：是什么阻碍了学生表达自己的真情实感？

于是寻找“病根”，比如“语文知识”，比如“命题作文”，比如“作文的程式化”；于是开出“药方”，比如设法“丰富学生的生活”，比如推行“情景作文”，比如采用“话题作文”，比如提倡“个性写作”“创意表达”“生命作文”。然而，不能写出“真情实感”的问题，好像依旧存在，依旧很普遍地存在着，而且改变的希望还不大。

也就是说，我们的种种筹划，并没有获得成功，而且看起来也不大会成功。而筹划的不成功，很可能是因为我们在认知上出了偏差。问题本来应该这样提出：我们在让学生写什么样的文章？这样的文章，学生们能表达自己的真情实感吗？在我看来，只有在这两个问题有了答案之后，我们才能够进而讨论“怎么使学生写出自己的真情实感”的问题。

凡写作总有体式。“让学生写什么样的文章”，换一种说法，就是“让学生写什么体式的文章”。只要翻一翻中小学生的“优秀作文”集，看一看历年中考和高考的作文题，我们就能清楚地看到：我国语文课程里学生在学、在写、在考的文章，是“文学性的散文”——小学是“记叙性（描述性）的散文”，初中由“记叙性的散文”过渡到“议论性的散文”，高中则主要写“议论性的散文”，或者叫“夹叙夹议”的“随笔”。我们希望学生们能写的“好文章”，准确的说法，就是“好的文学性的散文”。这有两个标志：其一，内容新鲜；其二，表述生动。“内容新鲜”的含义，就是“独创”。从逻辑上讲，“独创”的内容来源于自己（作者）的真情实感。“表述生动”有两层意思：一是结构巧妙；二是语言“带有文学的意味”，即有“好词好句”。两者合二为一，也就是形式的“独创”。从逻辑上讲，“独创”的形式是为了表达自己（作者）的真情实感。

内容“独创”、形式“独创”，这正是“散文”——“好散文”的特点。现在的问题是：在我们的语文课程里，教师能教会学生写内容“独创”、形式“独创”的“好散文”吗？答案是“不能够”。其道理如下。

第一，内容“独创”、形式“独创”的好散文，具有“不可教性”。或者这样表述：写作“文学性的散文”，是作者（学生）自发、自为、自创的，谓之“创作”；要内容“独创”、形式“独创”，作者（学生）只可自遇而不能外求他人。换句话说，让学生写出“好散文”，语文教师只能起到“催生”的作用——推行“情景作文”，“丰富学生的生活”，提倡“个性写作”“创意表达”“生命作文”等，其实都是“催生”的办法，包括传统语文教学一直强调的“揣摩”。

第二，写作教学的“教学”，如果按通常的意思把它理解成“训练”的话，那么就很可能阻碍乃至扼杀学生的“独创”。“教学”按其本性，只能教已有的东西，比如教学生散文的知识或如何写散文的知识，比如教学生如何模仿好的例文，等等。这样，就势必偏向于散文的形式方面，也就是散文写作的规范或技巧。问题是好散文“文体不拘一格”①，问题是“文学性的散文”没有规范。根据南帆的研究，“散文含有反文类倾向”②，“散文的首要特征就是无特征”③。甚至有作家宣称：“一讲规范，散文就死。”也就是走向“程式化”。这样，散文的不拘一格与“训练”的必须一格，就会产生对立。偏向于形式方面而进行规范或技巧的“训练”，很难与“真情实感”的自然抒发融合在一起。显然没有教师喜欢学生说假话，也没有学生愿意说假话，但学生事实上在说假话，教师事实上在鼓励学生说假话。这是怎么回事呢？我们以为，这恐怕不单是个“理念”的问题，其中必有不得不如此、不能不如此的隐情。而隐情之一，就是形式的“训练”与“真情实感”的自然抒发在本性上有矛盾、相冲突。冲突的结果，是形式“训练”压倒了“真情实感”的自然抒发。也就是说，在语文课程里的写作中，学生不得不为了形式的“训练”去选取内容，内容不得不迁就形式的需要，乃至为了某种形式不得不去假造内容。

---

①②③ 南帆. 文学的维度 [M]. 上海：上海三联书店，1998: 277, 279, 278.

综合上述两个方面，似乎可以得出这样的结论：按写作的正途，内容“独创”、形式“独创”的“文学性的散文”，不能够“教”，也不可以“教”，而只能采用种种“催生”的办法，引领学生进入自发的“创作”。

不能够“教”，不可以“教”，也就不会有固定的、必学的知识内容，因而也就不太可能制定像国外那样的写作内容标准。内容“独创”，形式“独创”，也就不会有人人必须达到的、统一的指标，因而也就很难制定出像国外那样的写作技能评价标准。这样，以“文学性的散文”为写作对象的我国语文课程标准，在课程目标的制定上，就不容易做到具体，似乎也没有东西可以“被具体”。

没有固定的、必学的知识内容，没有人人必须达到的、统一的技能指标，而只能采用“催生”的办法引领学生进入自发“创作”，这就使得作文的课堂教学难以操作，似乎作文“教学”（训练）也无太大必要，甚至反而还会起负面的效果：写作好的学生一致认为，自己能写出好文章（文学性的散文）与语文的课堂教学没有什么直接的关系；有经验的语文教师一致认为，学生的好文章（文学性的散文）不是“教”出来的。

（三）“文学性的散文”应试化与“虚情假感”的盛行

问题是“文学性的散文”写作要考；问题是广大学生要完成不少于500字或600字的“作文”；问题是在考场上的45分钟里，学生既不能等创意“自发”，也不能靠别人“催生”。

于是教师必须教，学生必须练，并且要教、要练得像“独创”一样。于是就只能在形式上做文章，进行“规范”“技能”的“训练”。于是就势必流行与规定标准大异其趣的“事实的语文课程标准”。正如一位教师所说的：“对付应试作文有些俗招，虽然不是写作的正途，但是有用。比如写议论文：最好用一句话开头，要会写一段漂亮话（要有感情，有高度），分论点要排列整齐，例证要新鲜，要有点雄辩的样子，一般有五六段就可以了，不要搞得太碎，来几个排比句，或者来几个反问，结尾收束时不要说空话，编故事要合情理，记叙文要有点‘煽情’……有人认为教师不该教这些东西，可是我们应当明白这不是理想的写作，而是为生存的写作。为了学生的生存，这样的做法也没有什么可指责的；况且以现今的阅卷水平和形式，用这种办法去‘混分’也是一种必然。”①

结果是课程标准所倡导的“理想的写作”，与语文教学不得不从事的“为了生存的写作”分裂了。结果是为了考试而巧用“俗招”的“文学性的散文”，压倒了本来应该基于“真情实感”的“文学性的散文”。

这样，“我们在让学生写什么样的文章”就被转变成了另外一个问题：“学生不得不写的是什么样的文章？”——正是这个问题的答案，形成了语文教学中实际上在通行的“事实的语文课程标准”。

而学生们和语文教师们对这个问题的一致回答，是“作文”，也就是巧用“俗招”的“文学性的散文”。

“作文”是中小学特有的事物，它一头连着“写作能力”的培养，一头连着各式各样的考试，尤其是高考和中考。从顺序上看，似乎培养在前，考试在后。因为考试是对学生“写作能力”的检测，也间接地进行着对学校培养状况的评估。但从逻辑上讲，却应该是考试在前，培养在后。因为要培养的是什么样的“写作能力”，乃至什么样的东西叫“作文”，定夺于高考、中考这样的权威考试。

这样，动态的“写作能力”就被转化为静态的试卷得分，形成性的“写作能力”培养问题就被转化为批卷打分的作文等第问题。什么是较强的“写作能力”呢？考试得分较高的作文是也。什么是较弱的“写作能力”呢？考试得分较低的作文是也。因此，所谓培养较高的“写作能力”，也就被具体地演化为要学生写出能得到高分的“优秀作文”。

---

① 王栋生.在理想与生存之间：谈两种写作状态 [J].语文学习，2004(2).

权威考试塑造着“写作能力”，塑造着中小学的“作文”。在课程标准的目标与教学中实际通行的目标较为一致的情况下，在有相对固定的写作规范与技巧因而较适宜于“训练”的文章体式中，动态的“写作能力”与静态的试卷得分一般也会有较为一致的关系。也就是说，课程标准与考试的评价标准能保持较为一致的关系。然而，在课程标准的“理想目标”与教学中流行的“事实目标”分裂的情况下，就“文学性的散文”，尤其是追求内容“独创”、形式“独创”的“文学性的散文”这种体式来说，“作文”的内涵要随试卷的风向而变动，“写作能力”的界定要随“优秀作文”的模样而转移。换句话说，这一次考试“写作能力”强，未必下一次考试也“能力”强；这一次考试中的“优秀作文”，在下一次考试中未必是“优秀作文”，甚至这人眼里的“优秀作文”未必是那人眼里的“优秀作文”。这就使得“俗招”带有很强的时效性，“俗招”必须随考试的风向而不停地变化。巧用“俗招”的真实含义，是要用能应对考试新动向的“俗招”，要用能使这一届中考、高考批卷教师“眼睛一亮”的“俗招”。从这个意义上说，我国中小学的“作文”，在本质上是与应试挂钩的；中小学所培养的“写作能力”，在很大程度上就是应试的能力。

而这种应试能力，由于变化多端，一般语文教师较难把握，因而没有能力或胆量在课堂上去“教”，课堂上学生的“练”通常只能是“多写”。在我国的语文教学中，只有少数有能力或有胆量发现乃至发明“俗招”的教师，才敢上“作文课”，才敢上有写作过程指导的“作文教学”。

这也就是为什么我国的中小学语文课里通常没有写作教学的原因，尽管语文教师们清楚地知道“作文”是考试分值最大的一道题。这也就是为什么我国会出现一批中考作文、高考作文的“辅导班”和“辅导专家”的原因。这也就是为什么我国的“作文教学研究”会热衷于“争议作文”的讨论的原因。

“争议作文”实际上是“优秀作文”的特例，它处在“优秀作文”

上下左右的边缘上，打个比方，就好像是落在边线上的足球。与踢球一样，“优秀作文”也有人为（人定）的规则；所不同的是，“优秀作文”的规则大多是潜藏的，并且随试卷的风向而变动。因此所谓“作文教学研究”，在很大程度上就是揭示隐藏在“优秀作文”中的潜规则，而“争议作文”为这种揭示提供了很大的便利。“争议作文”之所以受争议，是因为它在敏感处触到了规则的底线，就像落在边线上的球，把人们的注意力由对球的评价，引到了对规则本身的讨论。换句话说，“争议作文”与其说是对某一篇作文之争议，毋宁说是对这篇作文所触及的规则之争议，争议导致潜规则显形。研究“争议作文”的现实目的，是揭示“优秀作文”何以优秀或何以不能优秀的种种规则，从而研制出有针对性的“俗招”。

下面所列的 12 项是近些年“争议作文”的争议点。围绕这 12 个“争议点”的讨论，几乎是我国当代“作文教学研究”的全貌。[①]

（1）主题立意：积极，消极？

（2）切题，还是离题？

（3）“我”，共性，个性？

（4）说真话，写真实乎？

（5）真情？或是造假？

（6）文采？抑或浮华？

（7）模仿（化用），或者抄袭？

（8）文体变异：是耶，非耶？

（9）网络语言影响：好事，坏事？

（10）高考作文写诗：赞同，反对？

① 俞发亮. 中国学生作文惹争议 [M]. 北京：北京师范大学出版社，2007：目录.

（11）教师作文评分：审美疲劳？

（12）新概念作文：何去何从？

很多人认为，语文课程与教学的改革，包括作文教学的改革，出路在考试改革。这固然是不错的；但在我看来，如果我国语文课程的主导写作样式还是“文学性的散文”的话，那么无论导向怎么改、命题形式怎么变，其结果都只会是不断地塑造出新的“俗招”。也就是说，语文课程里的“文学性的散文”，“创新”都只能是形式上的种种“创新”，而不会改变巧用“俗招”的“文学性的散文”这一实质。

（四）可能的解决方案：放眼“文学性的散文”之外

我国中小学写作教学中流行的文章体式，是应试性的“小文人语篇”[①]。“小文人语篇”的“作文能力”，与我们意欲培养的适合于社会应用的写作能力，有着严重的冲突。我们有理由推断：我国作文教学的种种难题，很可能是由文章体式的选择不当造成的。

要彻底改变学生作文的“虚情假感”等现象，语文课程中的作文样式很可能需要做根本性的调整。这就跨进了筹划的领域。然而在筹划之前，我们必须先做好认知的工作。我们应该事先了解，语文课程里的“作文”，除了“文学性的散文”之外，还有哪些体式的文章？

有比较才会有鉴别。下面是德国母语课程中的文章体式（语篇类型）[②]。

---

① 王荣生. 语文科课程论基础 [M]. 2014 版. 北京：教育科学出版社，2014: 165.

② 倪仁福. 德国初中语文教材评介 [M] // 中外母语教材比较研究课题组. 外语文教材评介. 南京：江苏教育出版社，2000: 371－382. 其“语篇”大致与我们这里所说的“体式”相近，概念上与我国通行的“文体（体裁）”有些不同。

8 年级（相当于初二）：故事梗概、书籍广告说明词（与故事梗概的区别）、写信、简单议论文、报道、记事、图表描述和阐释、描写（区别描述和抒情）、改编课文（从叙述体到话剧）、日记、小型报告（约 10 分钟，写短语提纲）、塑造性写作、学习技巧（做笔记、做读书文摘、做记录等）。

9 年级：议论（简单议论文、正反两点议论文）、读者来信、短评、读书文摘、求职书、简历、课文复述、作品阐释、图表描写和阐释、口头报告、学习技巧（对实用类文章做“读书文摘”、短语技巧、引用技巧等）。

10 年级（约相当于我国的高一）：内容提要、议论文（简单议论文、正反两点议论文）、作品阐释、电脑写作、记录（全文实录、过程记录、结果记录）、专题性报告、学习技巧（怎样使用计算机完成学习任务：撰写、扫描、修改、排版等）。

11 年级（按照巴符州教学大纲）：专题报告（包括口头报告、报告提纲、报告后讨论记录、详细报告稿，并向“专题性论文”过渡）、记录（课堂记录、会议记录、讨论记录等）、故事梗概、作品阐释和写作（结合作家、时代背景、文学流派等）、论辩性议论文、文论（对实用文章的议论文和对文学作品的议论文）、其他（读者来信、评论、短评、书评）。

从排列的语篇名目可以看出，德国中学的作文训练，明显地以适应高校学习的需要为指向。比如德国初中写作训练的重要形式之一的“内容提要”，要求学生用自己的、平实客观的语言对实用类文章的主要内容进行综合归纳介绍；常被当作小型学期论文进行训练的“专题性报告”，包括小型口头报告（约 15 分钟，不准照本宣科）、报告提纲（分发给“与会者”）、报告手段（如板书、投影仪、图表等）、报告后的讨论记录和报告后完成的专题性文章（比口头报告更丰满、语言表达要求更高，约 3—5 页，电脑排版，引用正确）。如果勉强与我国作文教学中所使用的文体（体裁）相对应的话，上述排列的语篇多数要归入“应用文”的范畴。与我国在中小学主要以生活或社会事务型的文种，如借条、通知等作为“应用文”教学重心的志趣大异，德国的许多语篇训练带有很强的学术性的味道，主要是在学习的交流过程中使用的文种。就如文学语篇的教学，包括读与写，德国也是以学术研讨取向为其特色，比如在读方面，“了解文体与作品所反映的现实之间的关系”“从功能语言学的角度观察文章的语言特征、修辞特征以及文学形式的基本特征”；在写方面，撰写对文学作品进行阅读、剖析、理解的“作品阐释”以及进行评述的“文学作品议论”。

不难看出，文章体式的差异，实际上就是写作能力的构成差异。他山之石，可以攻玉。下面列举国外的几个资料，供进一步研究参考。

资料一：美国马萨诸塞州英语语言艺术课程标准[①]片段

4 年级学生学习写作时应该掌握的能力指标包括：

标准 1 学生进行获取信息和理解方面的听说读写活动

◎听教师讲课和独立写作时用笔记形式记录资料、事实和内容

◎描述主要观点并以细节支持

◎在说明文中运用比较 / 对比、原因 / 结果和时间 / 顺序等结构类型

◎运用适合年龄的字典和 / 或电脑软件等各种资源正确拼写单词

◎写出清楚、有结构、有条理的展示对某主题理解的解释、报告、指令说明等

◎用文章中的细节支持理解和解释

◎建立包括信息传达的文章的作文档案，作为和老师及父母 / 看护者一起检查作文能力提高的一种方法

① 洪宗礼，柳士镇，倪文锦. 母语教材研究：6　外国语文课程标准译介 [M]. 南京：江苏教育出版社，2007.

◎比较和对比从两种资料来源获得的观点和信息

◎在他人帮助下为图表写标签和说明，传达信息

资料二：法国 2001 年的高中会考作文题①

文科 1.“我是谁？”这个问题能否以一个确切的答案来回答？2. 能否说“所有的权力都伴随以暴力”？3. 试分析休谟《结伴欲望和孤独》一文的哲学价值。“‘结伴’是人类最强烈的愿望，而孤独可能是最使人痛苦的惩罚。”

经济科 1. 什么是公众舆论能承受的真理？2.“给予的目的在于获得”，这是否是一切交流的原则？3. 试分析尼采《罪行与犯罪》一文的哲学意义。作者在文中提出问题：舆论在了解了犯罪动机和作案具体情况后，即能遗忘错误。这种现象是否有悖伦理原则？

理科 1. 能否将自由视为一种拒绝的权利？2. 我们对现实的认识是否受科学和知识的局限？3. 试分析卢梭《人类的幸福、不幸和社会性》一文的哲学含义。卢梭说：“我们对同类的感情，更多产生于他们的不幸而不是他们的快乐。为共同利益联系在一起的基础是利益，因共处逆境团结在一起的基础是感情。”

三、文章体式所造成的难题

我国中小学写作教学中流行的文章体式，是应试性的“小文人语篇”。这种文章体式的“作文能力”，与我们意欲培养的适合于社会应用的作文能力之间有着严重的冲突。正像有人说的，我们的作文教学，是使学生“说真话进来，说假话出去”。造成这种现象的原因，固然有很多，但其中一个很重要的方面，在我们看来，就是中小学流行的文章

① 雷实. 国外高中母语课程标准的基本理念（二）[J]. 语文建设，2003(7).

体式——“小文人语篇”的“胎”里所带来的毛病。

作文有一个模仿的阶段。通常情况下，学生模仿的对象是被选作“优秀作文”的学生习作，这是自然的，也是有道理的。但由于受种种导向的影响，“优秀作文”往往存在着“做作文”的倾向。这种倾向是新课程语文教学要坚决扭转的。如何既直面模仿“优秀作文”这一事实，又防止和纠正“做作文”的弊端，这是值得我们深入研究的。我们以为，健康的作文教学，取决于“优秀作文”与追求的“真实”作文在体式（包括语体、文风等）上的一致性。这就需要我们来整合种种导向。

大家知道，我国中小学语文教材中的选文，绝大部分是所谓的“散文”。据我们的推测，将“散文”（“小文人语篇”）作为中小学作文教学训练的主要体式，很可能是一个错误的选择。好的“散文”，既流露真情实感，又具有较高的表达技巧，这对中小学生而言，恐怕是只可遇而不可求的。如果事情真是这样，那么我们在中小学所做的大部分作文训练，要么归于无效，要么只能将本来“不拘一格”的散文体式僵化而使之徒具其形。我国作文教学的种种难题，很可能是由文章体式的错误选择造成的。

下面是我们试编教材的一个作文单元样章。尽管在“样章说明”中我们为自己进行了辩护，但辩护的目的显然不在于标榜该样章，而是揭示“小文人语篇”与我们意欲培养的适合于社会应用的作文能力之间的冲突，是何等的深刻。

作文单元样章①

以“________情怀”为题，通过作文活动，体会情感表达的多种方式。

① 该样章编撰者为倪文尖、王荣生、徐默凡等。

导 引

一、酝酿情感，活跃思维

1. 选择最有感触的内容，确定各自的作文题。

2. 尽可能多地列出相应的写作素材（如人物、事件、风景、物象等）。

3. 按写作内容的相似性分成若干小组，交流各自的写作素材。选择其中最感动的事件或风景，跟同学说一说。

二、学习情感表达的多种方式

1. 结合下面的评析议一议：例文《魂系故乡》写“登山”的部分，是如何表达情感的？写“水”的部分，又是如何表达情感的？

2. 找出例文中直接抒情的句子，说说它们在情感表达和文章结构中的作用。想一想，你能用这种结构方式把自己要写的内容串联起来吗？

三、体会书面语在情感表达方式上的特点

1. 朗读下面的语句，然后把它的意思转换成日常口语说说看，比较两者在句式上的差异。在例文中，大家再找一些具有鲜明书面语特色的句子。

> 从那时起，我不仅爱上了这山，更爱上了这溪、这云、这片柔柔的故乡之土！

2. 找出例文中口语表达一般不使用的辞藻，体会渗透其中的情感。然后，为各自的文章尽量多地列出类似的词语，相互交流一下。

还 原

一、让我们进入《魂系故乡》写作过程的想象性还原

1. 酝酿情感，让思绪流动，让有关故乡的人、事、景在脑海里涌现。

2. 采用第一人称视角，让抒情主人公显身（“我”反复出现）；假想有读者在倾听、分享，确立一种虚拟读者在场的对话语调。

3. 以写作的此刻为立足点，让思绪自由地往返于回忆与现实之

间（通过“曾”“至今”“昨夜”“今晨”“怎能”“后来”“那时”“是不是”“也许”等词语）；以情感抒发为线索，抓住感情炽烈之时迸发出的直接抒情句（如“在心中，我怎能抹去这方故土”等），并用这些句子起承转合，结构全篇。

4. 在涌动的思绪里，捕捉自己最动情、最具个性的内容，用简约的语言来记事、写景，使叙述、议论与抒情融合无间。（选择“登山”，是因为“第一次”，是作者爱上故乡安徽的开始；选择“水”，是因为“故乡的水是最美的”。）

5. 写出文章初稿后，看自己的真情实感表达得是否充分，自己的写作追求是否实现，为凸显本文的特点，揣摩、更替、改换句式和辞藻。

二、例文

魂系故乡

上海　葛琪

我曾许愿重归家乡，而至今却再未转身，这个昨夜风中的承诺，却成为我今晨所有的思恋。伫立窗前，遥望长空，怦然心动，全部化作一个名字——安徽贵池。在心中，我怎能抹去这方故土？

七岁时，我随父母从新疆来到这个地方，可那时小小的我却不爱这儿，只说：“我要马，要草原！”

曾记得一天，同学们拖我到山里玩。第一次站在山底下，给我这个草原的孩子无法用言词形容的震撼。第一次爬山，只觉得天旋地转。我想，那时的我攀树枝的样子，一定像一只小笨熊。望着山顶，我咬咬牙，一个字：“上！”

当稚嫩的双足踏上宽阔平坦的山顶，微风拂来，我挥挥脸上的汗，竟兴奋地大叫：“大山，你好！”——虽然立刻就累趴在山顶上，嘴里还含进了一片花瓣。那花甜甜的，禁不住抬头一望，满山都是。后来，才知道这叫映山红，而我们家乡竟是它的发源地。

从那时起，我不仅爱上了这山，更爱上了这溪、这云、这片柔柔的故乡之土！

努力走出记忆的扉门，举目远望，天边飞过一只小雀。小鸟啊，是否正从我故乡的水边飞来？唉，痴情的我，看来是一辈子也走不出这片故乡之土了。

故乡的水是最美的。溪水自是清澈动人的，我想，是不是受了那些常来洗头洗衣的漂亮姐姐们的影响，也显出一种妩媚之气了。如果说溪水是美的，那么，那儿的小河就算是“灵”的那种了。河中，有虾，有鱼，还有小蝌蚪，摸上一条，钓上几堆，回家养大些再送它们“回家”，给我小时候的故事，又抹上了一道七彩的虹。

也许有很多事真的不能用言辞来表达，哪怕我想尽所有美丽色彩的词句，也竟画不上几个简单的标点。于是，我用一种平凡的笔调抒发怀乡情思，是不是也有一种美丽的价值？

当年拿破仑转战世界，征服亿万人众，却仍难以征服自己那颗思乡的心，科西嘉，永是他梦中的呓语；席慕蓉可算是“看尽繁华之谜灯”，但风沙的内蒙古，永远自西向东不断吹送她的心动……我，无非是一个平凡的女孩，又怎能忘记故乡的山、故乡的水，这份魂系梦绕思乡的柔情？

［选自《创新作文大系（高中卷Ⅱ）》，广西教育出版社 2000 年版］

创　新

一、下面的片段，出自一篇同样是抒发家乡情怀的习作，但表达情感的方式间接、含蓄，与《魂系故乡》有明显的差别。试加以体会和借鉴。

我所知道的乡村

——乡村掠影（片段）

山东　刘一寒

哪里有生命哪里就有鸟，哪里有鸟哪里就有生命。乡村里最常见的是麻雀，就是城市也有它们的驻地，它们的踪影——它们半身褐衣，上面有黑色的条纹、一双豆粒大小的眼睛。我想麻雀是爱热闹的家伙，因此它们很少孤独地穿梭觅食、欢叫，而是几只，十几只，几十只聚在一起，它们像片片枯叶似的飘过天空，并伴着没有规律的乐章。它们是鸟类中的劳动人民，否则它们不会随便在人家屋檐的窄洞里、墙上、细缝里筑巢，否则它们不会总心惊胆寒地警惕着。麻雀是个永远不会迈步的孩子，而只会像袋鼠一样蹦跳。它们觅食时便蹦跳着向前，小心地左看右瞧，如果遇到什么意外，其中一只惊惶失措地叫喊着疾呼着没有方向地飞去，其他的便乱做一团地逃离，其实大半是徒劳。一片树叶、一根鸡毛就能把它们吓得魂不守舍。它们又爱欢叫，不分什么地点，譬如聚在人家的屋顶上、一棵柳树上。也不分什么季节，不过最好看的日子是冬日的雪后，光秃秃的树枝上覆满了雪，银白色的树上欢叫的麻雀，常常是这儿站一只那儿站一只，两只麻雀一应一和地唱，如东北的二人转。麻雀半歪着脑袋，尾巴上下不住地摆动。或如小学生，排队似的紧紧地在一树枝上拥挤。它们一起叫，或者一起不叫。

[选自《第四届全国新概念作文大赛获奖作品选（A卷）》，作家出版社 2002 年版]

二、灵活采用本单元学到的表达情感的多种方式，创造性地完成作文《________情怀》，并认真修改，努力完善。

[样章说明]

如何既直面模仿“优秀作文”这一事实，又防止和纠正“做作文”的弊端，本教材编撰者们对此进行了较深入的研究和讨论。

我们认为，理想的状态既不是陈义过高而一厢情愿地杜绝模仿，也不是放任学生照葫芦画瓢地机械仿制，而是要引导学生立足于真情实感，对“优秀作文”的写作过程做“想象性还原”。也就是说，模仿不是对静态例文（文本）的仿制，而是动态地体验该例文的写作过程。这种“模仿”观，突破了以“文章学”为支撑的“作文训练”，而使作文教学回归到对写作主体的关注，它相当于我国古代语文教育中所推崇的“上等读法”（《古文笔法百篇》）。

“想象性还原”，是“入”“破”“出”三者的辩证统一。

“入”，就是学，引领学生模拟“优秀作文”的作者（使“上等读法”变成可“教”的），在想象中经历相类似的写作过程，探究作者是如何把自己涌动的真情实感用这样的方式表达出来的。

“破”，就是“有选择地学”。从教材编撰的角度看，“破”主要有两方面：一是提供同样是真情实感但用另外样式表达的“优秀作文”；二是积极引导学生，对各种“优秀作文”抱以“批判性”的态度，而不仅仅是一味认同。

“出”，就是在学中求创新，让学生回到本我，徜徉于个性化的内心世界，力求运用最贴切的方式完满地表达自己的思想和感情。

本教材的板块编排和样章的内容设计，就是试图体现上述认识。样章的第一个板块“导引”，主要是“练”，通过活动设计引导学生往返于本我与例文，立足于本我的表达来学习例文的某些长处，在实际的写作过程中进行基本功的历练。第二个板块“还原”，着眼于“入”，携带学生“还原”例文作者的写作过程。第三个板块“创新”，立意在“破”，指向是“出”。

可以设想，如果我们引导学生对多种多样的优秀作文进行“想象性还原”的模仿，那么就完全有可能将学生拖离机械仿制的陷阱，而使他们在学习中走向创造性表达。而这个“如果”，在整册课本、整套教材、中学语文教育的全程中，是可以变为现实的。

当然，这只是作文教学探索的一种理路，本样章也只是体现这种理路的一个个案。“想象性还原”还有多种途径，比如：

（1）对比原稿与修改稿探寻作者的写作过程。

（2）设计将“修改”置于中心环节的活动，引导学生在不断的修改（包括思路、内容、结构、言语表达等各方面）中反思自己的写作过程。

（3）让学生利用电脑进行写作，保留各个时候的版本，述说（反思）版本改动的过程和缘由，体会写作的真实状态。

（4）设计几人共同撰写一篇作文的活动，通过在商议中述说（内容的生成与取舍、言辞的生成与斟酌等），使写作过程部分明晰化。

在本教材的编撰中，对作文教学我们还将采取另外一条理路，比如：

（1）采用目前已取得较多成功经验的“情境教学”，精心设计能触动学生心灵的现实情境，引导学生自由表达。

（2）借鉴日本的“生活作文”，引导学生走向社会，“以文行事”。

（3）借鉴国外的“小论文”写作，将作文与探究性的自主学习打成一片。

（4）结合阅读教学，进行诸如摘要、转述、分析、商榷、质疑、评论、比较、赏析等多种写作活动。

我们清醒地认识到，写作的基本功训练是重要的，但基本功训练不能脱离学生的实际写作过程。孤立的所谓“技能训练”，弊大于利，恶盖过善。

对静态例文（文本）的仿制这种所谓的“模仿”，应予摒弃，其“远虑”大于近功。“想象性还原”，必须紧扣动态的过程，并辅之以“破”，否则就很容易蜕化为机械仿制。

上述作文教学的两条理路（“还原性想象”与“情境教学”等），是作文教学的两条腿走路，两者是相辅相成的。但是在现阶段，由于种种导向，目前被推举的“优秀作文”主要是所谓的“小文人语篇”，追求所谓的“哲理”和“文采”，它与“情境教学”等所倡导的真实表达有时会有较大的距离甚至冲突。因此“想象性还原”的作文教学，有产生负面作用的可能。

另一方面，只依赖“情境教学”等对学生的作文训练主要采取自发摸索的默会方式，也是有问题的。它本质上体现的是一种精英教育的思想，更适合“有写作才能”的学生，对许多学生从长远看则有较大的伤害。我们知道，许多学生包括语文能力偏低的学生，在情思激发的状态下往往能写出比平时要精彩的作文，但精彩主要表现在内容上，而由切己内容所带动的表达，是其现有写作能力的超常喷发，带有很大的随机性。

也就是说，“想象性还原”与“情境教学”等，都是双刃剑，只有两者结合统一，才能取长补短，扬其善除其恶。而扬善除恶，取决于“优秀作文”与追求的“真实”作文在体式（包括语体、文风等）上的一致性。这就需要我们来整合种种导向。而在整合这一艰巨的工程尚未完成之前，也就是在应试、作秀和所倡导的“语文素养”尚不能吻合的现在，双刃剑的风险始终存在。取此长补彼短，扬善避恶，我们只能尽力而为之。这种努力，部分地体现在了样章中的三个板块设计中。

第五章 / 从听说训练到口语交际

一、书面化倾向的听说训练

听说训练从新中国成立以来一直与推广普通话联系在一起，在普通话推广取得显著成效的今天，听说训练却显示出越来越趋于书面化的倾向。1957 年，一位著名的小学特级教师撰文介绍了在小学低年级进行说话教学的经验①。

有一次，我在上课时向儿童提出："你们说，我们教室里有几块黑板？"儿童说："6 块。"我再问："6 块什么？"儿童答："黑板。"我又问："几块黑板？""6 块黑板。""什么地方有 6 块黑板？""教室里。""谁的教室里有 6 块黑板？""我们教室里。"我说："谁能把在什么地方、有什么东西、有多少连起来讲一讲？"儿童便完整地说出"我们教室里有 6 块黑板"。我又告诉儿童为什么要这样说，如果只说"6 块"，人家猛一听不知道 6 块什么；如果只说"黑板"，人家不知道黑板"怎么样"；如果只说"6 块黑板"，人家也不知道什么地方有 6 块黑板……由于我经常注意，现在儿童已经有说完整的话的习惯了。

在一次参观动物园水族馆时，我叫儿童留心观察各种鱼的形状，儿童便从观察中学会说这样的句子："这些神仙鱼的身子是扁扁的，身上有一条一条的蓝条，好像穿着一件运动衫。"有一个儿童指着金鱼对我

① 斯霞. 培养孩子们的说话能力 [M] // 顾黄初，李杏保. 二十世纪后期中国语文教育论集. 成都：四川教育出版社，2000: 189－190.

说："老师，你看金鱼的尾巴多大呀！"我说："你看它像什么？"她毫不迟疑地说："金鱼好像穿着一条金黄色的纱裙，漂亮得很。"

不难看出，在上面的介绍中，说话教学被突出的两点，一是指导学生说句法完整的话，二是引导学生说形象生动（比喻）的话。总体上看，当时的说话教学，倾向于远离交际现场语境的书面语，或者说，学生学习的实际上是语文教学课堂语境中的听与说。对这种现象，研究口语的专家曾提出过批评[①],但却一直没有能够扭转局面。1992 年《九年义务教育全日制小学语文教学大纲（试用）》六年制小学关于"听话、说话"的条目如下。

一年级

①能听懂别人说的一段话和一件简单的事。**能听懂老师的提问和同学的回答。**

②**听话能集中注意力，不随便插话。**

③学习说普通话。**能用完整的语句回答老师提出的问题。看图或观察简单事物以后，能说几句完整连贯的话。**

④**能当众说话，口齿清楚，声音响亮。**学习使用礼貌语言。

二年级

①能听懂别人说的一段话和一件简单的事，能转述基本内容。

②能认真听别人讲话，认真思考。

③继续学习普通话。**看图或观察事物后，能说一段意思完整、连贯的话。能就所听所读的内容，用完整的语句回答。**

④**当众说话，做到语句完整**，有礼貌。

① 陈建民. 汉语口语 [M]. 北京：北京出版社，1984.

三年级

①能听懂程度适合的讲话和别人说的一件事，能转述内容。对不理解的问题能够提出来。

②能听懂少年儿童广播，**听故事能边听边想象。**

③初步能说普通话。**能说一段意思完整、连贯的话。**

④**当众说话，做到语句比较通畅**，有礼貌。

四年级

①能听懂程度适合的讲话。参加讨论，能听出同学发言的问题。

②养成**专心听**、认真思考的习惯。

③参加讨论能主动发言，能用普通话讲清自己的意思。**能复述课文**。能清楚明白地讲述一件事。

④**当众说话，语句比较通畅**，有礼貌。

五年级

①能听懂程度适合的讲话和广播，理解主要内容。

②能从听话中吸收知识，**丰富词汇**。

③能用普通话清楚明白地讲述一件事。**讨论问题能讲清自己的意思。能简单地复述课文。**

④养成先想后说的习惯。说话有礼貌。

六年级

①听讲话和广播，能转述主要内容。

②**听别人读程度适合的儿童文学作品和科普作品，能边听边想象。**

③能用普通话清楚明白地讲述见闻。**能当众作简短的发言。能创造性地复述课文。**

在实际教学中，上述大纲中“能当众说话，口齿清楚，声音响亮”“当众说话，做到语句完整”“能用完整的语句回答老师提出的问题”“能用普通话讲清自己的意思”“能简单地复述课文”“能创造性地复述课文”等，大体被理解为在语文课里“让学生站起来大声说一段有文采的书面语”，所谓“当众”，也就是在课堂里当着全体同学尤其是教师的面。请看下列两个实例。

实例一：指导学生用通顺、完整的语言回答问题[①]

老师拿出两只瓶子，放在讲台上，每只瓶子里面装着水和一条鱼，问学生：“讲台上放着什么？”学生回答的情况整理如下。

1. 老师的讲台上放着两只瓶子。一只瓶子里是大鱼，一只瓶子里是小鱼。

2. 讲台上放着两只瓶子，一只是大瓶子，一只是小瓶子。一只瓶子里放着一条大鱼，还有一只瓶子里放着一条小鱼。（教师表扬他会用“还有”，很好。）

3. 老师讲台上放着两只玻璃瓶，每只玻璃瓶里有两条鱼。（在老师的启发下，学生将“两条鱼”改为“一条鱼”。教师表扬他会用“每”字。）

4. 老师讲台上放着两只瓶子，一只瓶子高，一只瓶子矮。高的瓶子里是大鱼，矮的瓶子里是小鱼。

5. 老师讲台上放着两只瓶子，左边一只瓶子，右边一只瓶子。左边的瓶子里放着一条小鱼，右边的瓶子里也放着一条大鱼。（在教师的帮助下，学生明白了：应把“也”去掉。如用“也”字，则改为“左边的瓶子里放着一条鱼，右边的瓶子里也放着一条鱼”。教师表扬他能用“左边”“右边”。）

---

① 张鸿苓. 中国当代听说理论与听说教学 [M]. 成都：四川教育出版社，1998: 276－277.

6. 老师的讲台上放着两只瓶子，一只是大的，另一只是小的。大瓶子里放着一条大鱼，小瓶子里放着一条小鱼。

实例二：峻青《夏夜》简要复述[①]

太阳刚刚落山，大海被火红的晚霞染成了红色。

随着太阳的逐渐西沉，天空的霞光逐渐消失了，只有启明星像一盏明灯高悬在空中。

夜色深了，万家灯火倒映在水中，像一串珍珠，跟满天星斗辉映，真是好看极了。

瞧着这迷人的夜色，心里真有说不出的愉快。

在课堂教学中，学生听的是书面作品，复述的是书面作品，言说的范例往往也是书面的文学作品，比如口头描述中的“描述人物”，范例是刘流《烈火金刚》中的一段、孙犁《荷花淀》中“怎么了，你”那一段；“描述景物”的范例，则是老舍的作品和鲁迅《从百草园到三味书屋》中的一段[②]。

请看某教材的“测听训练”[③]。

丰　碑

“红军不怕远征难，万水千山只等闲。”当年红军在长征途中留下了许许多多动人的故事。微型小说《丰碑》所反映的，就是这样的英雄事迹。听完录音后，你能按要求把它讲述出来吗？

①② 张鸿苓. 中国当代听说理论与听说教学 [M]. 成都：四川教育出版社，1998: 256−257, 285−289.

③ 曹文趣. 义务教育初级中学课本（试用）：语文 [M]. 杭州：浙江教育出版社，1997.

练　习

一、在播放课文录音前，查词典，解释下列词语，并给加点字注音。

混沌　　迷蒙　　嗥叫　　冰坨　　踉跄

迷离　　蓦然　　怔怔　　伫立　　弥天

二、认真听记播放的课文录音，然后按下面提出的问题，有重点地讲述课文内容。

1. 将军带领的一支红军队伍是在怎样恶劣的气候条件下行进的？将军在思索着什么？

2. 听到前面冻死了一个人后，将军表露出怎样的神情？采取了怎样的行动？

3. 将军了解到冻死的就是军需处长时，他的神态和行动起了怎样的变化？

三、再次听记播放的课文录音，按下面提示的要点进行讲述。讲述时，在符合课文原意的前提下，可以适当地加以想象。

1. 一个冻僵的战士，好似一尊塑像。

2. 将军听见无数沉重而又坚定的脚步声。

四、结合课文内容，谈谈小说为什么用“丰碑”作题目。

五、学习本单元课文刻画人物的方法，讲一讲班里某个同学或学校里某个老师在外貌和行动上的特点。先写后讲，让同学们猜猜你描述的是谁。

中小学教师共同的努力是培养学生“出口成章”地“看图说话”或“口头作文”的“能力”。下面一段学生说的“话”，大概是教师所追求的理想境界。有一位教师向学生展示了一幅《艰难岁月》的油画，启发学生观察之后，“让他们站起来口头作文”，一个学生是这样说的[①]：

① 于亚中，鱼浦江. 中学语文教育学 [M]. 北京：高等教育出版社，1992: 236.

黄昏，在大草地上，红军长征的队伍宿营了。一个老红军坐在草墩上吹着笛子。偎依在他身旁的一个小红军战士在聆听着他的笛声，两人穿的都是褴褛的衣衫，头戴八角帽。赤脚，裤脚卷过了膝盖，裸露着胸脯和胳膊。老战士脸庞瘦削，额上有几道刀刻似的皱纹，眯缝着的眼角露出微笑。他聚精会神地吹着笛子，还用光脚板打着拍子呢。小战士疲惫、虚弱的身体依偎在老战士的怀抱里，他一手托腮，一手扶枪，听得入了迷。

该学生的这段“口头作文”也许相当地精彩。但问题在于：这是一种在什么场景里的“说话”方式？这种以书面语词和书面句式为主的“说话”取向，是我们所期望培养的吗？在以往的听说训练中，“让学生站起来大声说一段有文采的书面语”这种“口头作文”方式的“说话”，事实上主宰了本来就被轻视了的说话教学。其结果是：“据调查，80%—90% 的青年学生对上台讲话感到困扰和恐惧！”[①]

二、改“听说”为“口语交际”

2000 年，我国中小学三个新的教学大纲，将原小学大纲中的“听话、说话”、初中大纲中的“听话训练、说话训练”、高中大纲中的“说话能力”，统一改为“口语交际”。将听话、说话改为口语交际，注重提高口语交际能力，“这不仅仅是提法的改变，首先是认识上的变化”[②]。认识的变化，引起提法的改变；而提法的改变，实际上将促使语文课程与教学中的听、说取向的重大转移。2000 年《九年义务教育全日制小学语文教学大纲（试用修订版）》关于“口语交际”的条目如下。

---

① 于亚中，鱼浦江. 中学语文教育学 [M]. 北京：高等教育出版社，1992: 233.

② 崔峦. 学习试用修订版大纲　大力改进小学语文教学 [J]. 课程 · 教材 · 教法，2000(5): 21.

低年级

①认真听别人讲话。听一段话或一件简单的事，能复述基本内容。

②学说普通话。能说一段意思完整连贯的话。**愿意与别人进行口语交际**，态度大方，有礼貌。

中年级

①**认真倾听别人讲话**，边听边想，了解主要内容，坚持说普通话，能清楚明白地讲述一件事。

②参加讨论能说清自己的意思。**有不理解的地方向别人请教，有不同的意见与别人商量**。

高年级

①**认真耐心地听人讲话**，能理解主要意思，并能转述。

②能清楚明白地口述见闻。稍做准备，能围绕一个意思当众做两三分钟的发言，态度大方，语句比较通畅连贯。**能主动积极地进行口语交际**。

遗憾的是，新大纲在表露取向转移时，似乎还是显得有点儿暧昧。一方面，新大纲凸显了听与说“交际”这一目的性，提倡学生“愿意与别人进行口语交际”“能主动积极地进行口语交际”。尤其是在大纲的《教学中应该注意的几个问题·关于口语交际》中还特别指出：“**口语交际能力的培养要在双向互动的语言实践中进行**。要利用语文教学的各个环节有意识地培养学生的听说能力；**要在课内外创设多种多样的交际情境**，让每个学生无拘无束地进行口语交际；要鼓励学生在日常生活中积极主动地锻炼口语交际能力。”但另一方面，《教学中应该注意的几个问题·关于口语交际》又强调“小学阶段应在此基础上，**规范学生的口头语言**，提高口语交际能力，培养良好的听说态度和习惯”。把“规范学生的口头语言”与“提高口语交际能力”放在一起，按语文教学界的传统，可能会在实践中造成某种矛盾，而且“在表述时仍是将听和说分开”，也体现了取向转移的历史重负。

这可能与语文教学研究一直缺失“取向”这样的概念有关。过去，人们往往将语文课程中的听、说、读、写事实上的取向转移或取向间的激烈冲突当作“观念”好坏的问题来对待，似乎观念一转变，其他问题便会迎刃而解。另外，人们又一直习惯于脱离听、说、读、写的目的和所听、所说、所读、所写的制约，高谈阔论所谓“一般”的能力，因而很容易误将由取向的不同而造成的“能力”的区别，当成“程度”高低的问题来对待，比如认为（现在的）口语交际“这种能力比（原来的）能听、会说要求更高，是一种在交往过程中表现出来的灵活、机智的听说能力和待人处事的能力”①。

现在看来，让听、说、读、写的取向问题仅仅停留在“观念”上是远远不够的，而将不同取向所造成的能力区别当作“程度”的差异恐怕是不小的错位。用“观念”“程度”这样的概念来工作，模糊了事情的本相，掩盖了“取向”这一实质性的问题。事实上，“努力使对方理解”的“口语交际”，与音量适当的“当众说话”、比较简洁的“课堂问答”，是不同取向的两种有区别的“说话”。前一种说话方式既不比后一种“程度”高，也不比后一种“程度”低，它们是两条道上跑的车，运用的能力是有区别的。

语文课程中的口语交际能力，只笼统地表述为“根据不同场合的需要，恰当机敏地进行口语交际（包括交谈、发言、演讲、讨论、辩论等）”恐怕是不够的。取向的界定，不仅要明确目的的朝向，而且要规限所听、所说的范畴或类型，只有这样，听说能力才会得到具体的指称，语文课程与教学才能形成清晰的目标，目标才能有力地引导教与学的实

① 崔峦. 学习试用修订版大纲　大力改进小学语文教学［J］. 课程・教材・教法，2000(5): 21.

践。取向的转移，绝不仅仅是“观念”的更新就可以了断的，因为不同取向的“说话”，势必要表现为不同的课程与教学目标，而课程与教学目标不同，势必要相应地调整教学的内容（知识、技能、策略、态度）。

2001 年出台的《全日制义务教育语文课程标准（实验稿）》沿着“口语交际”的方向继续推进，明确指出：“口语交际能力是现代公民的必备能力。应培养学生倾听、表达和应对的能力，使学生具有文明和谐地进行人际交流的素养。”“口语交际是听与说双方的互动过程。教学活动主要应在具体的交际情境中进行。”“评价学生的口语交际能力，应重视考察学生的参与意识和情意态度。评价必须在具体的交际情境中进行，让学生承担有实际意义的交际任务，以反映学生真实的口语交际水平。”在各学段的具体目标中，十分鲜明地倡导“口语交际”教学。请看义务教育阶段的具体目标。

第一学段（1—2 年级）

①学讲普通话，逐步养成讲普通话的习惯。

②能认真听别人讲话，努力了解讲话的主要内容。

③听故事、看音像作品，能复述大意和精彩情节。

④能较完整地讲述小故事，能简要讲述自己感兴趣的见闻。

⑤与别人交谈，态度自然大方，有礼貌。

⑥有表达的自信心。积极参加讨论，对感兴趣的话题发表自己的意见。

第二学段（3—4 年级）

①能用普通话交谈。在交谈中能认真倾听，并能就不理解的地方向人请教，就不同的意见与人商讨。

②听人说话能把握主要内容，并能简要转述。

③能清楚明白地讲述见闻，并说出自己的感受和想法。

④能具体生动地讲述故事，努力用语言打动他人。

第三学段（5—6 年级）

①与人交流能尊重、理解对方。

②乐于参与讨论，敢于发表自己的意见。

③听他人说话认真耐心，能抓住要点，并能简要转述。

④表达要有条理，语气、语调适当。

⑤能根据交流的对象和场合，稍做准备，做简单的发言。

⑥在交际中注意语言美，抵制不文明的语言。

第四学段（7—9 年级）

①能注意对象和场合，学习文明得体地交流。

②耐心专注地倾听，能根据对方的话语、表情、手势等，理解对方的观点和意图。

③自信、负责地表达自己的观点，做到清楚、连贯、不偏离话题。

④注意表情和语气，根据需要调整自己的表达内容和方式，不断提高应对能力，增强感染力和说服力。

⑤讲述见闻，内容具体，语言生动。复述转述，完整准确，突出要点。能就适当的话题做即席讲话和有准备的主题演讲，有自己的观点，有一定说服力。

⑥讨论问题，能积极发表自己的看法，有中心、有根据、有条理。能听出讨论的焦点，并能有针对性地发表意见。

课程标准研制组专家指出[①]：

其中的核心是“**交际**”二字，即必须重视口语交际的人际交往功能。口语交际是人与人之间的交流和沟通，它是一个听方与说方双向互

① 方智范. 关于语文课程目标的对话（三）[J]. 语文建设，2002(3): 10-11.

动的过程，不是听和说的简单相加。所以双方在应对中的情感态度十分重要，表现为人际交往的文明态度和语言修养，如自信心、勇气、诚恳、尊重对方、有主见、谈吐文雅等。《标准》的口语交际阶段目标，第一学段要求“有表达的自信心”“与别人交谈，态度自然大方，有礼貌”，第二学段要求“在交谈中能认真倾听，并能就不理解的地方向人请教，就不同的意见与人商讨”，第三学段要求“与人交流能尊重、理解对方”“在交际中注意语言美，抵制不文明的语言”，第四学段要求“能注意对象和场合，学习文明得体地交流”，都体现了情感态度方面的导向。

第二个要义是重在实践，在交际中学会交际。《标准》中强调以贴近生活的话题或情境来展开口语交际活动，重视日常生活中口语交际能力的培养，而不是重在传授口语交际知识。《标准》小学阶段关于听人讲话、听故事、复述、讲述、转述等要求，初中阶段关于即席讲话和主题演讲、课堂讨论、应对能力等要求，都是重在交际过程中的实践能力培养。

还有就是重在参与。第一学段目标“积极参加讨论，对感兴趣的话题发表自己的意见”，第三学段目标“乐于参与讨论，敢于发表自己的意见”，第四学段目标“讨论问题，能积极发表自己的看法”，就分别体现了这样的要求。

只有在以上这些前提之下，《标准》关于口语交际的技能要求，如“听人说话能把握主要内容”“能清楚明白地讲述见闻”“能具体生动地讲述故事，努力用语言打动他人”（第二学段），“听他人说话能抓住要点”“表达要有条理，语气、语调适当”（第三学段），“能根据对方的话语、表情、手势等，理解对方的观点和意图”、说话“清楚、连贯、不偏离话题”“注意表情和语气……增强感染力和说服力”、讨论发言“有中心、有根据、有条理”（第四学段）等，才有意义。

将“听说训练”转移到“口语交际教学”，将“口语交际”导向“日常”，是《标准》的鲜明导向。

但是，这里面有许多问题需要澄清。根据我们接触的大量材料——教材、教案、课例等来看，目前的口语交际教学多数是对“打电话”“买文具”“招待客人”“问路”“导游”等日常生活的简单模拟，学生在课堂上说的话，都是原来就会说的话，实际上在课堂上更多的是学“做那件事情”，与提高学生的口语交际能力相关度不大。在母语学习中，什么是日常生活中可以习得的，什么要放在语文课程里专门教学，有哪些必须教的课程内容，如何进行课程形态的口语交际教学等，这些都需要我们认真地加以研究。

三、口语交际的课程意识

（一）问题的边界

语文学习的天地广阔，学生在日常生活中通过听说读写的实践逐步形成和发展了自己的语文能力。我们把学生在日常生活中所进行的语文学习，笼统地称为语文学习的“社会通道”。在学校的其他课程里，学生事实上也在进行丰富的语文活动，也或隐或显、或多或少地发生着语文学习。站在语文课程的角度，我们把这些也并入语文学习的“社会通道”。

与“社会通道”并行的，是现代意义上的“语文课程”：一门以培养学生的语文素养、提高学生的听说读写能力为专职的课程。“社会通道”与“语文课程”之间存在着种种关系。然而在语文课程的研究中，我们不是一般化地讨论这两者之间的关系，而是要在两者关系的讨论中来确定语文课程教什么、学什么，乃至怎么教、怎么学。换句话说，讨论“社会通道”与“语文课程”的关系，并不能替代对每星期占5—6节课时的语文课程的研究；重视学生的日常语文实践活动，并不等于就此解决了语文课程的问题。

口语交际的“社会通道”，相对于读写来说对学生所起的作用更大、更明显。作为语文课程一个主要领域的口语交际，绝不能与学生的生活、与学生的日常口语交际活动脱节。另外，把学生的日常活动简单地搬到课堂上而混淆“社会通道”与“语文课程”，这无疑也是不妥当的。在与学生的日常口语交际活动密切联系的前提下，确认作为语文课程一个主要领域的口语交际教什么、学什么，乃至怎么教、怎么学，是我们的任务。我们所要讨论的，乃是作为中小学语文课程中一个相对独立领域的口语交际问题。

（二）主要的议题

确认问题的边界，是为了凸显语文教育研究中的课程意识。而课程意识，集中地体现为课程内容的意识。为了有效地达成语文课程标准所设定的目标，语文课程中的口语交际应该“教什么”，便是口语交际研究的总议题。

那么，“教什么”是个什么样的问题呢？我们借大家比较容易理解的阅读教学来做进一步的描述。

大家知道，阅读的问题，乃至中小学阅读教学的问题，在很大程度上可以归结为“读什么”和“怎么读”的问题。根据我们的研究，“读什么”可以区分出两个层面：一个是战略的层面，即在浩如烟海的书籍中，选取什么样的作品供中小学生读，也就是通常所讲的选文问题。另一个是战术的层面，即在已被选取的这一些、这一篇作品里面读什么，引导学生将阅读的“意识点”放在哪里。

同样，“怎么读”也有两个层面。一个是战略的层面，我们把它叫作“阅读取向”，即“哪一种”阅读的问题，表现为阅读的样式、阅读的姿态、阅读的模式等。另一个是战术的层面，即通常所讲的“阅读方法”，指对一类作品、一篇作品“怎么读”。

很显然，一类作品、一篇作品“怎么读”，也就是将阅读的“意识点”放在哪里的问题。比如有人问顾城的《弧线》怎么读，他实际上想知道的，是到这篇被冠以“朦胧诗”的作品里去“读什么”。也就是说，我们通常所讲的阅读方法（怎么读），实际上就是在具体的一篇作品里“读什么”的问题。

另外，考察战略层面的“读什么”与“怎么读”的关系，即选文与阅读取向的关系，虽然有种种复杂的情形需要进一步厘清，但从中小学阅读教材编撰的角度看，真实的情况倒好像是由阅读取向来决定选文。换句话说，我们自以为是“首先”选定的作品，实际上在此之前还有一个为什么选这些作品的问题。为什么选这些作品，涉及一系列“理念”，而具体到“阅读”和“阅读教学”，所谓理念，往往就是主张哪一种阅读的问题。先有哪一种阅读的确认，然后再由具体的选文来固定、承载、体现这种或那种理念。也就是说，看起来是选文的问题（读什么），实际上主要是阅读取向问题（怎么读）。

我们把上面的这番推论，用一个图来表示。

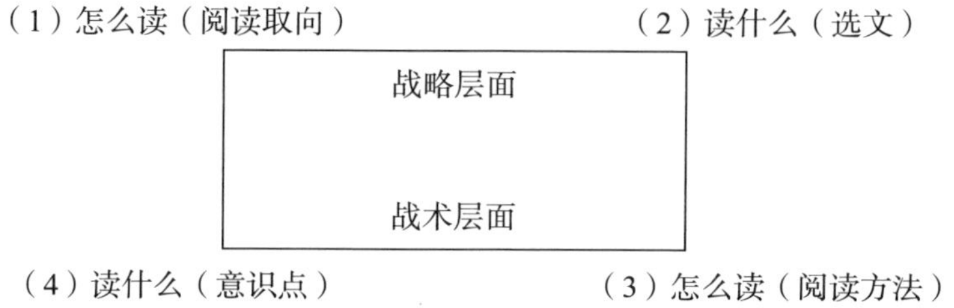

图 5–1　怎么读的两个层面

讨论阅读和阅读教学，合理的逻辑应该是先按顺时针方向从（1）到（4）考虑：“阅读取向”具体化为选文，具体的选文产生了如何阅读的具体问题，而对这一问题的解答落实在该选文的阅读“意识点”上，由“意识点”引导阅读时的眼动“注视点”，从而生成对这一篇作品的这一种“理解”。

也就是说，阅读教学“教什么”这个总议题，可以分化为两个主要议题。

第一，阅读取向问题，它决定着选什么样的文，也规限着阅读方法。

第二，阅读中的“意识点”问题，它是阅读方法的实际承载，也是阅读取向的具体落实。

口语交际也是如此。我们首先面临的是取向问题——在语文课程中我们所要教的、学生所要学的，是“哪一种”说话、“哪一种”聆听。这决定了口语交际教学中选取哪些材料、选取哪一类活动。提供材料、创设活动，在语文课程中有特定的目的——要学生学习怎么说，比如在坦率的讨论中该怎么说、在理智的辩论中该怎么说。

与阅读相类似，“怎么说”实际上可以转化为在一场具体的交际活动中应该“说什么”。请看下面的材料[①]。

在演讲之后的问答会议上如何答话
①仔细聆听人家的问题。 ②用自己的语言重复这个问题，以保证你的理解是正确的，并使别人也可以听到。 ③如果这个问题很复杂，则把它们分成若干部分，你先讲述一部分，然后再回答。 ④把你的回答同你演讲中的论点联系起来。 ⑤回答问题时，要简短明了，击中要害。 ⑥要核对以下问题：“我的回答解决了你的问题吗？” **绝对不要** ①使提问的人感到难堪 ②辩论 ③辩解 ④虚张声势 ⑤盛气凌人 ⑥一对一地辩论

① 麦康农. 演讲的艺术 [M]. 贾宗谊，卢爱君，译. 北京：新华出版社，2004: 68.

“在演讲之后的问答会议上如何答话”，是应该怎么说的问题。从上面的材料中不难看出，应该怎么说，是由“应该说什么”来解答的，比如要“用自己的语言重复这个问题”、要“把你的回答同你演讲中的论点联系起来”等。应该说什么，反过来就是“不应该说什么”，因而应该怎么说，也可以具体地落实为“不应该说什么”，比如不要“辩论”（即不要说辩论性的话语）、不要“辩解”（即不要说为自己辩解的话语）等。在一种特定取向的口语交际中，有哪些需要具体落实的点——应该说什么，这是我们面临的第二个主要议题。

从上面的材料中我们也可以看出，口语交际与刚才所讨论的阅读有一个重大的区别：口语交际在外显行为这一面更为突出。阅读也有行为问题，比如保持书籍与眼睛之间的适当距离、通过打拍子等来抑制默读中的内部声音干扰等，这些在语文课程中也是要教的，但相对而言可以作为次一级的问题来对待，它们可以穿插在“意识点”（读什么）的教学过程中，也可以单独抽出来进行教学。但是，作为口语交际，尤其是面对面的口语交际，行为是包含在交际里面的，有些时候行为还构成口语交际的主要方面。比如上面材料中“仔细聆听人家的问题”，绝对不要“虚张声势”“盛气凌人”，这些行为有时比说出来的话还要重要，乃至决定着交际的成败。行为问题，在很大程度上是“做什么”和“不做什么”的问题。这样看来，口语交际的“意识点”包含着两个方面：一是听、说什么，二是听、说时的行为和态度，即做什么。

综上所述，我们把课程层面口语交际研究的主要议题概括如下。

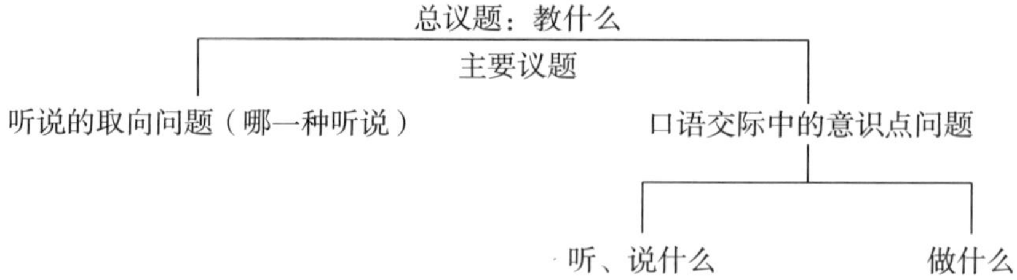

图 5-2　课程层面口语交际研究的主要议题

（三）已经解决的问题

上面所说的第一个主要议题，即语文课程中的听说取向问题，我们认为在理论上已经得到了正确的解答，其标志就是从过去的“听说训练”转移到了现在的“口语交际”教学。

“听说训练”，自新中国成立以来一直与推广普通话联系在一起，在普通话推广取得显著成效的今天，听说训练却显示出越来越趋于书面化的倾向。在课堂教学中，学生听的是书面作品，复述的是书面作品，言说的范例往往也是书面的文学作品。

2000 年我国中小学三个新的教学大纲，将原小学大纲中的“听话、说话”、初中大纲中的“听话训练、说话训练”、高中大纲中的“说话能力”，统一改为“口语交际”。将听话、说话改为口语交际，注重提高口语交际能力，“这不仅仅是提法的改变，首先是认识上的变化”[①]。认识的变化，引起提法的改变；而提法的改变，实际上将促使语文课程与教学中的听说取向的重大转移。

2001 年出台的《全日制义务教育语文课程标准（实验稿）》沿着“口语交际”的方向继续推进，明确指出：“口语交际能力是现代公民的必备能力。应培养学生倾听、表达和应对的能力，使学生具有文明和谐地进行人际交流的素养。”“口语交际是听与说双方的互动过程。教学活动主要应在具体的交际情境中进行。”“评价学生的口语交际能力，应重视考察学生的参与意识和情意态度。评价必须在具体的交际情境中进行，让学生承担有实际意义的交际任务，以反映学生真实的口语交际水平。”在各学段的具体目标中，十分鲜明地倡导“口语交际”教学。

当然，语文课程中的听说取向在理论上已经解决，并不等于说在实

① 崔峦. 学习试用修订版大纲　大力改进小学语文教学 [J]. 课程・教材・教法，2000(5): 21.

践中没有问题。由于长期的习惯，更由于我们对口语交际“意识点”研究的严重疏忽，在新课程的实施中，在实验教科书和课堂教学实践中，还存在着背离“口语交际”的现象。比如某册实验教科书有一个“话须形象才动人”的单元[①]，让学生所学的“说话”如下。

（1）朋友们，我们现在就是身在仙山妙境，请看，我们背后是蜿蜒葱翠的丛林，面前是无边无垠的太湖，碧波晶莹，细纹无波。青山绕着湖水，湖水托着青山，山石伸进了湖面，湖面咬进了山石。头上有山，脚下有水。真是天外有天，山外有山，岛中有岛，湖中有湖；山如青螺伏水，水似碧海浮动。

（2）终于，我爬到了小龙湫的眼前，我仰起头来，由石缝迸出的是一股雪白怒泉，滚滚泻下，待泻到半途，怒气消解，却又散为细碎银珠，抖抖擞擞，飘荡而下。纷乱的银珠击在湫下乱石上，迸得更细碎，更纷乱，终于还得落在潭溪里，凝成更闪亮的洁白颜色，随注滚下，窜过乱石隙缝，坠入涧溪了。

取向的偏差，导致所选材料的失误（上面所选择的都是书面的文字材料），进而导致师生教学活动与口语交际的背离，这个案例很典型地说明了这个道理。口语交际教学中的这种书面化倾向，必须坚决扭转。我们也相信，像上述案例那样的取向失误，在语文课程标准的贯彻落实中将得到纠正。

① 洪宗礼.义务教育课程标准实验教科书：语文（七年级下册）[M].南京：江苏教育出版社，2001: 101.　洪宗礼.义务教育课程标准实验教科书：语文教学参考用书（七年级下册）[M].南京：江苏教育出版社，2001: 137.

四、迫切需要解决的问题

据我们了解，造成目前口语交际教学大规模伤害的，似乎已经不是过分书面化，而是另一个极端——过分日常化。口语交际的大量课例，实际上是将日常生活简单地搬进了课堂让学生“活动”一番，而缺乏作为一门课程的教学价值。下面是小学口语交际教学的一个典型案例[①]。

文明之星伴我行（五年级）

一、创设情境，激发交际情趣

同学们，愉快而短暂的寒假生活结束了。在寒假中，我们开展了“文明之星伴我行”的活动。活动中要求同学们运用文明语言进行交际，相信大家在这次活动中一定大有收获。现在谁说说你在假期中开展了哪些文明交际的活动？看来，寒假中同学们把这项活动都开展得丰富多彩。今天我们就以口语交际的形式把开展这项活动的具体情况汇报一下。

二、提出要求，明确交际要领

先请同学们想想：你们在假期中是如何活动的，在交际中你们是怎样做一名文明小少年的？我们应该如何与别人进行口语交际呢？

生 A：寒假期间我们小组使用了文明语言，在帮助同学购买称心如意的学习用品时，与售货阿姨交际时注意使用“您好”“请”“谢谢”等文明用语，礼貌商谈不同意见，做到语句通顺、条理清楚。

生 B：我们在帮助残疾老人过马路与他交际时热情大方，语言自然

① 李莉莉. 小学语文口语交际教案选粹 [M]. 北京：语文出版社，2002: 399－406.

得体。

师小结：同学们说得很对，大家都善于积极动脑，主动与别人交际。

生 C：我认为在口语交际时还应当围绕一定的内容。

师相机点拨指导：是啊，这些就是口语交际的要领。这节课我们就紧紧围绕开展的“文明之星伴我行”的活动来展开交际。

三、创设氛围，促进多边交际

1. 分组交际练习。

学生离开座位，自由组合练习，再现生活情境。

2. 全班交流，评选优胜。

刚才同学们都在积极主动地与伙伴进行练习，听的同学能认真听别人的对话，听懂交际的主要内容。

哪个小组愿意在全班汇报一下活动情况呢?

教师给听者提出要求：听的同学一定要认真仔细，并想想交际的同学哪儿值得你学习，哪儿还需要改进。

四、A 组汇报

（简介：我们给大家展示的是寒假期间客人来我家，我文明接待客人的场面）

（客人敲门）

小华：谁呀?

客人：是我，你爸爸单位的王叔叔，找你爸爸有点儿事。

小华：噢，是叔叔啊！快请进！

小华：请坐。我先给您倒杯茶，您稍等。

客人：这孩子真是有礼貌，谢谢。

小华：王叔叔，您喝茶。

客人：谢谢。

小华：王叔叔，我爸爸去奶奶家了，估计快要回来了。您找我爸爸有啥事啊？

客人：一点儿私事。

小华：噢，那您就先等等吧。

（简介：小华陪王叔叔聊天等爸爸回来）

客人：时间不早了。小华，要不我先走吧，你爸爸回来，请他给我来个电话。

小华：好的。他回来我一定转告他，您慢走。

客人：小华，你这么小就会有礼貌地使用文明语言待客了，真是个讲文明的好孩子。请回吧，再见！

小华：再见！（微笑送客）

师导：看，这个小主人待客多么文明啊！真是讲文明的少先队员。说说看，他们的交际中哪儿值得你学习，哪儿需要改进呢？

生A：他们在交际中不仅使用了文明用语，而且让我们看到了他们的文明行为，比如“谢谢”“请坐”等语言……

生B：他们的交际语言条理清晰，自然流畅。

生C：如果在交际中态度再大方一些、热情一些，我们就更高兴与小主人交际了。

师小结：说得好，说明你们在听的时候不仅认真仔细，而且还积极地动脑子。我们一起看看下一组汇报得怎么样。

（下面B组、C组、D组汇报，略。最后是师生表演、各组评选，略。）

从大量教案和教学实例来看，许多教师在不同的年级重复搞“打电话”“买文具”“招待客人”之类的“活动”，而组织该类活动的着眼点，与其说是“口语交际教学”，毋宁说更像是在指导学生“学会做那件事情”，比如打电话、买文具等。还有一类，冠之以“介绍”“采访”“讨论”“辩论”等，但无论是教材还是教学实践，所着眼的也往往是“一次活动”，至于在这次活动中教师“教什么”、通过这次活动学生“学什么”，则含混其事，带有极大的随意性，至多像上述课例那样做一点儿皮毛的“指导”，比如“做到语句通顺、条理清楚”“热情大方，语言自然得体”“主动与别人交际”“在口语交际时还应当围绕一定的内容”等。

一方面，我们在“教什么”的战略层面上取得了重大的胜利，《标准》树立了口语交际的正确取向，广大语文教师在教学中也积极地贯彻执行。另一方面，我们对战术层面上“教什么”的研究严重滞后，乃至严重疏忽，造成口语交际课程内容的严重缺失，导致口语交际的正确取向难以坐实。这就是我们所面临的现状。

口语交际教学研究的重心，现在应该由取向的宣传转移到口语交际中“听、说什么”和“做什么”的开发，转移到口语交际课程内容的建设上。这就意味着语文教师必须树立口语交际的课程意识，必须自觉地把握所设计的口语交际活动中所蕴含的课程内容，必须清醒地意识到在某一活动中教师想教什么、学生要学什么。

下编 语文教学内容的选择与生成

第六章 / 艰难的处境以及自救的出路

一、讨论的前提

讨论语文教学内容问题，必须与语文教材联系在一起，而讨论语文教学内容与语文教材，先得辨清四个概念，即语文课程目标、语文课程内容、语文教材内容、语文教学内容。在导论里，我们对这四个概念进行了论述。

“语文课程目标”是语文课程标准层面的概念，它主要面对**“是什么”**的问题——为了适应现代社会和学生个体的发展，国家期望学生具备的语文素养“是什么”。语文课程目标大致包括人文素养和语文能力这两个方面。理想的情况是目标应该得到明晰的表述，以使大家对目标的内涵有一致的理解。

“语文课程内容”是语文课程具体形态层面的概念，它主要面对**“教什么”**的问题——为了有效地达成《标准》所设定的语文素养目标，语文课程研制者建议**“一般应该教什么”**。从大的方面看，语文课程内容包括两个方面：一是构成人文素养确切所指的文学、文化经典作品（定篇）以及对它们的阐释，二是包括事实、概念、原理、技能、策略、态度在内的语文知识。

“语文教材内容”是语文教材具体形态层面的概念，它主要面对**“用什么去教”**的问题——为了使广大的学生较好地掌握既定的课程内容，语文教材编制者要提供**“通常可以用什么去教”**的建议。理想的情况是语文教材内容应该做到“课程内容教材化”“教材内容教学化”：一方面，要通过种种资源的运用使课程内容具体地显现；另一方面，教材要形成可操作的教学设计，使学生在师生、生生的互动中走进经典的世界，建构语文能力。

“语文教学内容”是语文教学层面的概念，它同时面对两个问题：一是针对具体情境中的一个班乃至一组、一个学生，为使他们或他（她）更有效地达成既定的课程目标，**“实际上需要教什么”**；二是为使具体情境中的这一班乃至这一组、这一个学生能更好地掌握既定的课程内容，**“实际上最好用什么去教”**。语文教学内容既包括教师在教学中对现成教材内容的沿用，也包括教师对教材内容的“重构”——处理、加工、改编乃至增删、更换；既包括教师对课程内容的执行，也包括在课程实施中教师对课程内容的创生。“教学内容是在教学过程中创造的”，它逻辑地蕴含着教师参与课程研制、用教材教和教学为学生服务等理念。

二、语文课程内容研制的缺失

我国语文教师处于一种十分艰难的处境中，首先是因为语文课程内容研制的缺失。

长期以来，语文课程具体形态被淹没在教材层面，语文教材顶替着语文课程。由于我国的语文教材是“文选型”，因而往往还是“选文”顶替着课程①。

用“选文”顶替课程，在我国是不自觉的。与其说这是一种课程具体形态的设计，毋宁说是在混混沌沌中压根儿就没有进行过什么课程具体形态的设计，课程内容在哪里、课程内容是什么，几乎就没有被当成过思考的主题。语文课程具体形态层面的这种情形，在一纲一本体制下

① 这并不等于说，“选”什么“文”在语文课程中不重要。但作为语文课程和教材的选文，与作为“读本”的选文，应该是两回事。请参见：王荣生.“学本”与“读本”、“课本”[N]. 中国教育报，2003-10-09(8).

是被掩盖着的，因为有要“教”的“基本篇目”，有要“讲”的“基础知识”，这样在形式上便给人“已经有课程内容”的幻象，把“基本篇目”和“基本知识”搭配起来的教材编撰者似乎也感觉到已经经营过语文课程具体形态设计这档子事了。其实大谬不然，因为松散地搭配在一起的“基本知识”在教学中会自然脱落，而所谓的“基本篇目”实际上就是一些人为排列的、在实际教学中可以随意变位的单篇“选文”。

我们知道，“选文”顶替课程，只有两种情况是合理的。其一是选文用作“定篇”，像我国古代那样。不过，我国自现代以来，语文课程一直没有将“定篇”纳入正道。那么剩下的只有另一种可能，那就是将选文处置为“样本”，并采用孤零零选文或略加指引的编撰策略。

这种处置方式，实际上是使语文课程内容直接融化为语文教学内容，“教什么”全凭教师依学生所遭遇的具体问题和困难在现场产生，“教什么”得当与否几乎完全依赖于语文教师的教学机智和对学生需要什么的诊断能力。这无疑为优秀教师创造了最广阔的空间，本质上也能产生最贴近学生听、说、读、写实情的语文课程内容。但是，它有一个致命的软肋，那就是对语文教师个体的完全依赖。如果教师的语文能力和教学能力达不到可依赖的水准，如果教师没有足够的教学机智和诊断能力，甚至根本就不能把关注点放在学生听、说、读、写的实情上，那么就不可能产生适当的教学内容。

实事求是地讲，我国的语文教师，乃至世界上的语文教师，只有很少一部分有望达到这种“样本”处置方式所需的“素质”。由于“教教材”的传统，因而对本来可能具有这种“素质”的语文教师来说，我国也缺少积极体现的环境。这样，十个教师针对不同实情的学生会产生十种有所区别的教学内容，就会演变成即使不知道针对什么也会产生十种不同的内容，因而也就变成了可以随便有什么内容（事实上是没有了语文课程内容）。就像有人感叹的，“语文课（引者注：语文课程）实际上是一门没有确定的教学内容（引者注：课程内容）的课”[①]。

任何听过几堂语文课的人，都会得出这样的结论：语文教学出毛病最多的，正是由教师苦思冥想所“成就”的“教什么”的“内容”。任何听过数位或数十位语文教师讲同一篇语文课文的人，都会震惊：这些课实际上是个体的教师任凭自己的语文知识（亚里士多德称为“臆断”）在从事教学；学生在学的，完全是由不同语文教师随意择取或任意制造的不同的东西，这些东西有些甚至叫不出名目。

我们曾经听过二十几位老师上的课，所上的篇目都是《林黛玉进贾府》，结果发现这二十几位老师“教”的几乎是二十几种内容。有一位老师所教学的班级是中专医药专业，可能是为了“与专业结合”，于是这堂课的大部分时间师生讨论的是林黛玉的“不足之症”以及她“如今还是吃”的“人参养容丸”；有一位老师所教学的班级是中专建筑专业，大概基于同样的理由，这堂课主要围绕课文开头几段中对贾府建筑的描绘来展开，还花了不少时间讲述“什么是女墙”；有些老师着眼的是人物上场，讲王熙凤“未见其人，先闻其声”；有些老师关心的是人物描写方法，讲对贾宝玉的“侧面描写”；有些老师对诗词有爱好，于是上课的时间主要花在鉴赏两首《西江月》上了；有些老师注重“基础”，于是上课的主要内容就放在十余个词语的“古今词义辨析”上……

并不是说上面的这些教学内容一概不行、一概不好，但问题是，之所以二十几位教师对同一篇选文会有几乎二十几种不同的内容，除了教师“我以为”“我喜欢”，没有任何教育学意义上的理据。[②]我们的语文课程中，“学生与教师的关系代替了学生与学科（引者注：课程）的

---

① 王厥. 教材体系研究与语文教学科学化 [M] // 瞿葆奎. 教育学文集 · 课程与教材：下册. 北京：人民教育出版社，1993: 322.

② 这种情况实际上语文教育研究者一直都在揭露，比如叶圣陶先生在《中学国文教师》一文中就批判过 7 种国文教师。参见：叶圣陶. 叶圣陶语文教育论集 [M]. 中央教育科学研究所，编. 北京：教育科学出版社，1980: 91－97.

关系”。对这种情形，杜威当年就曾严厉地批评说，“那显然是不足为训的”[①]。

语文课程内容刻板僵化与随意性过大并存，语文教学花样百出与知识含量的极为贫乏共生，是我国语文教育的严重问题。而问题的根由，是我们在语文课程具体形态层面存在巨大的空当。或者说，我们一直只有“选文集锦”的语文教材，在很大程度上没有过严格课程论意义上的语文课程。

三、语文教材名存实亡

直接导致语文教师处境艰难的，是我国语文教材在很大程度上名存实亡。

先看“课程内容教材化”方面。课程内容教材化，实际上要求教材做好两件事情。

（1）要有课程内容，对“**一般应该教什么**”给出切实的回答。

（2）要对“**通常可以用什么去教**”有建设性的回答，使语文课程内容通过种种资源的运用得以具体地显现。

我们现在的语文教学，基本上是单篇选文的教学。那么就单篇选文而言，语文教材所要回答的第一个问题便是：这篇选文“一般应该教什么”？

遗憾的是，我们的语文教材对此往往含混其事乃至似是而非，在“思考和练习”（现在改称“探究”“讨论”之类）中，比如《项链》，某一教材的教师教学用书要师生在课堂上做这样的“问题讨论”。

---

① 杜威. 我们怎样思维·经验与教育 [M]. 姜文闵，译. 北京：人民教育出版社，1991: 50－51.

在小说中，玛蒂尔德是个什么样的人物？是一个爱慕虚荣、追求奢华生活可厌可悲的人物，还是一个在命运的作弄中坚守自己人格尊严可悲亦可敬的人物？对于这个人物，你是悲悯同情，抑或是赞美敬重？或者只是鄙夷她？

应该说，这道题体现了现代的阅读观念，也吸收了最新研究成果，具有相当高的水准。即便如此，这道题究竟想让教师“教什么”，还是颇费思量的。事实上，这道题可能牵引出许许多多的“课程内容”（从学生掌握的角度来表述，“课程内容”即“教学目标”）。随便列举一些，如下。

（1）得出该问题的答案——过去只允许一个“标准答案”，现在鼓励多种可能的答案。

（2）学习人物形象概括方法中的某一点，比如如何表述。

（3）领会小说人物和主题的关系。

（4）理解《项链》的主题。

（5）感受小说主题的复杂性和丰富性。

（6）了解《项链》的接受史。

（7）体会阅读视野与小说阐释的关系。

（8）感受（反思）阅读者所获得的情感体验与文本注视点的关联。

（9）扩展对“人”、对“人生”的理解，即理解（反思）小说对读者的影响。

（10）学习文学作品的一种解读方法：系统、理性地分析阅读感受，自圆其说地阐发观点（评论）。

（11）体验小说阅读的一种方式：众人共同阅读，或者叫碰撞式阅读。

那么教材究竟想（意图）以哪一点作为这节课这道题的“课程内

容”呢？对不起，这就需要语文教师在备课时“揣摩”了。以上列举的，相互之间或可关联或有贯通，那么在这节课的这道题中关联哪些点、贯通哪些点呢？对不起，这又需要教师在备课时“揣摩”了。说“揣摩”，是在打马虎眼；真实的情况是很可能教材编制者压根儿就没有把哪一点、关联哪些点、贯通哪些点作为问题来考虑过，因而背后也就没有什么东西可供揣摩——围绕这道题的这节课“教什么”，其实是要靠教师来“生产”的。

这等于把“语文课程内容”（**一般应该教什么**）的研制任务转嫁给了教师。紧接着，“**通常可以用什么去教**”这一教材编制者本该完成的工作，也转嫁给了教师。因为在“教什么”上不确定，“用什么去教”的设计便不会有合适的着落；而一旦教师“生产”出围绕这道题的“课程内容”，他势必要面对“用什么去教”的问题。

上面那道题，在配套使用的学生学习用书中，教材编制者建议用一个演说活动和一个编剧活动去教。

1. 在班级里举行一次“玛蒂尔德其人”大家谈。大家可以见仁见智，自由评说。每人先独立思考，然后主动站起来亮观点，找同伴，“拉帮结派”，再按观点分组，由主动亮观点者牵头，让同一观点的人坐在一起，共同研讨，继续完善自己的观点，**力求自圆其说**。最后请每种观点的领头人上台演说，阐述本组的观点。

2. 试着把《项链》改编成课本剧。可以选择一个片段，也可以改编整篇小说，甚至可以通过设想，续写一个关于小说结尾的片段。然后全班讨论一下，**看谁改得最有新意**。选择那个最有新意的剧本请老师帮着精加工一下，最后由同学分小组自导自演自看。**评出最佳剧本、最佳导演、最佳演员、最佳台词、最佳道具。**

假如某教师依照该教材编制者的“教学建议”，把这节课的“重点”设定为教“**感受小说主题的复杂性和丰富性**”，那么用不了几分钟他就可以断定，这两个活动显然不可取，除非对它们进行脱胎换骨的改造。

（1）演说活动的要点是“力求自圆其说”。意思是你说你的对，我说我的对，大家“拉帮结派”。其结果很可能不是学生对小说人物、小说主题的“复杂性和丰富性”的感受，而是导致对小说人物的片面肢解和小说主题的分裂。活动集中在人物形象上，尽管传统小说的主题是由人物形象来承载的，但这一点学生并不了解（有些教师也未必了解），因而对“玛蒂尔德其人”的“观点”纷争，在学生那里很可能演变成与小说主题脱节的事情。

（2）演剧活动的要点是**“看谁改得最有新意”“评出最佳剧本、最佳导演、最佳演员、最佳台词、最佳道具”**，与“感受小说主题的复杂性和丰富性”关联不大，在这里显然没有什么正面的用处。

这样，对这位要教“感受小说主题的复杂性和丰富性”的教师来说，他就被迫扮演教材编制者的角色。怎么才能使学生“感受小说主题的复杂性和丰富性”呢？是通过学生按不同主题设定来多次阅读呢，还是通过不同学生的感观碰撞来显示，抑或是提供各种评论文章先让学生陷入认知的冲突，再引导学生在自身的阅读感受中去弥合多个视角的不同观照？诸如此类，显然需要教师设计，去发现并组合各种资源。

上面的评述，实际上已涉及“教材内容教学化”这一面。“教学化”，意思是要形成可操作的教学设计。这实际上也要求教材做好两件事情：一是局部的，要勾勒出一个点的教学的主要步骤。比如上面那道题，假如教材决定教“感受小说主题的复杂性和丰富性”，也决定用“学生按不同主题设定的多次阅读”来感受，那么教材可能这样规划（如编成教材，要填补教材内容并转化为面向学生的表述）。

1. 提供一个现成的“观点”（材料），想办法（由教材完成）引导学生认同，并按这一“观点”去读《项链》。

2. 提供第二种现成的“观点”（材料），也想办法（由教材完成）引导学生认同，让学生“痛感”第一次读“错”了，并按第二种“观点”再读《项链》。

3. 再提供第三种现成的“观点”，造成学生困惑，师生共同按第三种“观点”再读《项链》。

4. 讲解“小说人物与主题的关系”。如有需要，讲解“小说主题的复杂性和丰富性”。

5. 再提供其他可能的观点，或引发学生提出其他可能的观点，并尝试按这些“观点”来阅读文本，“体会小说主题的复杂性和丰富性”。

6. 延伸性讨论：（1）我们过去读小说事实上是按什么“观点”在读的？（引导学生反思自己过去对小说“主题”的观念）（2）在一次阅读中，我们是不是能感受到各种“观点”？（引导学生反思自己阅读的经验）（3）对于各种“观点”，我们是否都要认可？（引导学生理解观点的多样性与小说主题的多元性之间的关系）

7. 指导学生从“主题复杂性和丰富性”的视角，重读以前读过的小说。

“教学化”要做的第二件事情，是完成一个大单位的设计，也就是将一堂课几个点的教学连贯起来。比如某套教材在《我的叔叔于勒》这篇选文后面编有以下四道题。

1. 熟读课文。用第一人称讲述菲利普夫妇在意外遇到于勒时各自的言行神态，探讨他们对于勒的态度发生变化的主要原因是什么，你对菲利普夫妇的做法有什么评价。

2. 试根据下面的提示，从多种角度，梳理一下课文的情节结构。（提示略）

3. 和同学讨论一下，保留或删去原文中有的一个开头和一个结尾（材料略），表达效果会有什么不同？

4. 想象一下，菲利普夫妇在船上发现一位百万富翁像于勒，他们会怎样？试写200字左右的短文。

这四道题同样存在“课程内容教材化”方面的问题，这里姑且不论。假如这四道题在“教什么”上是确定的，也补充了“用什么去教”，对“教学化”也分别进行了方案设计，那么在预设的课时里，如何连贯这四个点的教学，教材也需要体现出通盘的规划，而不能像现在这样全靠教师去“创设”。

“课程内容教材化”要由教师“生产”，“教材内容教学化”要靠教师“创设”，我们的语文教材乃是“选文的集锦”。名副其实的语文教材，尚需努力建设。

四、语文教学内容急需学理审议

“选文集锦”，意味着本来是教学专家的语文教师，现在被要求同时还要充任语文课程专家和语文教材专家。这造成了语文教学内容的种种复杂情况，也给语文教师带来了莫大的负担。

语文教师服务于具体情境中的具体学生，所关注的本来应该是学生在现场的学习情况，并提供切实的指导和帮助。所谓“备课”，按道理讲，主要是“备学生”。当然，语文教师要参与课程，要大张旗鼓地动用教材的选用权，他也有“备教材”的任务，在必要时对课程内容也要有所创生。在理想的情况下，“备学生”和“备教材”是统一的，正是在“备学生”的过程中完成了“备教材”——教师根据学生的具体情况，将课程专家提供的“一般应该教什么”转化为“实际上需要教什么”，将教材专家建议的“通常可以用什么去教”转化为“实际上最好用什么去教”。**关注与学生实际的契合**，这是“语文教学内容”的本来含义。

但是，“选文集锦”式的教材，使“备”教材在很大程度上变成了“编”教材，“参与”课程在很大程度上变成了“研制”课程。这样，语文教师的备课重心就被迫从“备学生”扭转到“备教材”乃至“备选文”；语文教学内容从“实际上需要教什么”“实际上最好用什么去教”

的“关注”被迫退回到“一般应该教什么”“通常可以用什么去教”的“生产”。

只要看一看普通语文教师是如何备课的，就会知道上面所说的是怎么一回事。我们语文教师备课的主要精力花在以下几个方面。

（1）按教参所提供的结论去“理解”选文。

（2）“揣摩”教材编撰者的“意图”（即“思考和练习”题）。

（3）“想出”具体的“教学内容”。

也就是说，教师的精力主要花在“教什么”的内容“生产”上。光顾着“备教材”这一头，语文教师就已经应付不暇，因为“备课”所做的工作，类似于编制语文教材、研制课程内容。语文教学内容与学生实际的契合，在语文教材名存实亡的情况下，在专业化建设刚刚起步的现在，对广大教师来说，是一个近乎奢侈的要求。

而语文教师在“备课”中苦思冥想出来的“教学内容”，正如我们在本书中一直述说的，存在着很大的问题，甚至普遍存在着严重的失误。用王尚文先生的话说，就是：“语文教学的弊病，我以为病象虽在‘教学’，而病根却往往是在‘语文’，‘语文’缺乏一定的根底，‘教学’往往会越研究越糊涂，甚至还不如不研究好。”[①]

王先生是从语文教师的“素质”着眼来说这段话的，按照我的看法，恐怕要将着眼点转移到语文课程与教学内容的建设上来。

在目前的艰难处境中，我们认为，一个负责任的语文教师应该坚持以下两个立场。

第一，语文教师对因别人玩忽职守而造成自己被迫越俎代庖的状况，理应表示出正当的愤慨。我们教的是“语文课程”，理应要求课程

① 王尚文. 语感论 [M]. 上海：上海教育出版社，2000: 415.

专家提供这样的课程；语文教材是一种特殊的商品，理应要求其符合我们教学的需要。也就是说，语文教师们应该形成一股强大的压力，促成语文课程内容的建设，促使语文教材的改革——对明显不能派用场的语文教材忍气吞声，这样的时代理应让它早日结束。

第二，既然已经越俎代庖，既然现在还不能不越俎代庖，那么对自己持之以“庖”的要求，就应该自觉而严格。也就是说，语文教师对在备课中所“生产”的“一般应该教什么”“通常可以用什么去教”，要能自觉地反思。“教”的是“什么”？“教”的那个“什么”正确吗？“用什么去教”的？“用”那个“什么去教”对路吗？在语文课程内容研制缺失、语文教材名存实亡的情况下，语文教学研究的导向，应该是自觉地对所生产的教学内容正确与否、对路与否进行学理的审议。

大量的事实表明，语文教师所生产的“教学内容”，在“教什么”正确与否和“用什么去教”是否对路这两方面，都存在着严重的问题。同样，大量的事实证明，许多语文教师对教学内容上存在的种种严重问题缺乏反思，有的甚至对“教什么”的正确与否、对“用什么去教”的对路与否缺乏自觉。这种状况急需改变。

第七章／直面“语文教学内容”的问题

一、“语文教学内容”是个什么问题

语文教育研究，有一些旁人看起来很奇怪的论题，比如：“语文的性质是什么？”“语文是什么？”“语文课究竟是干什么的？”“不能把语文课上成政治课！”“不能把语文课上成文学课！”“要把语文课上成语文课！”“语文课要上出语文味！”

语文教师有一个郁积于心而旁人却几乎没法理解的困惑：不知道教什么！正如一位语文教师所感叹的：“‘语文教师太难当’，这是不少教师的呼声。难在哪里？一是无‘抓手’。低年级还好，因为有识字教学、写字教学，到高年级尤其是现代文阅读和作文，就大多数教师而言，除作者介绍、写作背景、字词解释、段落划分、归纳大意、写作方法之外，几乎无从下手，抱着一本《教参》打天下。”“无抓手”，也就是不知道教什么。语文教师的专业工作似乎很无奈：备课的时候，不知道要教什么；上课之后，不知道教了什么；做了很多努力，有人评课“等于什么也没教”，被人指责“教的不是语文”。

语文课有一种折磨人的现象：学生多学两节课不见收获，少学两节课没感觉到损失；多学两个星期收获没见着，少学两个星期，损失没感觉到；多学两个月收获不怎么明显，少学两个月损失不怎么严重；多学两个学期未见明显收获，少学两个学期，不觉损失严重。“凡是语文好的学生，都不承认是语文老师教出来的。”而对于语文不好或不那么好的学生，又几乎没有语文老师敢说他教得好。这种现象，是很难做出解释的，除非承认语文课本来就没教什么、没学什么。

一方面，不知道“是什么”，不知道“干什么”，不知道该教什么，不知道教了什么，不知道有没有教，不知道是不是学了。

另一方面，又似乎教什么都可以，都无所谓，都会有什么说道。“是什么”“干什么”，答案如烽火四起；紧备课，忙上课，语文教师分秒必争，忙得吁吁气喘；高调讲，反复练，教师和学生精疲力竭，又使旁人目瞪口呆。曾经听一位高中语文老师讲经验，他认为语文高考复习“决战于第一、二题”，意思是说，语文高考能拉分的题、语文复习“有把握”的点，就是拼音和成语！于是日日练，周周练，月月练。一次开会，遇到语言学专家王宁教授，聊天儿时王宁教授讲了自己刚经历的遭遇：读小学的外孙女作业太多，实在不忍心就帮着她做语文作业。“小学语文总还是有点儿把握的”，“我真的很认真地做了”，王宁教授说。结果，做完了，外孙女拿过作业册，静静地看了一会儿，自言自语地说：“我还要再去买一本（作业册）。”意思是说，语言学专家真的靠不住，做得全不对（与老师讲的不一样），她要再买一本新的，自己重做！

显然，“语文教学内容”出了问题。

“教学内容”是所有学科的立身之本，合宜的教学内容是有效课堂的首要特质。从这个意义上讲，所有学科都面临着“教学内容”的问题。然而，其他学科本来就有教学内容，有本学科共识的教学内容，有本学科各学段确定的教学内容，有专家和教师公认的正确的教学内容。其他学科教师所面临的，主要是教学内容的选择，是如何根据学生的学情来选择合宜的教学内容。

合宜的教学内容，必须是正确的教学内容；正确的教学内容，建立在教学内容确定性的基础上；而这一切的前提，是要有公认的教学内容，是必须有教学内容。语文教学呢？“语文教学内容”的问题，主要是“有没有”“是不是”的问题：有教学内容吗？是共识的“语文教学内容”吗？各学段有确定的“语文教学内容”吗？是专家和教师公认的正确的教学内容吗？

二、“语文教学内容”何以成为问题

可以罗列出很多原因，有历史的，有现实的，有客观的，有人为的。从课程与教学的角度来看，下面三个原因，是当前尤其要清醒认识的。

（一）“语文课程内容”骤变为“语文教学内容”

作为一门国家课程，语文课程在不同的学段“教什么”“学什么”，本应该在国家语文课程标准中有合理的规划、明确的规定。依据这些规划和规定所编撰的语文教科书，则对“教什么”“学什么”加以具体而多样的呈现，以供语文教师作为教学的依据，作为教学创造的蓝本。

问题是，我们几乎没有这样的规划和规定，也几乎没有可足以支撑教学的语文教科书。为什么会这样呢？这既有认识上的原因，也有能力欠缺的原因。

我们的语文课程标准，从总体上看，属于“能力标准”，或者叫“素养标准”。它仅指示，而且往往还是颇为含混地指示学生在某个学段中应该具有的语文素养或语文能力；而对“如何具有”，即要使学生具有这样的语文素养或语文能力应该“教什么”“学什么”，却没有清晰地表达。换言之，它缺失“内容标准”。

“内容标准”缺失，导致语文课程内容很容易变成一个可以随便放什么东西的空篮筐。从理论上讲，这为教师的创造提供了广阔的空间，而实际上则是把选择与确定“教什么”“学什么”的责任转嫁给了一线语文教师。

语文课程内容，大体有三个方面：（1）构成文化、文学素养的经典文本，我们叫“定篇”。（2）构成阅读、写作等语文能力的态度、概念、技能、策略，即广义知识观所界定的“语文知识”。（3）某一学段所经历的某种样式的语文活动，如小课题研究、公开演讲等，我们统谓之“经历”。某一学段应该教哪些“定篇”，学什么“知识”，具有怎样的“经历”？对此，我们目前的语文课程标准并无确切的回答，有人甚至认为不宜回答；我们的语文教科书通常也回答不出，或者以为回答了但答案却很难找到。

于是，语文课程内容的问题，骤变为“语文教学内容”的问题，一股脑儿挤压到语文教师的身上。语文教学“教什么”“学什么”，就不得不由语文教师来回答了。在语文课程标准研制者、语文教科书编制者“玩忽职守”般地甩手之后，语文教师被逼到了死角，无可逃避，而只能尽力求生——无论如何，语文教师必须完成一堂堂课，必须看起来是“胜任地”完成一堂堂课。

于是，“语文教学内容”的问题，在很大程度上就变成了这堂课要“教什么”的问题，在“阅读教学”占绝大多数课时的习俗里，突出地表现为这篇课文“教什么”。

这篇课文（教材的这个部分）“教什么”、这堂课“教什么”，所有学科教师都面临着这样的问题，即教学内容的选择与确定。然而，其他学科教师所做的主要工作，是在课程标准规定的基础上，在教科书的供给中加以选择；而语文教师所做的主要工作，与其说是“选择”，毋宁说是“生产”，在很大程度上是无中生有——因教材中“无”，而到教材之外去寻求乃至创造其“有”。

“语文教学内容”的问题，实质上是语文课程内容的问题。因此，“语文教学内容”问题的解决，归根结底要依赖于语文课程内容问题的解决，依赖于语文课程标准的改善、语文教科书的改进。

但是，在语文课程标准和教科书的改善、改进尚未实现，乃至见不着“善”或“进”的迹象之时，尽管处境艰难乃至严酷，语文教师终究不得不强忍着面对“语文教学内容”问题，无论你愿意或不愿意，无论你自觉与否。负责任的语文教育研究者，竭力为语文教师提供更多的专业支援，但“语文教学内容”的问题，很不幸，是实实在在每天都摆在语文教师面前的问题，在很大程度上只能靠语文教师自己去解答。

（二）“语文材料”顶替了“语文教学内容”

“语文教学内容”的问题，突出地表现为这篇课文“教什么”的问题。

我们的语文教科书，依然是“文选型”教科书。“文选型”语文教科书，主体是一篇篇选文，尽管目前的语文教科书有“单元”的编排，但“单元”的集成度很低，语文教学的习俗还是教一篇篇选文。

选文是“语文材料”，按语言学的说法称为“语料”。在语文教学中学习的“选文”或“语料”，至少有三种不同的情况：其一是需要了解的“选文”或“语料”（具有阅读过这些语文材料的“经历”），比如在教学中事实上被教师处理为“自读”（不纳入教学，让学生自己看一看，间或教师也会检查一下）的选文，以及作为教科书的延伸被归为“课外阅读”的那些语文材料。其二是我们称之为“定篇”的经典作品，即通常所说的“教课文”的那些课文，往往也是语文教师觉得“非讲不可”的篇目。其三是通常所说的“用课文来教”的那些课文，即我在选文的教学功能鉴别中所辨析出的“例文”“样本”“用件”，以及后来补充的“引子”“媒介”等。

不同的情况具有不同的教学目标，课文的教学功能各异，正是由于其教学目标各有专攻。我们重点来说后两种情况。

“定篇”的教学目标是“透彻地领会课文本身”，学习这些选文，不仅要让学生熟知“语料”，还要让学生透彻地领会它们的思想和艺术，理解和感受它们何以为经典、经典在何处的奥妙。即使是“教课文”，选文本身也不是“教学内容”的全部，学生对“语料”熟读能背并不意味着完成了“教课文”的任务。所谓“教课文”，重心其实是对作品的阐释。依据什么来阐释、做何种阐释、阐释什么，这就构成了“教学内容”。显然，“教学内容”是需要选择的，也必须选择。说“选择”，意味着有可选择的东西，有可去选的地方。这东西、这地方，就是“权威的阐释”，也就是学科专家们的阐释。阐释可能各有不同，会有好坏正误高下之别，于是还要“选择”。“选择”要有学理可据，好坏高下要有辨别的学术准则。《社戏》教什么？《祝福》教什么？杜甫的诗教什么？李清照的词教什么？这是有答案的，而且应该是确定的答案。

“例文”“样本”“用件”等，可以统归入“用课文来教”。“用课文来教”，意味着有要“教”的东西，显然不仅仅是熟知“语料”。这要“教”的东西，可以统归为“语文知识”——语言和言语的知识、文章和文学的知识、阅读和写作的知识。那么，教哪些“语文知识”？用这一篇课文教什么“语文知识”？这显然需要规划，需要确定。规划有好坏高下之别，确定必须有相应的理据，因而不同的答案需要加以辨别，而从中应该可以产生较优的答案。《项链》教什么？《哦，香雪》教什么？杂文教什么？新闻教什么？这是可以有较优答案的，可以有获得共识的较优答案。

一定要分清楚“语文材料”和“语文教学内容”这两个概念，“语文材料”是一堆文字所构成的篇章，“语文教学内容”是在这一堆文字、一个篇章中“教什么”“学什么”，或者利用这一堆文字、一个篇章来“教什么”“学什么”。这篇课文“教什么”，其实就是在“选文”或“语料”中学习什么，通过“选文”或“语料”学习什么的问题。

（三）“语文活动”遮蔽住“语文教学内容”

“语文教学内容”的问题，在写作、口语交际和语文综合性学习中，往往被混同于“语文活动”。

听说读写，是语文实践。但语文实践在语文教学中至少有两种性质：一种是“语文活动”，就是“读”了，“写”了，“说”了，“做”了。一种是“语文学习”，在“读”“写”“说”“做”中教师使学生学会了什么，通过“读”“写”“说”“做”学生从中学到了什么。

以写作为例，有些老师以为，让学生写了，学生写出来了，就是写作教学。“让学生写了”指的是过程——教师布置了写作的任务，学生用课上或课外的时间去完成这项写作任务。“学生写出来了”指的是结果或活动的产品，然后由教师对产品进行评定。不能说这不算“写作教学”——在完成任务中，或许有学生会获得某种启示；在教师的评定中，有时也会夹杂评点，或许有学生能从那些评点中受到切实的帮助。但这显然不是写作教学的全部，也不应该是写作教学的主要样式。“让学生写了”，“学生写出来了”，只是“语文活动”而已，充其量是带有自然学习性质的“语文学习”，或是模仿性的操练，或是放养式的逍遥，其成败全靠机缘，有无所获全赖学生自身的努力与悟性。

写作教学，其实是“写作过程”的教学。也就是让学生在写作活动中，学会如何去完成相应的写作活动。这就需要将任务分解，需要研究学生在写作中出现的问题和困难。针对这些问题和困难，选择和确定相应的写作知识、技能、策略，设计相匹配的写作活动。或者这样表述，设计潜藏着特定“语文教学内容”（写作知识）的、对所要培养的语文实践能力有直接促进作用的实践活动。关键不在于“写了”的活动，关键也不在于所写的产品，而在于之所以要做这次写的活动的理据，在于通过这次写的活动教了学生什么，学生学会了一些什么。

我在一篇文章中说，我国中小学语文教学中几乎没有写作教学。意思是说，我们只有写的活动，如一学期布置了 8 篇作文；我们只有对活动产品的评议，如一学期教师批改了 8 篇作文。但写作的过程呢？从教师布置作文任务到学生完成作文，这中间的一大段，本来应该是写作教学的主战场；解决这一过程中学生所遭遇的写作困难和问题，设计教学活动使学生获得相应的写作知识、技能、策略，本来应该是写作教学的主要内容。而中小学语文教学，几乎全盘放弃了这一战场，“写作过程”应该“教什么”“学什么”，或阙如，或偏移为“应试”的小花招。

一定要区分“语文活动”与“语文学习”。“活动”只是做了某一件事；“学习”也要通过“活动”，但它是一种学生习得新知识、新技能、新策略的活动，因此该“活动”才具有教学的价值。

三、该如何面对“语文教学内容”问题

“语文教学内容”问题，是语文教师每天都要面对的现实问题。但是，语文教学“教什么”“学什么”，一篇课文“教什么”“学什么”，通过一次活动“教什么”“学什么”，答案的获取似乎并不容易，甚至很不容易。

由于诸种因素乱麻般地纠结在一起，“语文教学内容”问题，几乎成了一个超级难题！

在诸种因素中，有客观的、教师个人难以左右的因素，比如语文课程标准的“内容标准”建设，确定性程度较高的语文教科书编撰，优质语文课程资源的供给，语文考试“考点”的清晰、信度和效度的提高等。但其中也有一些主观的、语文教师通过努力可以把握的因素。我们就后者来讨论。

（一）直面“语文教学内容”的问题

首先要清醒地认识到有一个“语文教学内容”的问题，要实事求是地承认“语文教学内容”存在问题，并努力去澄清、分析问题，力求获得妥善的解决。

请看一个案例：我和几位博士生曾与一所学校的语文组共同备课《清塘荷韵》，主要围绕“教什么”，即核心教学内容的选择。

备课伊始，老师们的见解似乎一致。我问：这篇课文教什么呢？大家异口同声，当然是“理解课文”。与许多语文教师相似，教研组老师也自觉不自觉地混淆了语文材料与“语文教学内容”。

我追问：“理解‘课文’的什么？”“‘理解’是什么意思？”因为“理解课文”的说法，隐含着这样一层意思：对这篇散文，似乎有一种老师认定的“正确的理解”，有一个学生必须达到的“理解的顶点”；似乎有一条老师设定的、抵达“正确理解”的通道。

于是老师们谈他们对课文的理解，也就是对课文的教学解读，包括对文本的理解，其中夹杂着对“教什么”和“怎么教”的考量。结果很有意思，老师们希望学生“理解”的“课文”，其实在老师们的心目中是一人一个样子的。师1依单元主题“人贵有精神”，将注意力聚焦在课文的前一部分，认为课文主要是讲（莲子的）顽强的生命力。师2是从写法的角度来谈，认为课文是情景交融，尤其是课文后一部分写徘徊、纳凉那两段，动静结合很美。师3基于自身的阅读体验，认为关键在“清”和“韵”的人生意境、“池花对影落”的哲理。师4是从作者出发，联系季羡林一生的曲折经历，认为这篇文章不但写荷花，而且“托物言志”，表达了季羡林对人生领悟的境界，聚焦点应该放在“季荷”这个称谓上。

在交流讨论中，老师们对自己的说法加以强调和补充，也提出了一些疑惑。比如“把握作者对荷的情感”“让学生体会作者的感悟”“最终（课文的结尾段）还是生命力”“从描写入手来感受清韵”“主要让学生感悟托物言志”“把握作者的情感变化”等。

看来，对“理解课文的什么”，不可能取得“正确的”答案。不但对“理解课文的什么”不能达成一致认识，就连“抵达对课文的理解的通道”，其多样性、复杂性，也实实在在地摆到了老师的跟前。“正确的”、往往被老师预设成“唯一正确的”通道，看来是虚妄的。

那么，凭什么要规定学生们“正确理解”呢？我们在教学生的时候，为什么要事先主观地规定一个理解所达到的“顶点”呢？

于是，我提出：能不能相信学生，从学生的理解与感受出发来设计这篇课文的教学？能不能像读散文那样来教文学作品，来教这篇散文？能不能像我们老师备课时所经历的那样，让学生也经历文学作品多元理解的阅读过程？

老师们似有感悟，备课组再行商议后，四位老师分别上了四堂（各两课时）《清塘荷韵》，其中两位全程录了像。到学期末，老师们写出了对这堂课的反思文章，其中《把课堂的精彩留给学生——〈清塘荷韵〉

学生活动教学课例》《尝试“以学生的提问”来组织课堂教学——〈清塘荷韵〉教学反思》《学生远比我们想象的要好——〈清塘荷韵〉教后感》发表在《语文学习》杂志上。

举这个案例，是想说明以下几点。

（1）语文教师在备课中，真实地面对“教什么”“学什么”的问题，尤其是面对一篇新课文时，往往不知所措。

（2）由于混淆了语文材料和“语文教学内容”，表面上相同的课题，比如《清塘荷韵》，教师们其实在教五花八门的内容。而确定所教所学内容大体的理路，是“我要教这些”——我能教什么就教什么，我愿教什么就教什么，我想教什么就教什么，甚至教与不教都无妨。

（3）“语文教学内容”的选择与确定，是有理据可依的。合宜的教学内容，来源于可靠的理据。不问理据、不讲理据的“我要教这些”，往往不对头，不正确。

（4）合宜的教学内容，是改善语文课堂教学的关键。而合宜的“语文教学内容”，比如《清塘荷韵》教什么，通过教师的努力，通过共同备课等教研活动，是可以获得的。

（二）审视自己的“学科教学知识”

“学科教学知识”，即教师关于具体的教学内容的知识，以及如何对特定的学生实施教学的策略、方法和评估学生学习成效的知识。“学科教学知识”是多种知识的聚合体，比如教师确定《七根火柴》的教学内容，就聚合着关于语文课程与教学、关于阅读教学、关于文学作品教学、关于小说教学、关于这篇小说的教学等种种清晰或含混的知识。

“学科教学知识”是教师的实践性知识，体现为“教什么”“学什么”“怎么教”“怎么学”的抉择。正是这样的聚合体，决定了教师对教学内容、教学方法的选择。从这个意义上说，改善语文课堂教学，关键是改善语文教师的“学科教学知识”。而改善的前提，是要对自己的

“学科教学知识”加以省察、审视。换言之，要对“我要教这些”“我要这样教”，“究竟在教什么”“究竟是怎样教的”，“为什么要教这些”“为什么这么教”加以省察和审视。

有些教师之所以有意无意地回避“语文教学内容”的问题，往往是因为采用了在教学实践中形成的“学科教学知识”来现成地应对。而这样现成的应对，由于缺乏省察和审议，很容易犯错误，以致接二连三重复犯同样的错误而不自知。“语文教学知识”的形成受教师文化的浸染，因而语文教师备课的套路具有很大的相似性。而这些备课套路，由于缺乏省察和审议，很容易犯错误，以致众多教师犯同样的错误而大家都不自知。

也举一个共同备课的例子。这次备的是《七根火柴》。教什么呢？与许多语文教师相似，教研组老师一开始也是备课套路的“想当然”反应：小说嘛，当然是教小说的三要素——人物、情节、环境。

用这样一种固定的、几乎僵化的模式对付所有的小说，合适吗？对头吗？

于是我们进行了讨论：《七根火柴》是一篇怎样的小说？是一篇什么体式的小说呢？它是一篇“革命现实主义”小说，通俗地说，就是“主题先行”的小说。就人物来说，很单薄，概念化。一位是牺牲的红军战士，在艰苦的环境——雪地里被冻死了，手里举着一本党证，里面有七根火柴。另外一位是受伤的卢进勇，掉队的战士，遇到这位牺牲的战士，很受感动，很受鼓舞，接过党证，拼命追赶，把这七根火柴交给党，交给前方的队伍。人物形象很单纯，情节很简单，好像都不需要教。有老师提出，那只有教“环境”了。老师所指的“环境”，主要还不是小说中的环境，即起着推动情节发展、丰富人物形象作用的“环境”，而是指红军长征爬雪山、过草地这个“背景”。理解课文，需要学生有相应的生活经验、百科知识，这当然很重要。但如果不能与教学内容实质性地挂起钩来，“背景”的介绍往往就会无的放矢——人物、情节、环境，哪个都套不上。教什么呢？

我上面说过，这是一篇“革命现实主义”小说，它的最主要的特质是主题，是主题的表现。“主题先行”的小说，核心的教学内容当然是主题，重心要放在引导学生深刻地感知和理解小说所宣扬的主题上。后来，备课组参考了于漪老师的一个课例和宁鸿彬老师的一个教学材料，将教学内容聚焦在“火”这个字上，以“火”为线索，让学生感受、理解《七根火柴》所宣扬的主题。

对这篇课文，有学生曾提出质疑：小说的细节不真实。牺牲的战士，叫“无名战士”，这个战士应该是能知道名字的——火柴珍藏在党证里，而根据生活经验可知，党证上应该写有姓名。从日常经验来看，这诚然是不错的。但从小说的角度，从“主题先行”小说的角度来看呢？作家给小说中的人物取个名字，太容易了。为什么不给他起名字，而呼之为“无名战士”呢？这就牵涉到了主题。小说中人物的命名，是有意味的；作家给人物取名，或不给取名，是有讲究的。《阿Q正传》中，鲁迅“一本正经”地考证，到底是“富贵”的“贵”呢，还是“桂花”的“桂”呢？搞不清了，姑且以音取之，称为“阿Q”吧。“Q”是什么？不就是清朝的男人吗？光个前脑，拖根长辫。“Q”与“鬼”谐音，鬼者，非人也。在《七根火柴》中，即使党证里有姓有名，这位牺牲的战士还是叫“无名战士”，因为他是千千万万红军烈士的代表。还有一位学生提出疑惑：“冻死的那位战士，手中有七根火柴。为什么不点燃一根，生个火堆，先救活自己，然后再把剩下的六根火柴交给前方的队伍呢？”“万一碰不上后续的战士，七根火柴就埋在雪堆里，那不是什么都没有了吗？”学生的这个疑惑，表面上看是因为缺少相应的背景知识，其实是因为不能理解这篇小说的主题。“主题先行”小说，正所谓“思想大于形象”，这篇小说正是要宣扬这样的思想：七根火柴，是党的财产。党的财产，任何人无权动用，哪怕你要牺牲了。如果以这两个问题来组织《七根火柴》的教学，我想一定会“出彩”的。

“文本解读”想当然，“学生学情”想当然，“教学内容”想当然，这是很普遍也很可怕的现象。说“想当然”可能不中听，有些老师似乎也能说出些道道来，但这些“道道”经不起询问，经不起推敲。经常听语文教师说：我也知道教这些不对头，但考试要考这些啊。语文考试要改善，考试命题的水准有待提高，但说这话的教师，我想很少有好好研究过考题的，甚至连认真看考题的耐心都没有，却自以为已经“看透”了。于是，发明了一些稀奇古怪的“知识”，好像考驾照，不是教学生扎扎实实地学本领，而是让学生盯住方向盘上画的一道线，车到了某一点，方向盘就转到那道线上，车到了某一弯，就把方向盘狠命转上三圈。

要对“我要教这些”“我要这样教”加以省察和审视，要对“究竟在教什么”“究竟是怎样教的”加以省察和审视，要对“为什么要教这些”“为什么这么教”加以省察和审视。舍此，语文教学内容的改善就无机缘，合宜的语文教学内容就不会有希望产生。

我经常对语文教师说，一篇课文教得不合适，甚至教错了，这并不可怕。再有学问的专家也会有出错的时候，错了可以改，知道错了就是进步。但是，对“教什么”“怎么教”，不能不问对错，不能不讲好坏，不能蒙在自己的鼓里不知道何者对、何者好，不能不去盘查对了何以对、错了何以错。

（三）利用靠得住的课程资源

审视“学科教学知识”，需要有比照物、参照点；选择合宜的教学内容，要利用靠得住的课程资源。

再举一个共同备课的例子。这次备的是柳永的《蝶恋花·伫倚危楼风细细》，在备课的时候，我提出：据我对课堂的观察，现在我们老师教“词”跟教“诗”差不多，而教“诗”往往又教得如同散文，一句句地解释诗句（语句）的意思。我提出：今天备课，能不能把柳永这首词教出一点儿词的味道、词的特色来？我的意思是，按照词这种体式，最需要读什么地方呢？老师们一听，觉得很对，是要教出词的味道来。但是，词的味道是什么呢？怎么才能教出词的味道呢？老师们手一摊，一脸茫然。

“语文教学内容”的确定性，即一篇课文教什么，“依据体式”“根据学情”，在很大程度上是可以确定的，而且是应该确定的。同一本语文教科书，执行同一个教学计划，面对学情类似的学生，不同的教师其“教学内容”应该大致趋同。于是就有老师不停地问：诗歌教什么呢？朦胧诗教什么呢？顾城的诗教什么呢？

这类问题的答案，其实不是靠语文教育研究者和语文教师“从头研究”的，他们往往也“研究”不到地方。要依赖一点儿外力，比如教《蝶恋花》，应该找一些词学专家的著作来看一看，比如夏承焘的、沈祖棻的、叶嘉莹的，看看研究词的人是怎么讲词的，讲词的什么地方；看看研究柳永词的人，是怎么讲柳永词的。备课组老师做了一些努力，上了几堂课。尽管教学效果未必很好，但是教学的这种努力方向，力求把词上出词的味道这样一个方向，是值得肯定的。

诗歌教什么？散文教什么？小说教什么？新闻教什么？这些问题答案的寻求要借助于相应的学科专家，要借助于靠得住的学术论著。知道哪些学科领域有哪些专家，有哪些靠得住的论著；知道有哪些优秀教师，上过哪些成功的课例：这是语文教师专业知识中很重要的组成部分。打个比方，正如不知道天下有哪宗哪派，不知道谁是高手、谁是草包，那在武林中是很难混出名堂来的。

有老师说，他们没时间读书。这诚然有不得已的缘故。但据我所知，语文教师在备课中，花了很多时间找“参考资料”，有网上的、期刊上的。问题是这些“参考资料”往往很不靠谱，结果是越“参考”越糟糕。怪味尝惯了，味觉麻木了，甚至丧失了辨别滋味的能力。

有一所学校共同备课，备的是《最后一片常春藤叶》，初始教案很有问题，比如课前活动：

1. 通过图书馆或网络了解欧·亨利创作的时代背景及其小说的

风格。

2. 通读课文。要求：第一遍，整理故事情节；第二遍，注意小说人物形象；第三遍，思考小说的思想内涵；最后，由学生通过三遍阅读，思考小说的独特风格，初步了解语言和结尾的特点。

3. 通过作者的其他短篇小说的比较阅读来加深对文章风格及其主旨的理解。

课前活动，也就是预习。且不说预习的量过大，也不说该预习未与课中活动发生实质性的关联，单说其预习题本身，就有很大的问题。首尾两题，应放在课后拓展，而无落点的课后拓展，其实是很少有学生去做的。第二题则明显不合适，没有人这样读小说："第一遍，整理故事情节；第二遍，注意小说人物形象；第三遍，思考小说的思想内涵。"这就是怪模怪样的"知识"。

课后活动也很荒唐："以贝尔曼为讲述人，把小说改编成一个自述式的通俗故事。"在这篇小说中，贝尔曼是绝对不可以作为"讲述人"的，他死得突然，不会有开口讲述的机会。

课中活动，也就是教学环节，几乎都不到位，比如核心的教学内容是：

反复朗读课文，品味欧·亨利小说的特点。

1. 分角色朗读，力求把握人物心理，读准人物说话的语气。进行评比，推荐朗诵好的小组进行示范性的朗诵，由老师读旁白。

2. 指导学生在反复朗读中品味"欧·亨利式的语言"的特点。

明确：采用幽默、风趣、俏皮、夸张、讽刺、比喻等奇特的语言艺术，渲染悲剧的喜剧色彩，让读者在俏皮的描写中醒悟内在庄严的思想感情，在生动活泼中给人启迪。

3. 指导学生在反复朗读中品味"欧·亨利式的结尾"的特点。

明确：短篇小说大师在文章情节结尾时突然让人物的心理情境发生

出人意料的变化，或使主人公的命运陡然逆转，出现意想不到的结果，但又在情理之中，符合生活实际，从而造成独特的艺术魅力。

我们进行了讨论，建议从以下两个方面进行改造。

（1）区分故事的结尾和小说的结尾，在对比中感受欧·亨利小说的结构艺术。

（2）这是一个残忍的故事：一个年轻的女画家病魔缠身，丧失了生的意念，最终被从死亡边缘拉回，却以另一个人的生命为代价。但是，我们却读出了“诗意的感觉”。从作者是怎样讲故事的来感受欧·亨利小说的叙述语言。

这是与该校语文组第一次共同备课，讨论进行得相当生涩。执笔该教案的老师坦言，自己“并没有动大脑筋”，只是为了完成组长布置的任务，从网上下载一些教案，整理修改而成。据这位老师说，网上的资料“都与这差不多”。

在备课中我发现两个问题：一是老师们近距离地“参考”“拿来”种种不靠谱的资源；一是对优质的资源，包括相应的学术论著、优秀教师的成功课例，却所知甚少。比如《最后一片常春藤叶》，我就是从孙绍振先生的一篇解读文章中获得启发的——“这是一篇充满诗意的小说”。而备课组老师，对孙绍振这三个字极为陌生，尽管孙先生近些年在语文教育的主要杂志上发表了数量可观的文章，陆续出版了《名作细读：微观分析个案研究》《孙绍振如是解读作品》《解读语文》（与钱理群、王富仁合著）等系列著作。

刘俐俐教授《中国现代经典短篇小说文本分析》《外国经典短篇小说文本分析》、钱理群先生《名作重读》，不知有多少语文教师知道，有多少语文教师读过？《听余映潮老师讲课》《听李镇西老师讲课》《听郑桂华老师讲课》等“名师课堂”系列，《李海林讲语文》《黄厚江讲语文》《褚树荣讲语文》等“名师讲语文”系列，不知有多少中学语文教师读过，读出了些什么？

这种现象不改变，语文教学内容的改善也无机缘，合宜的语文教学内容也不会有希望产生。不但是课程资源，就是语文教育的研究文章，也要阅读靠得住的。靠得住，是有迹象可循的：研究的问题，是真问题；研究的结论，来源于真实的资料，通过相匹配的方法；论述的逻辑，经得起学理的考察。

直面“语文教学内容”的问题，审视自己的“学科教学知识”，利用靠得住的课程资源，再假以时日，“语文教学内容”这一超级难题，终有化解的一天。

如果我们对“教什么”“学什么”有明智而清晰的回答，如果我们千千万万的语文课堂所教所学的是合宜的教学内容，语文教育研究者当其所任，语文教师们合奏凯旋之歌，语文教学功德无量，这美妙的境界，岂不可向往之？

第八章 / 中小学散文教学的问题及对策

一、背景：主导文类与解读理论阙如的困境

本节讨论中小学散文阅读教学的教学内容问题。在讨论之前，先介绍下述两个背景，以让大家了解中小学散文阅读教学所处的困境。

（一）散文是我国中小学阅读教学的主导文类

由于历史的机缘和人为的选择，我国中小学语文教学的主导文类，一直是散文。文言文自不必说，中小学语文教科书中的语体文，绝大部分是散文，或称为“文学性的散文”[①]。

---

① 语文教学界通行的文学性的散文，含义似乎比广义的散文窄，又比文学文类的散文宽，大致沿用1963年《全日制中学语文教学大纲》的界定，“包括故事、寓言、特写、传记、游记、杂文、说明文、议论文、科学小品等”。纳入说明文、议论文，看来主要是从文字的“生动性”着眼的，指“生动的说明文”“生动的议论文”，或者说，是“具有文学味”的说明文、议论文，比如有些社论、报告、演讲辞等。散文的概念需要不断廓清。在下文的论述中，散文的概念有所紧缩，我们排除了童话、寓言等虚构作品，也试图与实用性文章区别开来。

以人教版的义务教育课程标准实验教科书初中语文为例[①]：第一册语体文24课，诗歌5课，散文19课；第二册语体文24课，诗歌3课，小说2课，散文19课；第三册语体文20课，新闻报道1课，小说2课，散文17课；第四册语体文20课，小说1课，戏剧节选1课，散文18课。前四册语体文共88课，散文73课，计83%。第五、六册，语体文共8个单元，戏剧1个单元，诗歌、小说各2个单元，散文占3个单元。

中小学语文课，绝大部分课时用于阅读教学，语文教学的问题主要体现在阅读教学中。中小学阅读教学，所教的课文绝大多数是散文，阅读教学的问题自然聚焦在散文教学中。面对这种现状，妥善地解决散文教学中普遍存在的教学内容问题，无疑是改善语文课堂、提高语文教学效益的关键。

（二）散文解读的理论研究，长期以来几近阙如

解决散文教学中普遍存在的教学内容问题，关键是合理的文本解读。合理的文本解读，要基于文学理论和文章学的研究。

我国现当代文学理论，建筑在国外传输的基础上，与之大致相适应的文类，是小说、诗歌、戏剧。文章学研究在海峡两岸均有建树[②]，但能提供与文类相应的解读范式的，倒是从国外传输进来的广告、新闻、学

---

① 目前该教科书的篇目或有调整，本文依据的是2007年版。为方便起见，前四册以“课”为单位，后两册以“单元”为单位。1个“单元”一般是4—5课，1课一般是1篇课文，有时含2篇或以上。统计未必精确，如第一册《寓言四则》，其中两则是语体文，未计入。即使按通常意义上的散文，去掉童话等课文，也不影响对现状的判断。

② 如河南师范大学曾祥芹先生的文章学研究，台湾师范大学陈满铭先生的章法学研究。

术论文等实用性文章的研究。与小说、诗歌、戏剧，乃至广告、新闻、学术论文等实用性文章的研究相比，散文的研究，尤其是散文的文本解读理论，是远远地落伍了。

现当代散文研究，问津者向来较少。早年多是散文作家的经验谈或作品评论，如周作人、郁达夫等，这种情况一直延续到20世纪60年代，如杨朔、刘白羽等。以现当代散文研究为学问的开风气者是林非《中国现代散文史稿》，后来者也多沿治史的路径，如范培松《中国现代散文史》等。

中国散文理论话语的建构，“是从20世纪90年代末到新世纪才逐渐形成的”[①]。李晓虹《中国当代散文审美建构》、王兆胜《真诚与自由——20世纪中国散文精神》、陈剑晖《中国现当代散文的诗学建构》、蔡江珍《中国散文理论的现代性想象》、李林荣《嬗变的文体——社会历史景深中的中国现当代散文》等，是近年值得关注的论著。但诚如研究者所言：“从整体上看散文研究还处在文学研究滞后的位置，亦步亦趋地跟随小说与诗歌研究艰难前行。”[②]中小学散文教学可资参考的，除孙绍振“散文审美规范论”[③]等少量论述外，主要是孙绍振、钱理群、王富仁等在解读一些散文文本时所显现的解读方式。

一方面，散文是主导文类；一方面，散文理论研究缺位，散文解读理论几近阙如。这就是我国中小学散文阅读教学所处的困境。

---

① 陈剑晖. 新时期散文研究三十年 [EB/OL]. [2011－04－20]. http://bbs.tianya.cn/post-no16-199552-1.shtml.

② 王雪. 论新世纪散文研究发展趋向 [J]. 文艺评论，2009(5).

③ 孙绍振. 文学创作论 [M]. 福州：海峡文艺出版社，2007: 367－428.

二、铺垫：对散文阅读教学的几点认识

以下几点认识，作为我们分析当前散文阅读教学问题和研究对策的出发点。

1. 散文阅读教学，要建立学生与“这一篇”课文的链接。

阅读教学的“这一篇”课文，不仅是学习材料，而且是学习对象。建立学生与“这一篇”课文的链接，其实是阅读教学的通则。

阅读教学中所说的课文，与其他科目中所说的课文，有一个本质的差别。在其他科目，“课文”即教材的一章一节，“课文”仅是学习材料，而不是学习对象。地理课的学习对象，是地理现象及自然规律；数学课的学习对象，是数学的定理、定律；思想政治课的学习对象，是对人生和社会问题的认识；体育课的学习对象，是对健康的关怀和肢体运动的技能。这些科目教材中的“课文”，即论述学习对象的文字，是学习的一种材料、一种途径、一种媒介，而不是学习对象本身。换言之，教学目标不是记忆、感受、解释、运用这些表述学习对象的文字，而是借助于这些文字去记忆、感受、解释、运用它们所指称的学习对象，如地理现象及自然规律、对人生和社会问题的认识等。学生通过另一种教材、通过另一些文字、通过“课文”以外的另一些媒介、通过“活动”等另一些途径，也能够学到需要他们学的东西，有时还可能学得更好。

但缺了教科书中的课文，绝对上不成语文课。在语文课中，阅读教学的课文不仅是学习材料，而且是学习对象。《走一步，再走一步》《生命，生命》《心田上的百合花开》《安塞腰鼓》这些课文，都是独特的文本，是任何其他媒介如电影、图片、实物等不可替代的，是任何谈论“勇敢”“珍爱生命”“百合精神”“安塞气概”的其他文章不能置换的。学生对这一文本的阅读、理解、感受，包括对特定文字所传递的人文精神的感悟，对表达独特思想情感的语句中所显现的语文知识的理解，是通过任何其他途径，如戏剧化表演、主题讨论会、各种资料展示等所不能拥有的。

概言之，学生今天所面对的学习对象，是“这一篇”独特的文本；学生今天所面临的学习任务，是理解、感受“这一篇”所传递的作者的认知情感，是理解、感受“这一篇”中与作者的独特认知情感融为一体的语句章法、语文知识。

2. **散文阅读和教学，始终都在“这一篇”散文里。**

通常意义上的散文，具有两栖性：它既具有文章的特性，又体现着文学的特性。

具有文章的特性，主要指它的写实性。散文有“外在的言说对象”，即使没有《荷塘月色》《幽径悲剧》，清华园里的荷塘、北大校园幽径旁的古藤萝，也是真实地存在着或存在过的。

有外在的、可以指认的言说对象，这是散文与“纯文学”作品如诗歌、小说、戏剧的差别。诗歌、戏剧自不必说，看起来是“写实”的小说，其实是“虚构”的产物。有记者问莫言：“（您作品的外文版）翻译家们去高密，更希望了解什么？”莫言答：“大概都是被我小说中的描写忽悠了。吉田富夫去高密，想去看我小说中的磨坊、河流、高粱地等场景，但只看到一条干涸了的小河沟，根本没有我小说中那样的澎湃奔流的大河。他问我大河呢？我说，就是长江黄河啊！森林呢？我说在长白山。沙漠呢？我说在内蒙古。”[①] 其实，莫言的答语还是托词，小说中的磨坊、河流、高粱地，是小说家的语言所营造的世界。

散文体现着文学的特性，根由也在“语言所营造的世界”。散文不尚虚构。但散文的写实，也不是“客观的”写实，如同新闻通讯。散文叙写作者的所见、所闻，散文中呈现的是“这一位”作者极具个人特性的感官所过滤的人、事、景、物。散文对现象的阐释和问题的谈论，也不是“客观的”言说，如同论文报告。散文中谈论的所思，散文中表达

① 舒晋瑜. 莫言：文学走出去是一个缓慢的过程 [N]. 中华读书报，2010-08-25.

的所感，是“这一位”作者依其独特的境遇所生发的极具个人色彩的感触、思量。

换言之，《荷塘月色》中的荷塘，是朱自清眼中的荷塘，是朱自清心灵中独有的镜像，它是世界上任何人从未见过，也是平日的朱自清所未尝见过的荷塘；《幽径悲剧》中对古藤萝的喜爱、对古藤萝被毁的愤慨，是90岁高龄的季羡林极具个人化的情感和思绪。散文中的言说对象，是个人化的言说对象，它唯有作者的所见、所闻、所感，而所见、所闻、所感以及引发的所思，通过独出机杼的章法、个性化的表达方式、流露心扉的语句，落根在“这一篇”。

高度个人化的言说对象和言说方式，是文学性的散文与论文报告、新闻通讯等文章的差别所在。阅读论文报告、新闻通讯等，最终要指向文章的外面，指向客观的言说对象：它们所论述的道理，是否成立？所报道的事件，是否真如其所言？而成立与否、是否如实，有公认的判别依据；之所以写论文、发新闻，目的就在于要获得公认或成为公认。散文不祈求成为公认；阅读散文，也不是为了获取什么公认。作者之所以写散文，是要表现眼里的景和物、心中的人和事，是要与人分享一己之感、一己之思。我们阅读散文，是感受作者的所见所闻，体认作者的所感所思。

散文流露作者的心扉，读者以自己的心扉打量散文，阅读散文是心与心的碰撞、交感。阅读散文，自始至终都在“散文里”。外在于散文的客观的言说对象，不在散文阅读和散文教学的视野里，或者说，与外在的言说对象发生这样那样的关联，是在阅读之后才发生的事。

3. **散文阅读教学，实质是建立学生的已有经验与“这一篇”散文所传达的作者的独特经验的链接。**

建立学生与“这一篇”散文的链接，实质是建立学生的已有经验与“这一篇”散文所传达的作者的独特经验的链接。

学生的已有经验，笼统地说，包括“语文经验”和“人生经验”；作者在“这一篇”散文中所传达的独特经验，也可以分为“语文经验”

和“人生经验”这两个方面。

学生的经验，与作者所传达的经验不同。这种不同，不仅表现在阅读教学的起点上，也表现在阅读教学的终点上。换言之，学生不可能“具有”与作者等同的经验，无论是阅读之前、阅读之中还是阅读之后。不但是学生，任何人，包括语文教师也不可能“具有”与作者等同的经验。

“这一篇”散文所传达的，是作者的独特经验，《荷塘月色》是朱自清的“荷塘月色”，《幽径悲剧》是季羡林的“幽径悲剧”。也正因为经验之独特，正因为作者的经验与我们不同，我们才需要去读作品，才能够通过其散文感受、体验、分享我们在日常生活中所没有、所不可能有的人生经历和经验。

而作者的人生经验，融汇在他的语文经验里。作者的言语表达，那些个性化的语句章法所表现的，是丰富甚至复杂，细腻甚至细微的感官所触、心绪所至。散文的精妙处，阅读散文的动人处，在于细腻，在于丰富，唯有通过个性化的语句章法，我们才能感受、体认、分享它所传达的丰富而细腻的人生经验。

“文字就是思想。”[①] 朱自清曾说过一段至今仍发人深省的话：“只注重思想而忽略训练，所获得的思想必是浮光掠影。因为思想也就存在语汇、字句、篇章、声调里，中学生读书而只取思想，那便是将书中的话用他们自己原有的语汇等等重记下来，一定是相去很远的变形。这种变形必失去原来思想的精彩而只存其轮廓，没有什么用处。”[②]

---

①“文字里的思想是文学的实质。文学之所以佳胜，正在它们所含的思想。但思想非文字不存，所以可以说，文字就是思想。”朱自清. 文学的美 [M] // 蔡清富，孙可中，朱金顺. 朱自清选集：第三卷　论语文教育. 石家庄：河北教育出版社，1989: 434－435.

② 朱自清. 文心 · 序 [M] // 夏丏尊. 夏丏尊文集. 杭州：浙江人民出版社，1983: 172.　　叶至善，叶至美，叶至诚. 叶圣陶集：第十三卷 [M]. 南京：江苏教育出版社，1992: 504.

与“这一篇”散文所传达的作者的独特经验的链接，也就是引导学生往“作者的独特经验里”走，也就是往“这一篇”散文之语句章法所表达的丰富甚至复杂、细腻甚至细微处走。

三、问题：“两个向外跑”或“走到……之外”

当前的散文教学，似乎被散文的两栖性深深困扰而不得要领。看两个较有代表性的课例。

《安塞腰鼓》教学流程

一、教师播放《走西口》歌曲，出示“安塞之旅”课件，抒情导入，展示安塞风光图片。要学生谈论“你看到了什么”。（2 分钟）

二、学生大声自由朗读课文，教师出示课件“腰鼓风情”。（6 分钟）

三、指示学生按“好一个________安塞腰鼓！”谈论阅读的理解和感受。多名学生谈论，并朗读相应的语句。如“好一个狂野的安塞腰鼓！”，指读第 14 段、第 21 段、第 8—10 段的相关语句。最后归结为安塞人的“精神”，4 位学生依序分别说：“对生命的渴望”“把贫穷化为动力”“对家乡的热爱”“中华民族的精神”。（20 分钟）

四、教师播放打腰鼓场面的录像片段，要学生用“比喻句”记录“新的感受”。7 名学生发言，朗读各自的抒情作文片段，似乎师生都不在乎用了“比喻句”否，是新感受还是原有感受也无从辨析。（9 分钟）

五、出示作者照片，学生分角色表演采访。一生扮刘成章，两生扮打腰鼓的后生，几生扮采访记者。问：“你有没有亲自打腰鼓？”答：“亲自打，还是腰鼓队队长。”问：“能不能展示一下？”答“能”，并有备而来地表现了几招，听课师生鼓掌。扮刘成章者侃侃而谈（记录不下，现在也忘了说的是什么）。扮打鼓人也侃侃而谈（记录不下，现在也忘了说的是什么）。问：“你现在暂时到了济南，现在还愿意回贫穷的

家乡吗？”答：“回，一定回。”听课师生鼓掌。（9 分钟）

六、教师激情结束语：快乐而充实的旅程，希望带着……走好自己的人生旅程。（1 分钟）

《心田上的百合花开》教学流程

一、教师展示所带的一束百合花，抒情导入，出示课件。（2 分钟）

二、学生放声朗读课文，思索：“你喜欢百合花吗？为什么？”（4 分钟）

三、数名学生谈论，有概述课文的，有从某一点生发谈自己认识的。教师小结（未记下，现在也忘了说的是什么）。（6 分钟）

四、教师布置任务，出示“第一幕，山谷幽崖”，根据第 1 段，发挥想象，写出百合生长的环境；“第二幕，花开有声”，分角色演示文章第 2—3 段；“第三幕，芳香满径”，以百合的口吻，用第一人称叙述文章第 4—5 段内容。准备，推荐展示。（10 分钟）

五、6 组同学分别展示，如第一幕，一女生朗读自己写的描写语；一男生读文，一女生在黑板上画图。最后一组在音乐声中演示全文，教师抒情加入。（22 分钟）

六、学生全体起立，齐读“百合”语：“我们要全心全意默默地开花，以花来证明自己的存在。”教师激情结束语：希望带着……走好自己的人生旅程！（1 分钟）

上述两个课例，执教教师都比较优秀，备课都很用力，课例中也有一些体现课程改革新气象的很好的元素，比如教学内容聚焦，比如组织学生“学的活动”。但也正是这些好的元素，使得中小学散文阅读教学长期存在的问题更加凸显，更为扎眼。

1. **从散文里的“个人化的言说对象”，跑到“外在的言说对象”上，**这实际上是把课文作为跳板，径直跳到言说对象上，试图建立学生与“外在的言说对象”的链接。

所隐含的认识逻辑，构成以下等式。

作者的言语表达（语句）= 所指（作者的所见所闻，即所描述的人、事、景、物）= 外在的言说对象（即客观存在的人、事、景、物）

上述两个课例的教学操作程序，大致是两个阶段。

第一个阶段，**由文字径直跳到言说对象上。**

（1）学生初读课文之后，教师或提供支架，或通过提问，让学生找到课文中描述人、事、景、物的相关语句。（如：“好一个________安塞腰鼓！”“你喜欢百合花吗？为什么？”）

（2）学生们通过这些语句，了解言说对象，即所描述的人、事、景、物（如“好一个狂野的安塞腰鼓！”，指读第14段、第21段、第8—10段的相关语句）。教学的表现，是学生在课文里随意地找东西。由章法统贯的言语，变成了散乱语句的杂货铺，学生从中随意截取，并把截取到的语句作为跳板，随兴谈论他们的印象、感念、联想、评判，以及由这一跳板所奔腾出的其他思绪。

第二个阶段，**从“个人化的言说对象”，向外跑到“外在的言说对象”上。**

（3）往往借助于其他资源，比如百合的实物、打腰鼓的影片等，师生在不知不觉中从课文中“个人化的言说对象”，那些作者主观化了的人、事、景、物，向外跑到“外在的言说对象”上。

（4）接下来的教学活动，基本上是围绕“外在的言说对象”展开的，与课文若即若离。学生所面对的“这一篇”课文，变成了一堆谈论“外在的言说对象”的文字。这有种种情形，比较典型的情况是：师生或凭借课文中的某些语句，或由某些语句引发，谈论“外在的言说对象”。有时还要延展到其他“外在的言说对象”，比如由百合花延展到荷花、由打腰鼓延展到奥运场面等。上述第二个课例的主要教学活动，则是组织学生用多种方式演绎课文的内容，实际上是师生共演“深山里的百合花”的故事。

2. 从散文里的“独特的情感认知”，跑到概念化、抽象化的“思

想”“精神”上，这实际上是把作者的情感认知腾空并黏附到“外在的言说对象”上，企图让学生“具有”“外在的言说对象”的“思想”“精神”。

其所隐含的认识逻辑，构成以下等式。

作者的言语表达（语句）= 所指（作者的所思所感，即作者的抒情和议论）= 概念化、抽象化的思想、精神 =“外在的言说对象”本身所具有的 = 学生应该具有的

其操作理路也是两个阶段。

第一个阶段，**把作者“独特的情感认知”，抽象化、概念化并黏附到言说对象上。**

（1）找到课文中抒情、议论等语句，即作者所明言的情感认知。

（2）把作者“独特的情感认知”抽象化、概念化，提纯或上升为可以用来谈论的“思想”“精神”，比如“高洁”思想、“奋发”精神。

（3）把概念化、抽象化的“思想”“精神”黏附在言说对象上，继而黏附到“外在的言说对象”上，似乎这些“思想”“精神”是事物本身所具有的，比如百合花的“高洁”思想、安塞腰鼓的“奋发”精神。

第二个阶段，**不断渲染与强化被腾空的“思想”“精神”，并企图让学生“具有”。**

（4）再进一步挖掘或延伸言说对象的特质，形成一些口号式的标语，比如安塞人“对生命的渴望”“把贫穷化为动力”“对家乡的热爱”“中华民族的精神”等，并通过教师抒情化的语言、多媒体等不断渲染与强化被腾空的“思想”“精神”。教学的表现，是教师在课堂上额外地讲东西。或教师抒情化地讲述由此生发的感想、感触、感叹；或指示学生讲，讲一些似乎是教师愿意听的大话。

（5）理所当然地认为学生应该具有与作者等同的情感认知，实际上是不断腾空的“思想”“精神”。一般体现为教师最后的激情结束语，或表现为课结束前让学生谈“学习这篇课文的收获”。比如学了《安塞腰鼓》，“希望同学们带着安塞的精神走好自己的人生旅途”；学了《走一步，再走一步》，同学们谈“不惧怕任何困难”“任何困难都能克服”等“思想收获”。

3. 跑到“外在的言说对象”上，即“走到课文之外”；跑到概念化、抽象化的“思想”“精神”上，即“走到作者之外”。两个“走到……之外”，实际上是丢弃语文经验，抽空人生经验。

“走到课文之外”，也就是走到了“语文”之外，正所谓“把语文上成了非语文”。因为抛弃了作者的“语文经验”——把作者的言语表达当作跳板，或者仅仅关注其“所指”，而漠视其独抒心机的章法、个性化的表达方式、流露心扉的语句；或者把章法、表达方式、语句与“个人化的言说对象”“独特的认知情感”分割开，而演变为语言表达的所谓“知识”“技巧”。[①]

而抛弃了作者的“语文经验”，实际上也就远离了作者通过独抒心机的章法、个性化的表达方式、流露心扉的语句所表现的“人生经验”，势必“走到作者之外”。

“走到作者之外”，则意味着走到“人文”之外——把作者细腻、复杂的“人生经验”剥离为概念化、抽象化的“思想”“精神”，往往导致空洞地谈论，往往导致教师及被教师牵引的学生在课堂上说些“不是人话”的话，比如“不惧怕任何困难”“任何困难都能克服”等，因而也是“把人文上成了非人文”。

学生在课文中散乱地找东西，教师在课堂上额外地讲东西，“向外跑”或“走到……之外”，既跑出了“语文”，也跑出了“人文”，这种现象在当前的语文教学中大量地存在着。不但散文阅读教学如此，而且殃及小说、诗歌、戏剧教学，并延伸到写作和口语交际等教学。

---

① 在教学中往往有一个孤立的“品味语言”环节，实际上是把“个性化的语句章法”，仅仅当作“学生写作时可借用的”表达技巧。

四、对策：阻截、分流与正面应对

中小学散文教学被当作问题正式提出，是在 2006 年。是年，《语文学习》杂志连续发表了一系列讨论散文教学的研究文章和案例。可惜这一波响应者寥寥。

聚焦散文教学问题，2009 年掀起了第二波。标志是两个“论坛”的创立：1. 由上海师范大学、香港教育学院、台湾师范大学等发起的“语文教学圆桌论坛”，主题是“散文的文本解读与教学设计”，迄今已举办三届。2. 由江苏、浙江、安徽、上海四省市联合举办的“长三角语文教育论坛”，主题是“语文教学内容的确定性”，由于散文主导文类的现状，自然要聚焦到散文教学内容的确定上——2011 年召开的第四届，论题明确为“散文教学内容的确定”。这一波引起了广泛的关注，并正在往纵深方向发展。

综合目前的研究和实践探索，解决散文教学的问题，有以下三个对策。

（一）阻截

阻截：限制散文，促使语文课程教材中语体散文的比例大大下降。

首先在课程与教材层面谋求解决。以散文为主导文类，发端于语体文进入语文教材之际，在中国内地定型于 1963 年[①]，这是由历史的机缘造成的，是受制于当时可选文本的现实条件而不得已的选择。随着可选文本的条件大大改观，以及语文教育研究的觉醒，中小学语文教学以散

① 1963 年全日制中小学语文教学大纲以国家文件的名义，将“课文以散文为主”，“散文可占课文总数的 80% 左右”明确规定并落实在统编的语文教材中。

文为主导文类的现状，到了该改变的时候了，事实上也开始改变了。

小学语文教学的实践走在前列，以儿童文学作品为主的整本书阅读，在许多地区和学校蓬勃开展，整本书阅读的课程化建设已经起步，以“整本书阅读”为主要形态的小学语文教学新格局已露端倪。在教材方面，以儿童文学为主导文类的读本、学本已领风气之先，如朱自强编著的《快乐语文读本》《经典儿童文学读本》《新理念语文读本》，王荣生、方卫平等主编的《新课标小学语文学本》。

高中语文课程改革把课程分为必修课和选修课。必修课只占 2.5 个学期，这势必要大大压缩课文的量，因而客观上限制了散文。人教版《普通高中课程标准实验教科书　语文（必修）》（2007 年版）共五册，计 20 个单元①，其中古诗文 8 个单元；12 个语体文单元（含混编）中，小说 2 个单元，诗歌、戏剧、论说文各 1 个单元，计 15 课，剔除混编单元中《林教头风雪山神庙》等 4 课，剩 11 课；传统意义上的“文学性的散文”压缩到了 7 个单元 21 课②。文学性的散文虽在 32 课语体文中仍占 66%，但绝对量无疑减少了。

选修课程占 3.5 个学期，《中国小说欣赏》《外国小说欣赏》《影视名作欣赏》《中外戏剧名作欣赏》《中外传记作品选读》《新闻阅读与实践》《演讲与辩论》等选修课程，大大扩展了其他文类在语文教学中的比重；《中国现代诗歌散文欣赏》《外国诗歌散文欣赏》，诗歌占据半壁江山，散文教学也与以往不可同日而语，势必要体现“选修”、凸显“欣赏”。

① 另外，每册中均有两本书的“名著导读”，这可以看成是高中语文课程纳入整本书阅读的先导。

② 含 1 个新闻通讯单元。这个单元里的《短新闻两篇》(《别了，“不列颠尼亚”》《奥斯维辛没有什么新闻》）之所以被归入散文，是因为在教科书和权威教参中，这两篇课文确实是按散文的读法来编排的，教学的重点是“体会文章独特的写法”“揣摩下面语句的内涵”“品味具有深刻含义的语句”等。

阻截是以退为进，但却是解决语文教学困境的根本办法。对传统的文学体裁四分法，有必要重新认识。“除去小说、诗歌、戏剧之外，都是散文”[①]，长期以来，人们把叶圣陶的这一说法理解为文学体裁的四分法，即小说、诗歌、戏剧、散文。这种理解看来不甚妥当。妥善的理解，似乎应该是小说、诗歌、戏剧 // 散文。如果这样，就构成了一个连续性的谱系：诗歌、小说、戏剧乃至电影剧本等为一大类，是纯文学；“文学性的散文”权作一大类，是杂文学；新闻、学术文章等则是另一大类，乃实用性文章。

这种分法，在学理上成立与否倒在其次，对语文课程与教学的好处，则显而易见。文学性的散文与纯文学、实用性文章，三足鼎立，要求我们按三大类作品的发展状况、阅读教学的现实功用和中小学生的学习必要，在语文课程与教材中重新布局。

（二）分流

分流：以读法为纲，细析小类，分化散文，把已经能明确解说的文类从文学性的散文中剔除而专门对待。

文学性的散文自成一大类，既不要把它混同于纯文学，也不要把它混同于实用性文章，这提示我们需要对文学性的散文做专门的研究，包括对文本的状况、解读的方式方法乃至适合中小学生的教学方法的研究。

文学性的散文、纯文学、实用性文章三分法，容易将传统上往往被包笼在散文里的有些文类区分出来，进而可以采用相对应的解读方式。

凡是对体裁和文体特征认识得比较清楚，已形成相应读法的，皆宜从散文中分化出来而专门对待，比如通讯、特写、报刊言论文章、传

① 叶圣陶. 关于散文写作 [M] // 俞元桂. 中国现代散文理论. 南宁：广西人民出版社，1984: 156.

记、回忆录、序言、演讲辞、科普小品、学术札记等[1]。

有些在体裁和文体特征方面有明确解说的，如散文诗、杂文、报告文学等，也宜按独立小类专门对待，至于在大类上如何处理，对语文教学不具有实质性的意义。

分流依然是以退为进，但却是目前最为可行的办法。在文学性的散文占课文绝大多数的既定条件下，对仍以教课文为主要形态的中小学阅读教学来说，关键是把文本解读的理论研究已经提供了相应的解读方法，因而我们能够教对或应该教对的，教对了。

以人教版普通高中课程标准实验教科书必修为例，传统意义上的文学性的散文 7 个单元，可以分流出去的有 5 个单元：第一册 1 个单元，**按新闻通讯教**（《短新闻两篇》等）；第二册 1 个单元，**按演讲辞教**（《就任北京大学校长之演说》等）；第三册 1 个单元，**按科普文章教**（《动物游戏之谜》等）；第四册 1 个单元，**按杂文杂感教**（《拿来主义》等）；第五册 1 个单元，**按实用文章教**（《咬文嚼字》等）。

这样，真正需要按散文对待而正面应对的，是剩余的 2 个单元，一共 6 篇课文：《记念刘和珍君》《小狗包弟》《记梁任公先生的一次演讲》《荷塘月色》《故都的秋》《囚绿记》。分流的结果，是分化了难题，也降低了问题解决的难度。

（三）正面应对

正面应对：关注散文文类的解读方式，强化文体意识，对不同体式

---

① 国外课程标准多以具体的文类体裁表述。如德国语文教学大纲 8 年级阅读的“语篇类型”：现代短篇小说、名人轶事、民间故事、小说、诗歌、戏剧、电影、广播剧、青年读物等。10 年级“说和写”要求学习批改的阅读文章如社论、短评、评论、读者来信、通讯报道、书评等。中外母语教材比较研究课题组. 中外母语课程标准译编 [M]. 南京：江苏教育出版社，2000: 444－449.

的散文做不同对待。

阻截、分流之后，尚余下的篇目[①]，便需正面应对。正面应对，目前的努力是从文类和文体两个方面着手，有以下三个关节点。

1. 关注散文的文类特征，形成与散文文类相匹配的解读方式，或散文解读的基本取向。

为了有效应对当前中小学散文教学的主要问题，我们提出了散文解读的基本取向：**散文教学要从“外”回到“里”，要建立学生与“这一篇”课文的链接，实质是建立学生的已有经验与“这一篇”散文所传达的作者的独特经验的链接。**

从“外”回到“里”，也就是从“外在的言说对象”回到“散文里”，从被抽象化的“精神、思想”，回到“作者的独特经验里”。已出现体现散文解读取向的探索课例，如李海林教授执教的《幽径悲剧》[②]。

2. 强化文体意识，根据文体特征分野小类，形成可依循的相应的解读理路。

正如有专家指出的：“散文文体研究的缺乏导致了20世纪90年代以来散文理论研究的弱势状态。散文并不是一种严格意义上的文体概念，它只是在文学实践过程中约定俗成的文类概念。失去了文体特征规范的散文，对其文类特征及其内部各亚文学样式的研究，应成为眼下散文理论研究的当务之急。”[③]

关于散文的小类分野，如孙绍振“审美散文”“审智散文”“审丑散文”[④]及解读范例，钱理群“说理的散文”“描写的散文”“纪实的散

---

① 照目前局势看，问题主要在初中和小学的中高段。人教版初中语文教科书分流后，留在散文中而需要正面应对的，仍有15个单元60篇左右课文。

② 李海林，王荣生. 散文教学要从“外”回到“里”[J]. 中学语文教学，2011(2).

③ 王景科. 谈散文理论研究之弱势现象[J]. 齐鲁学刊，2004(9).

④ 孙绍振. 文学创作论[M]. 福州：海峡文艺出版社，2007: 367-428.

文”“抒情的散文”[1]及解读范例，散文史研究和作家作品评论中所提炼的作家流派、风格等，均给我们提供了理论的资源。

3. 细化文体研究，揭示散文文本的最要紧处，努力形成可操作的具体解读方法。

关于散文文体的细化研究，目前只有一些个案，包括孙绍振等专家的文本解读范例、优秀语文教师的成功课例、“共同备课”等教研活动中出现的典型案例等。可操作的具体的解读方法，尚需从个案研究中寻觅、探测。

我们在“共同备课”及“课例研究”中，对《外婆的手纹》（李汉荣）、《合欢树》（史铁生）、《道士塔》（余秋雨）、《绝版的周庄》（王剑冰）、《背影》（朱自清）、《故都的秋》（郁达夫）、《风筝》（鲁迅）、《清塘荷韵》（季羡林）、《走一步，再走一步》（莫顿·亨特）、《藤野先生》（鲁迅）、《回忆鲁迅先生》（萧红）、《端午的鸭蛋》和《胡同文化》（汪曾祺）等，有较深入的探讨。比如，从叙事散文、回忆性散文、励志散文这三个角度解读《走一步，再走一步》，从回忆性散文、鲁迅的散文、《朝花夕拾》系列散文这三个角度解读《藤野先生》，都有一些深刻的收获。但与形成能较容易被一线教师把握、有较强可操作性、具体的解读方法，目前尚有距离。

散文文体的理论研究急需跟进。散文教学所处的困境，是中小学语文教师几乎日日都要遭遇的困境。为中小学语文教师提供散文解读的抓手和工具，是我们的愿景。在此，也呼吁文学、文章学、语言学专家伸出援助之手。如果多个学科的专家能协同作战，相信这困扰我国近百年的散文教学难关，终有被攻破的一天。

---

① 钱理群. 说什么“理”？如何“说理”？[M] // 钱理群，孙绍振，王富仁. 解读语文. 福州：福建人民出版社，2010: 241.

第九章 / 指导学生学习和运用语文知识
——包建新《长江三峡》课例研究

一、课例描述

《长江三峡》（节选自《长江三日》）是刘白羽的散文名篇，从 1960 年代起入选中学课本。“刘白羽先生的作品让一代人记住了三峡，很多游客是背诵着他的文章内容来这里游玩的。”① 对于《长江三日》的创作，晚年的刘白羽先生曾直抒胸臆：“《长江三日》的主题思想就是激流勇进。它表现的是激流勇进之美。”有人这样描述：“在国家遭受三年经济困难的严峻时刻，这位充满革命浪漫主义气质的艺术家，面对林寒涧肃、虎啸猿啼、泪沾青衫的三峡，激荡的诗情伴随共和国脉搏一起跳动。在他眼里，长江的汹涌澎湃、航程的艰难险阻、航船的激流勇进，无不闪耀着战斗激情和英雄光彩，化作同声相应、同气相求的呼唤：‘激流勇进’，‘曙光就在前面’。那是激励亿万人民奋勇前行的战斗号角。”②

对《长江三峡》这样一篇极具个人和时代特色的散文，通常的教学以“鉴赏者取向”为主并含混着多种取向，教学目标集中在两个方面：（1）学习本文抓住三峡的特点，描绘景物，抒发感情的写法。（2）了解三峡的壮丽景色，激发学生热爱祖国大好河山的感情。教学的逻辑是从课文中找到描写的语句并概括三峡的特点，比如“雄”“秀”“险”，然

① 这句话引自网络，作者不详。

② 这段材料引自网络，作者不详。

后分别讨论“写法”，比如描写顺序和方法，传说和诗句引用的作用，比喻、夸张、拟人等修辞手法的运用，最后跳空到“热爱祖国大好河山”的主题归纳。包建新老师认为，这么做“只是触及文本的皮毛，学生感触不到这一篇文章与其他文章的区别，感触不到刘白羽创作的特点和个性”[①]。于是，在对教学内容选择和反思的基础上，包老师上了一堂力求有所突破的《长江三峡》的课。

包老师是把《长江三峡》主要用作“例文”。课例整理如下。

一、讨论行文方式，理解“写法包含在写作对象的分析中”。

1. 默读课文，了解长江三峡是哪三峡。根据描写的文字，将三峡的特点分别概括为雄奇、俊秀、凶险，这样的概括是否恰当？（目的只是让学生熟悉课文的最基础的元素）

2. 作者随着“江津号”的行进变化写作对象，这样的行文用一个什么样的名称标示比较合适？

讨论结果：“船动对象变”——“人动对象变”“移步换景”。

3. 写游记描绘你看到的景象，不用“移步换景”来行文，有没有别的办法？

讨论结果：“移步换景”的行文方式是自然生成的方法。方法是由写作的对象决定的。

4. 参照“移步换景”这四个字，结合生活中对不同的对象的观察，你还可以推测出哪些行文的可能，并举例佐证。

讨论结果：“定步换景”——“定步定景”——“移时换景”。其实，写法包含在对写作对象的分析中。

二、以写瞿塘峡一段为例，讨论作者的描写特点。

① 包建新《窥探文本深处——〈长江三峡〉教学内容的选择及反思》，未刊稿。

1. 出示图片，观察一幅轮船在长江三峡行进的图片，假设你在轮船上，要描述长江三峡，你认为可以有哪些描述对象，或者说有几种可能的选择？

讨论结果：水、山、船、天空、相关的东西。

2. 阅读有关写瞿塘峡的文字，看作者选择了哪些方面来写。

讨论结果：作者选择的内容与我们想的一样。人与人的想法是相通的，我们与作家也是如此。

3. 作者写水和山用了哪些词句？它们与“雄奇”有什么联系？

讨论结果：这些词句都具有激越、高大的特点，与雄奇相称。

4. 长江是一道河流，山形成了长江的风格，写水、写山容易理解，但作者为什么写船、天空和有关诗歌呢？况且写天空用了大量的文字，这是不是有些多余？

学生急于表达观点，看来容易理解。概括起来说，写船主要是两处——“船如离弦之箭，稍差分厘，便会撞得个粉碎”“船从旋涡中冲过，只听得一片哗啦啦的水声”，表面上是写船，实际上是写江流的湍急，这是衬托手法。

天空是三峡的组成部分，天空瑰丽的景象与雄奇的瞿塘峡互为映衬，更增添了瞿塘峡的雄奇；天空是天刚亮一段时间的天空，变化万端，变幻的天空与“激流澎湃，涛如雷鸣，江面形成无数旋涡”的长江很谐调。

引用杜诗与歌谣使本文有了历史感；从内容上看，更表达了瞿塘峡雄奇的特点；更深一点儿看，长江养育了人民，孕育了长江文化，丰富了文章的内容。

三、画出本文的比喻句，并加以赏析。

1. 逐一画出课文中的比喻句。

2. 这些找出来的比喻，哪些是现成的、常见的？哪些是我们也容易想到的？哪些是我们不易想到、富有创意的？

现成的本体与喻体的对应有飞快的船——离弦之箭，涛声——雷鸣，绛紫色的山峰衬托着云雾——神话境界，巨崖倒影——墨，峭山——斧削。

富有创意的本体与喻体的对应有游览长江三峡——在一支雄伟而瑰丽的交响乐中飞翔，帆篷——透明的白色羽翼，深灰色石岩从高空直垂而下浸入江心——巨大的惊叹号，绿茸茸的草坂——充满幽情的乐曲。

其他基本上是容易想到的。

3. 除了我们不容易想到这一点外，为什么说这些比喻富有创意呢?

讨论结果：这些比喻富有创意，一是它们有新奇感，二是它们具有冲击力。

把“游览长江三峡”想象为“在一支雄伟而瑰丽的交响乐中飞翔”，三峡的壮美与作者的兴奋和热爱一下子扑面而来。

把阳光照射下的帆篷想象为“透明的白色羽翼”，秀丽的景象如在目前。

把“深灰色石岩从高空直垂而下浸入江心”想象为“巨大的惊叹号”，非常别致、亲切。

把“绿茸茸的草坂”想象为“充满幽情的乐曲”，给读者悠远的想象空间，浪漫、抒情。

4. 写瞿塘峡天空的文字十分优美，在这些比喻句中找出相关的喻体，看看作者的审美倾向有什么特点。

当学生把这些喻体集中起来时就发现，这些喻体大多跟宝物有关。由此可以看出作者的审美取向：宝物是“美”的替代品。（说法不一定恰当，但这是对比喻研究的一种思路，同学们可以继续分析其他喻体，看看会不会有新的发现）

5. 这些比喻与文章的总体内容有什么联系?

讨论归结：“在一支雄伟而瑰丽的交响乐中飞翔”是本文的核心所在，可以说是“文眼”。其他比喻都沿着作者对三峡特点的感受而生成，尤其是写巫峡、西陵峡的比喻。

比喻是作者镶嵌在文章中的珍珠，这些珍珠既独立地放出璀璨的光华，同时又推动着整篇文章气韵的流动。

二、讨论：关于“教什么”

包老师的《长江三峡》一课，力图在教学内容上有所突破，尽管这种突破的努力带着挣扎的苦痛状。从总体上看，这种努力表现在两个方面：一是对一些通常的教学内容予以消解，二是对一些通常较为随意提到的教学内容予以凸显，并试图“生产”一些新的教学内容。

（一）对一些通常的教学内容，予以消解

据我和同事的观察与研究，中学语文的散文教学，目前极少有教对内容的，往往是错得一塌糊涂，严重地违反了读与写的常识，严重地偏离了阅读教学的本意。

对散文的通常的教学，前面曾有介绍，具体到《长江三峡》，一般是这样教的[①]。

1. 用最快的速度阅读课文，了解文章大意。

2. 按“形散神不散”的偏狭知识，梳理课文的线索（主线），即按时间和空间的顺序辨析游记文的“游踪”——先写瞿塘峡，再写巫山，后写西陵峡。

3. 几乎不顾文学观察的主观性，像对待旅游手册那样，按课文次序分别列举各段中所写的东西——写了什么景物。比如“巫山”一段，分别写了“阳光”“云”“山”“几只木船”“帆篷”“白雾”。

4. 像对待旅游手册那样，按课文次序分别列举被写景物的特点（而

① 是根据网上的教学设计和我对中学语文课堂的了解仿制的。

不是作者的描写特点）。或者是抽取课文中的词语，往往是用平庸的语言“翻译”作品，比如“巫峡”这段：“云霞——壮观，山——俊秀，阳光与白云交织——神妙，木船与帆篷——很美，白雾——朦胧美。”或者穿插或者集中讲述描写的视角和顺序。

> 抬头望处，已是巫山。上面阳光垂照下来，下面浓雾滚涌上去，云蒸霞蔚，颇为壮观。刚从远处看到的那个笔直的山峰，就站在巫峡口上，山如斧削，俊秀婀娜。人们告诉我，这就是巫山十二峰的第一峰，它仿佛在招呼上游来的客人说：“你看，这就是巫山巫峡了。”“江津号”紧贴山脚，进入峡口。红彤彤的阳光恰在此时射进玻璃厅中，照在我的脸上。峡中，强烈的阳光与乳白色云雾交织一处，数步之隔，这边是阳光，那边是云雾，真是神妙莫测。几只木船从下游上来，帆篷给阳光照得像透明的白色羽翼，山峡却越来越狭，前面两山对峙，看去连一扇大门那么宽也没有，而门外，完全是白雾。

5. 依课文顺序分别概括各段景物的特点，比如瞿塘峡“雄”、巫山“秀”、西陵峡“险”。通常是只允许用一个词，而且只允许用这一个词（标准答案）。

6. 处理课文的其他部分，比如作者的联想、诗句的引用，着眼于表达手法的作用——用理性语言说明。或者当作“写作特点”一并处理。如，“文中，作者为什么要引用屈原、王昭君的传说，这有什么作用？”

7. 在列举时穿插，或单独拎出修辞手法。不知是第几百遍地介绍比喻、夸张、拟人等知识。

8. 往往要归纳课文的“写作特点”与“语言特色”——不同的课文，用差不多相同的概括词下判语。

9. 归纳课文的主题思想，谈论阅读时的“感想”。比如，“浩浩荡荡的长江，会引起你哪些联想，激发你什么样的情绪？为什么说三峡是美的？”

10. 或穿插或集中朗读“精美语段”，也许还要布置背诵（以备考试中默写）。

包老师这堂课大约有一半的工作，实际上是对通常教学的消解。

第一个环节“讨论行文方式”，理解“写法包含在写作对象的分析中”。

第二个环节的前半段：你会选择哪些对象来写？看作者选择了哪些方面来写？师生讨论所得出的结论是：“移步换景”的行文方式是自然生成的方法，作者选择的内容与我们想的一样。

这里应该隐含着这样一层意思：这些“知识”本来是不需要教的。或者借用刘大为的说法：这些“知识”不是学生构成语文能力的知识，而只是师生在课堂上用于交流“话语”的教学工具知识。①

其一，这些“知识”学生本来就具有。所谓“自然生成”，所谓“与我们想的一样”，意思就是“我们”是知道的，学生可能不知道的是“移步换景”“描写对象”这样的语文课堂“术语”而已——在课例中，学生曾用“船动对象变”“人动对象变”来表述。一个术语指什么，直接告知并在课堂上使用就是了，不需要费力乃至重复费力地去教去学。像这堂课，学生延伸知道了“定步换景”“定步定景”“移时换景”等说法，就可以了，以后没有必要特意将之作为教学内容来教。

其二，因为是“自然生成”，因为“与我们想的一样”，所以无论是在阅读还是写作中，学生对此均不发生困难或问题。游记文先写什么地方，再写什么地方，先写了什么景物，又写了什么景物，几乎一望可知，因而这些是不需要在语文课中特意教的，除非作者有意违背了这个“自然”，除非作者有意要与“我们想的”不一样。

---

① 刘大为. 语言知识、语言能力与语文教学 [M] // 李海林. 语文教育研究大系（1978—2005）：理论卷. 上海：上海教育出版社，2005: 69.

换句话说，游记文要教的，是看似与“自然生成”有距离的地方，是作者与“我们想的”不一样的地方。比如，作者为什么用大量的文字写“天空”，这或许要教，如果“我们”（学生）缺乏必要的背景知识，不知道云海、日出是三峡著名风景的话。作者为什么写船和有关诗歌呢？这是要教的，因为作者写这些已清楚地表达出，他想的“与我们”有大不一样的地方。而且，我们在下面的讨论中将揭示出“船”是解读这篇课文的关键。

当然，说作者“移步换景”之类的“游踪”，不需要作为教学内容特意去教，并不意味着在教学中不去碰“游踪”。散文表现作者的情感发展过程，而情感发展过程，与“游踪”以及在此地写了什么，是有直接联系的，常常还交互地影响着。“自然生成”的“游踪”是教学的起点，散文教学要走向作者的情感以及情感的发展变化过程。如果求全责备的话，由于事实上消解了“游踪”，作者情感发展这条线，在这堂课上被完全掩蔽了。《长江三峡》用“开阔—狭窄—开阔”的曲折旅程，诠释“战斗、航进、穿过黑夜走向黎明”的哲理，对这一点，经历这堂课的学生没有看见，恐怕以后也永远不能看见了。

（二）对一些通常较为随意提到的教学内容，予以凸显

这表现在两个方面：第一，把关注的意识从被写的景物转移到作者的描写；第二，把积极修辞观的比喻修辞格教学转变为对比喻的认知。

上述两个方面，实际上是把抒情散文教学中的阅读取向从“鉴赏者取向”扭转为“解读者取向”。

第一，把关注的意识从被写的景物转移到作者的描写。换言之，从像对待旅游手册那样，返回到了游记散文的阅读。这也意味着阅读的行为，从抽象概括返回到了具体言辞的体验，从言辞的“好词好句”欣赏返回到了言辞的意义和意味。这堂课的第二个环节相对比较成功：第一步是启动，悬想可能写到的景物。第二步是过渡，选“写瞿塘峡的文

字”，看作者选择了哪些方面来写。第三步是教学内容的落点——“作者写水和山用了哪些词句？它们与‘雄奇’有什么联系？”第四步是进一步夯实，讨论作者“与我们想的”不一样的地方——“写船、天空和有关诗歌”的文字。

这一环节的核心教学内容——包老师的提问方式，有两个亮点。

一是落点在作者所用的“词语”上。师生讨论，认为词语有“江随壁转”“雷霆万钧”“激流彭湃”“涛如雷鸣”“层峦叠嶂”；句子有“江面形成无数旋涡”“两面巨崖，倒影如墨；中间曲曲折折，却像有一条闪光的道路，上面荡着细碎的波光；近处山峦，则碧绿如翡翠”“有一高峰亭亭笔立于红雾之中”。

二是讨论这些词语与读这一段时的整体印象“雄奇”之间的交互关联。与通常的教学相比较，就能看出这里的不寻常之处。通常的教学，前面已经说过，是借“整体感知”之名满足于笼统印象，阅读理解的方向是从笼统印象中概括出整段的特点（被写景物的特点），比如“雄奇”。而对词语的讨论，是从另一条线路来的，是做“好词好句”的鉴赏。两条线路各行其道，相互割裂。而包老师的线路，是从整体印象返回到（实际上是交互）具体语句，以建立“雄奇”与具体语句的语意关联。这种线路才是散文阅读的正常状态。

第二，把积极修辞观的比喻修辞格教学转变为对比喻的认知。

这堂课引起我高度关注的，最先就是这一点。用几乎一整堂课的时间来教比喻，据我所知这是语文教学中第一次有人这么做。

我们知道，比喻是散文中老师认为最有“讲头”的地方，几乎每一篇散文，凡是有比喻，老师都要“讲”，几百遍地讲，每次都是在夹杂着二三十个教学内容的缝隙里，像一阵风吹过似的讲一两分钟。而老师的“讲头”，遵循的是修辞学研究早期的积极修辞观，基本的套路是：比喻，本体—喻体—比喻词—相似点，比如“帆篷给阳光照得像透明的白色羽翼”，相似点是“很美”，结论是“作者写得很生动”。

修辞学的发展，早已转向修辞的认知研究，所关注的不仅是其形象、具体、生动的表达功能，而主要是其传递意义和意味的认知功能，是其对人的认识和情感揭示与表达的深切、精微。把积极修辞观的比喻修辞格教学转变为对比喻的认知，包老师未必有理论高度的认识，但他用他的课这样做了，尽管做得有点儿生涩，其间也多有歧路。

这堂课的第三个环节“画出本文的比喻句，并加以赏析”，第一步是启动，学生逐一画出课文中的比喻句，做得很好。学生画出的，计有18处。

1. 这一天，我像在一支雄伟而瑰丽的交响乐中飞翔。

2. 天空上露出一片金色阳光，像横着一条金带。

3. 船如离弦之箭。

4. 涛如雷鸣。

5. 一注阳光像闪电样射在左边峭壁上。

6. 右面峰顶上一片白云像银片样发亮了。

7. 绛紫色的山峰衬托着这一团雾，真美极了，就像那深谷之中向上反射出红色宝石的闪光，令人仿佛进入了神话境界。

8. 两面巨崖，倒影如墨。

9. 近处山峦，则碧绿如翡翠。

10. 山如斧削。

11. 几只木船从下游上来，帆篷给阳光照得像透明的白色羽翼。

12. 有一细石耸立，如一人对江而望。

13. 如果说瞿塘峡像一道闸门，那么巫峡简直像江上一条迂回曲折的画廊。

14. 船随山势左一弯，右一转，每一曲，每一折，都向你展开一幅绝好的风景画。

15. 突然是深灰色石岩从高空直垂而下浸入江心，令人想到一个巨大的惊叹号；突然是绿茸茸的草坂，像一支充满幽情的乐曲。

16. 船只能缓缓行进，像一个在崇山峻岭之间慢步前行的旅人。

17. 船一下随着怒涛冲去。

18. 当我们驶下崆岭滩时，果然是一片乱石林立，我们简直不像在浩荡的长江上，而是在苍莽的丛林中找寻小径跋涉前进了。

第二步是解读的准备，从创新与否对画出的比喻加以归类。师生讨论的结果本来可以使这堂课走得更好，可惜教师的路向开始模糊了。

现成的本体与喻体的对应有飞快的船——离弦之箭，涛声——雷鸣，绛紫色的山峰衬托着云雾——神话境界，巨崖倒影——墨，峭山——斧削。

富有创意的本体与喻体的对应有游览长江三峡——在一支雄伟而瑰丽的交响乐中飞翔，帆篷——透明的白色羽翼，深灰色石岩从高空直垂而下浸入江心——巨大的惊叹号，绿茸茸的草坂——充满幽情的乐曲。

按认知的修辞学研究，比喻至少有两类：一类是外形的相像，叫“明喻”；一类是具有认知的探险性，叫“隐喻”。对照上述师生讨论的结果，“现成的本体与喻体”与“富有创意的本体与喻体”，大致对应“明喻”与“隐喻”。如果沿“隐喻”方向继续探索，对我国中小学语文教学来说，这堂课将具有“翻天覆地”的意义。

第三步落点是对的，但方向错了。讨论有创意的比喻，但立足点是积极修辞观，所以结论很平庸：“秀丽的景象如在目前”“非常别致、亲切”等。在基本结论里，“具有冲击力”本来有朝正确方向前行的可能，但老师没有深挖的意识和能力。

第四步是试图往认知方向回拨，但选点选得不好。正如这堂课的总结处所说的，“富有创意的比喻”主要在写巫峡、西陵峡这两段中。写瞿塘峡这段中，其实多是“现成的本体与喻体”，全部比喻如下。

天空上露出一片金色阳光，像横着一条金带。

船如离弦之箭。

涛如雷鸣。

一注阳光像闪电样射在左边峭壁上。

右面峰顶上一片白云像银片样发亮了。

绛紫色的山峰衬托着这一团雾，真美极了，就像那深谷之中向上反射出红色宝石的闪光，令人仿佛进入了神话境界。

两面巨崖，倒影如墨。

近处山峦，则碧绿如翡翠。

之所以选天空而不是山水，很可能是因为老师恰好“看到”了“金带”“银片”“红色宝石”。如果从学生画出的18处比喻句中挑出若干句来“看看作者的审美倾向有什么特点”，这堂课就会很精彩，也能顺利到达最后的总结。

第五步是总结，三条结论都没错，但没能形成聚焦点，而变成了三个分岔。第一条是根据认知得出的结论，由于第四步没能选对点，“在一支雄伟而瑰丽的交响乐中飞翔”是“文眼”的结论跳空了——通常的课也都会说到这一点的。第二条是整体印象——“比喻都沿着作者对三峡特点的感受而生成”，让人感觉“看看作者的审美倾向有什么特点”这项工作似乎没做过一样。第三条是从整篇文章来看的，由于从第二个步骤往下一直没走对，结论难免空泛，实际上这是学生在画全文中的比喻句时所形成的印象。

如果老师有“明喻”“隐喻”分野的知识，上述三个结论就会聚焦在一个核心上，总结性的条条杠杠也会变成体验性的。这部分本来应该这样教。

一、画出全部比喻。

二、按“现成”和“创新”归类。

三、抓住创新的比喻（多是隐喻），从认知功能角度讨论。

四、讨论其他比喻（多是明喻）的象形功能，相机讨论有些似乎是现成的比喻在语境中的认知功能。

五、总结。

如果这样的话，聚焦点应该会是“船”。

◎这一天，我像在一支雄伟而瑰丽的交响乐中飞翔。

◎船如离弦之箭。

◎几只木船从下游上来，帆篷给阳光照得像透明的白色羽翼。

◎船随山势左一弯，右一转，每一曲，每一折，都向你展开一幅绝好的风景画。

◎船只能缓缓行进，像一个在崇山峻岭之间慢步前行的旅人。

◎船一下随着怒涛冲去。

◎当我们驶下崆岭滩时，果然是一片乱石林立，我们简直不像在浩荡的长江上，而是在苍莽的丛林中找寻小径跋涉前进了。

如果聚焦点是“船”的话，“我像在一支雄伟而瑰丽的交响乐中飞翔”的“文眼”就会有着落，“交响乐”就能真正奏响，“交响乐”的含义就会得到彰显——这显然不是“舒伯特”，而是贝多芬的《英雄交响曲》。如果在学生心中奏响《英雄交响曲》的话，作者所表达的主题思想——“激流勇进”，“表现的激流勇进之美”，就会有着落。如果“激流勇进”有着落的话，《长江三峡》用“开阔—狭窄—开阔”的曲折旅程，诠释“战斗、航进、穿过黑夜走向黎明”的哲理，便会进入学生的视野——我们也由此找到了“游踪”之外另一条（也许是更为关键的一条）通向作者情感发展的路径。如果学生获得了“曲折旅程”视野的话，课文中琳琅满目的比喻，便会各有居所，“文眼”就能张开另一只眼，学生们就有可能发现交响乐变成了双部曲——“我像在一支雄伟而瑰丽的交响乐中飞翔”，不仅是作者在三峡航行的感受，也是三峡景物的特征。如果将交响乐演奏成双部曲，对于总结处所说的“比喻是作者镶嵌在文章中的珍珠，这些珍珠既独立地放出璀璨的光华，同时又推动着整篇文章气韵的流动”，学生就会有真切的体验。而接下来，刘白羽的人生经历和创作个性便会进入课堂，《长江三峡》的时代特性和风貌便会进入课堂，刘白羽《长江三峡》所产生的巨大影响便会有一个妥帖的解释，学生们由此便会理解经典何以是经典。

在中小学语文教学中，许多老师主观上是把课文当作例文来教的。把课文当作例文来教，关键是教语文知识，关键是教对头的知识、有用的知识。缺乏对头、有用的知识，教一堆无用乃至明显错误的知识，这是我国语文教学最大的问题。具体到散文教学，从小学到高中乃至大学，只有可怜的几个只能当作课堂交流话语用的所谓知识，比如“形散神不散”“移步换景”“情景交融”“寓情于景”“借景抒情”之类。很难设想，这几个术语包打天下的散文教学，会有什么成效。可喜的是，语文知识除旧纳新目前已成为语文教育界的共识，像包建新老师那样，一线语文教师正在尽自己的努力，用自己的课来积极地参与语文课程的建设，尽管他们的努力由于受素养等原因的限制，还有这样那样的问题和不足。

三、讨论：关于“怎么教”

（一）例文类型的课文怎么处理

例文是“语文知识”的例文。例文的教学目的和教学内容，是透彻地理解语文知识，例文是为学习和运用语文知识服务的，它给语文知识的学习添补进经验性的感知。例文类型的课文，不是教整篇的课文。将本来含有无限可能性的课文，限制在一个特定的侧面、特定的点，来作为特定语文知识的例子，这就是“例文”的实质。

包建新老师是把《长江三峡》当作例文来教的，总体上来说对课文处理得相当不错。但是，传统语文教学习俗的影响，还是较明显的。或者可以这样说，是在语文教学习俗的笼罩下的努力挣扎。

至少从 1963 年起（以 1963 年语文教学大纲为标志），我国中小学语文教学确立了一种“面面俱到”的阅读教学习俗，教学以“篇”为单位，“字词句篇、语修逻常”，内容、主题、写作特点、语言特色等，都挤在一篇课文里“教”（主要是老师“讲”）。“每课的教学重点，课文内容，字、词、句、篇知识，以至于写作方法，都可以充当，头绪纷繁，十分杂乱。”① 或者可以用“被动随文教学”来描述，也就是课文有什么，老师教什么；课文说什么，老师讲什么；风气要求什么，课堂里就可以有什么。什么都想放在一堂课里教，其结果往往是什么也没有教。前面我们仿制的《长江三峡》通常的教学，便是“面面俱到”法的应用。

例文的教学内容，要求集中、相对单一。也就是说，一堂课要聚焦在一两个语文知识上，让学生透彻地领会知识，在学习中运用，在运用中学习。具体到包老师的这堂课，核心的教学内容应该是一个，也就是关于比喻知识的教学，至多可有两个，比如再加上作者描写的特点——其实作者描写的特点可以整合进关于比喻知识的教学中。

也许是出于对“面面俱到”法权威性的顾虑，也许是因为对例文的把握尚有疑虑，虽然与通常的教学相比，教学内容的点数已有较大的收敛，但这堂课的实际教学内容还是过多、过于庞杂，在课文的处理上也有全面顾及的意图。

在做教学整理时，在第二个环节我删掉了一个步骤：师生讨论“杜诗与歌谣，增强了文章的表现效果，那么作者是如何得来的”，结论是典型的无厘头，有学生说是上网查的！

---

① 顾振彪. 人教版 1963 年初中、高中语文课本介绍 [M] // 张鸿苓，陈全明，张定远，等. 新中国中学语文教育大典. 北京：语文出版社，2001: 554.

由于我手头的资料是课后对教学设计的整理性文字，从中较难判断各环节和步骤所用的教学时间，如果每个环节或步骤所花费的时间多于三五分钟的话，“参照‘移步换景’四字，推测出其他行文的可能”这个步骤，应该剔除。

如果像我在前面改造的那样来进行，如果要使比喻的学习充分展开的话，那么，第一个环节可能要整个舍弃，第二个环节的前半部分也需简化。换句话说，“对一些通常的教学内容，予以消解”这一内容，不宜放在要学比喻的《长江三峡》一课里来教。或者把它放在别的课文里去教；或者这样的知识本来就不需要这么费周折来教——作为课堂交流话语的“知识”直接告知便可；或者这些知识本来就不需要教——“自然生成”“与我们想的一样”的知识要教吗？包老师这堂课之所以在这两个方面花大量时间，可能出于两个考虑：一是通过这样的环节或步骤，让学生熟悉课文；二是觉得自己好不容易认识到的“道理”太重要。也就是说，他很可能把这两个方面的教学，看成是跟其他老师的辩论。如果是这样，那么这两个方面的教学，在这堂课中就应该坚决割舍。

第二个环节中“作者写了什么和描写的特点”这一步骤，在这堂课中宜删除，应该将之合并进关于比喻的讨论——从学生提炼的词语来看，其中相当一部分就是后面又画到的比喻句。关于写船、天空和有关诗歌这一步骤，也应该划拨出去——“船”在比喻的讨论中将会遇到。也就是说，第二个环节，可能也要整个舍弃。

第三个环节中“从写天空的比喻看作者的‘审美倾向’”这一步骤，在讨论内容的时候已经说过，选点不对，应予以去除或改造；“为什么说这些比喻富有创意呢”这一步骤，前面也说过，方向不对，应予以改造。

换言之，如果重点是学习比喻，那么教学《长江三峡》这篇课文的关注点——所用的“例”，就是全文的比喻语句，借用包老师在总结里说的话，就是“作者镶嵌在文章中的珍珠”。也就是说，《长江三峡》这篇课文的教学，是对包老师那堂课中第三个环节的放大和改造。

（二）怎么才算教对了“语文知识”

一篇课文只关注比喻，一堂课或连续两堂课只围绕“镶嵌在文章中的珍珠”教学，行吗？老师们可能会有顾虑。那么，行或不行的依据是什么呢？

《长江三峡》作为一篇例文，教学时只关注其比喻语句，行不行？这实际上是在问：在散文教学中，应该教什么样的知识，应该如何来教知识？

散文教学中要教的知识，应该是这样的：这个知识对感受与理解这篇课文（例文）至关重要——如果具有这个知识，学生对这篇课文的感受就会丰厚，理解就会加深；如果学生不具有这个知识，学生看课文就会遗漏重要的内容，甚至丢失课文所表达的关键内涵。

“至关重要”，有两个意思。

第一，知识本身对头，有用。比如“游踪”，一般没有大用处；“定点换景”，对阅读可能没用，对写作也许有用——术语有助于写作意识的清晰。

第二，对这篇课文的解读来说，这个知识会起大作用——也正因为如此，这篇课文才是教这个知识的例文。比如“游踪”，对解读朱自清的《威尼斯》可能有大作用。《威尼斯》是有意违反游记常规的，所以有人会辩驳它是游记文还是说明文。不但不按“游踪”写，而且连以“我”的视角来写游记文这一常识，朱自清也刻意突破——整篇文章没有出现一个指称作者自己的“我”字。也就是说，游记是“我”（作者）写“我”的游，这个本来像废话一样的“知识”，现在成了解读《威尼斯》的关键。

在例文类型的课文中，妥帖的语文知识教学与深入感受文章，两者应该事实上也会交互促进。由于“至关重要”，与通常的教学相比较，运用这一知识，对课文理解的质量和程度应该有明显的提升。

包老师这堂课，虽然教学内容仍嫌庞杂，但教师和学生已明显地感受到了“语文知识”教学的力量。包老师介绍：“从实际教学效果看，课前向学生了解对本文的态度，学生几乎一致表示不喜欢读，课后学生觉得看进去了，**还很有些咀嚼的味道**。”

包老师反思道：“曾经有人反对解剖式的语文教学，认为文章是鲜活的整体，解剖则把鲜活的文字教‘死’去了。其实这种说法未必妥当。对文本的解剖不同于对生物体的解剖，文本生命存在的方式与生物体生命存在的方式完全有别。要感受文本的生命活力，不仅需要分解文本，而且要分解到细部，直达神经末梢。”

我们在前面之所以说包老师这堂课还需要改进，正是因为他的这堂课还没能“直达神经末梢”。

比喻，在《长江三峡》中是通向作者情感和情感发展的最关键路径。如果按我们的改进建议，安排两个课时来教，我相信，学生对作品的感受和理解所达到的高度，在迄今为止的《长江三峡》留有印迹的教学中，是罕见的。

一、画出全部比喻。

二、按“现成”和“创新”归类。

三、抓住创新的比喻（多是隐喻），从认知功能角度讨论。

聚焦点应该是“船”，将“交响乐”具体化。

◎这一天，我像在一支雄伟而瑰丽的交响乐中飞翔。

◎船随山势左一弯，右一转，每一曲，每一折，都向你展开一幅绝好的风景画。

◎船只能缓缓行进，像一个在崇山峻岭之间慢步前行的旅人。

◎当我们驶下崆岭滩时，果然是一片乱石林立，我们简直不像在浩荡的长江上，而是在苍莽的丛林中找寻小径跋涉前进了。

四、讨论其他比喻（多是明喻）的象形功能，相机讨论有些似乎是现成的比喻在语境中的认知功能。

1. 有些似乎是现成的比喻在语境中的认知功能。如：

◎船如离弦之箭。

◎几只木船从下游上来，帆篷给阳光照得像透明的白色羽翼。

◎船一下随着怒涛冲去。

2. 其他比喻（多是明喻）的象形功能。

山、水、阳光、云雾等，“交响乐”第二层含义的具体化。

五、在讨论的基础上总结。布置拓展阅读的材料。也可布置复读《长江三峡》，从“交响乐”（“交响乐”的第三层含义）的角度理解课文中引用的诗文、传说等。（朱自清语可供参考：“典故，是较大单位的比喻。”）

第十章 / 解决学生阅读时的疑难
——步根海《合欢树》课例研究

“样本”的极端情况，是只有供选读（注意：有别于必读的“定篇”，更有别于必考的“基本课文”）的选文。比如龚玉蓉等人简译的一套加拿大的初中教材《文学选读》[1]，就只印有选文，以全开放的形式供教师选教（当然也可作为一般阅读材料，供学生自行欣赏）。“读读、议议、讲讲、练练”的段力佩教学模式，曾用《水浒传》作为语文课程的主教材，实际上也是课程内容全开放的例子。

由于我们一直没有对“样本”类型的文选教材做理论的阐发，所以在过去的一些介绍中往往将段先生所创的教学模式理解为“茶馆式”的“教学方法”，这其实是很不全面的。单是“教学方法”的移植和推广，实践证明也是行不通的。因为这一模式的关键，是依据学生的读来引发学生的议，在读和议的动态过程中来确定教师的讲，去设计学生的练。换句话说，在教材层面是用选文或整本的书来教，但课程内容却不产生于选文或书本，而是产生于具体的学生实际的阅读及其与文本交往的过程。这样，尽管可能是拿着与别的教师一样的课本（统一的指定教材），但遵循这一模式的教师与别的教师实际在教学的是大不一样的“课程内容”，而且即使是同一个教师使用同一本教材，由于学生的变换，实际上也在教学着有所区别的“课程内容”。不依照“样本”的功能和功能发挥方式，单从“教法”上依样画葫芦，显然力气没有用在点子上。

① 中外母语教材比较研究课题组. 中外母语教材选粹 [M]. 南京：江苏教育出版社 2000: 232－253.

据我们的初步考察，我国优秀教师的许多成功教例，都是把选文当作样本来使用的。换句话说，成功的要点主要是内容的合适性，而不仅仅是教学方法。下面是步根海老师的一个课例。可以看出，《合欢树》这篇选文，在下述课例中是被当作“样本”来处置的。

一、课例描述

用步老师自己的话说，这是一堂“探讨课”，以“读懂文章”为立足点，“沉浸、体验、感悟、思辨”。[①] 教学过程整理如下。

一、引导学生提出问题。

师启动：我说过三类（内容、语言、结构）问题，请大家提出来讨论。

生1：“我心里一阵抖”，为什么作者不愿去看小院子，后来又后悔前两年没有去看，后悔但始终没有去看？

生2：也是第9页，为什么最后一段说“有一天那个孩子长大了，会想起童年的事，会想起那些晃动的树影儿，会想起他自己的妈妈，他会跑去看看那棵树。但他不会知道那棵树是谁种的，是怎么种的”？

生3：题目是“合欢树”，为什么前面大部分都没有讲到合欢树，最后一小部分才讲到合欢树，这合欢树到底代表着什么？

生4：第8页，“我摇车离开那儿，在街上瞎逛，不想回家”，“我摇着车在街上慢慢走，不急着回家”，这两处作者的心情有何不同？

生5：第8页倒数第4段第3行，“‘你小时候的作文不是得过第一？’她提醒我说”。母亲提醒是不是意味着他母亲对他的写作实在没

① 郑桂华，王荣生. 语文教育研究大系（1978—2005）：中学教学卷 [M]. 上海：上海教育出版社，2007: 206－212.

有信心?

生6：为什么小时候“我”作文获奖时对母亲说，母亲急着说她自己，而20岁时“我”在写小说，她却说起“我”小时候作文获奖的事，而且记得那么清楚?

二、建立讨论的基础。

1. 我们现在不急于解决问题，先搞清楚什么叫读懂文章：（1）懂得文章写了什么，你阅读时在语句上有没有遇到障碍；（2）作者这样讲的意图何在，为什么要这样表现；（3）文章背后所隐含的深刻思想、思想背后的感情因素、感情因素背后隐藏的是什么。

2. 讨论之前，我们进一步感受一下这篇文章。（一个学生读全文）

3. 在我们讨论这些问题之前再想想，读了这篇文章，你觉得作者究竟想表达怎样的感情?

三、围绕问题理解感受。

1. 从对母亲的怀念这个角度入手（联系《秋天的怀念》）。

2. 思考这“合欢树”。第一，从结构上思考，合欢树为什么放在最后出场；第二，作者通过合欢树究竟想表达什么，这是思想意义上的思考。

四、布置作业。

到网上去查一查史铁生的作品，选读《我与地坛》，读完之后，写一篇《重读〈合欢树〉》。

二、讨论：关于“教什么”

步根海是把《合欢树》当作“样本”来教的。“样本”的教学目的和教学内容有两个方面：学生阅读时的问题和困难。“问题”指学生在阅读时出现的不适应、不适当的状态，问题的所在需要教师依据专业知识和教学经验现场判断。“困难”指学生提出的疑惑——不懂的、不理解的、困惑的地方。

阅读教学，要对学生“理解不了的”“揣摩不到的”予以帮助[①]，这是叶圣陶先生所提出的教学原则，也是我国优秀语文教师的成果、经验。阅读教学，归根结底是教以下三个方面。

（1）学生不喜欢的，使他喜欢。

（2）学生读不懂的，使他读懂。

（3）学生读不好的，使他读好。

但是长期以来，我们的语文教学实际上是以“教”为基点的。包括教学内容的确定、教学方法的运用，包括教学设计、教学时的课堂意识，语文教师通常都是“我就要教这些”“我就要这么教”的路数，而种种“就要”，往往缺乏课程与教学的理据，尤其是忽视了对“学”的关注，缺失了对学生学习经验和经验形成过程的考察。

邹兆文以《猫》为例，比较了 113 份学生问卷和 11 个教学设计，得出结论：绝大部分教学设计核心的教学内容集中在学生已经理解的“课文结构和主题思想”上，只有极少数设计零星地回应了学生提出的疑惑。[②]

陈隆升对 2000—2009 年发表在我国内地五份主要语文教学杂志上的 605 份教学设计类材料进行了分析，得出以下四个结论[③]。

（1）做过“学情分析”（考虑学生）的比例较低，605 份材料中只

---

① 叶至善，叶至美，叶至诚. 叶圣陶集：第十三卷 [M]. 南京：江苏教育出版社，1992: 104.

② 邹兆文. 我们的教学离学生的“期待”有多远：关于《猫》的教学设计与学生“期待视野”的相关度调查 [J]. 语文学习，2008(10).

③ 陈隆升. 语文课堂教学研究：基于“学情分析”的视角 [D]. 上海：上海师范大学，2009.

有115份提到学生的学情。

（2）“学情分析”的手段比较单一，基本上是经验式判断。

（3）“分析”过程粗疏，只见结论，不见过程。

（4）“分析”的针对性和有效性不够，停留在浅表印象。

落实到散文上，教学往往呈现出矛盾的境地：一方面，散文在中小学语文教材中向来占较大的比重，语文教师也普遍认为散文“有讲头”，基于“教”又把教学人为地复杂化，导致散文教学花样百出。另一方面，阅读教学，尤其是散文教学，通常“教”的是学生已经懂的、能感受到的，因而不需要在课堂上特意教的内容，甚至把学生本来懂的搞糊涂，把学生的感受、体验消解掉。学生“理解不了的”“感受不到的”，在实际的教学中通常被严重忽视，或者被轻描淡写含混过去。

这就涉及散文的教学解读问题。散文的教学解读包含两个方面：（1）文学意义上的作品解读，或文章学意义上的文本解读，要依据文章的体式。（2）教学意义上的课文解读，也就是教学内容的选择，要根据学生的学情。就样本类课文而言，教学解读的重点是学生“理解不了的”“揣摩不到的”，或者这样表述，是学生与文本遭遇时可能出现的问题和困难。

事实上，学生“理解不了的”“揣摩不到的”，往往就是阅读这篇课文、这种体式的文章所必须理解、必须揣摩到的。或者这样表述，学生与文本遭遇时出现的问题和困难，往往也是教师在备课时不容回避的，因而经常是事先能较准确地估量到的。这也就是《合欢树》的教学中六位学生提出六个问题之后，教师问“还有吗”学生没有接着回应的原因；这也就是为什么步老师并没有依学生提问的次序来组织教学，而把六个问题放在教学的适当位置来讨论的原因。为什么阅读《合欢树》时学生遇到了这些问题？为什么教师敢于让学生提问，又不完全按学生的提问组织教学？这是有理由的，我们可以从道理上做出解释。

这堂课的教学教师以学生的困难来启动，六位学生实际上提出了三个方面的问题。

（1）关于母亲——对“我”小时候作文获奖的事，为何母亲前后是两种不同的对待方式？

（2）关于“我”——不愿去看小院子，又后悔前两年没有去看，“不想回家”，“不急着回家”，为什么？

（3）关于“树”——合欢树的含义是什么？从教学实录中可以看出，步老师把学生所提的“结构问题”——为什么前面大部分都没有讲到合欢树，最后一小部分才讲到合欢树——转化成了“意义”和“意味”的问题：“我们先不要探讨为什么这里才出现合欢树，这里实际上表达了作者对生命、对母爱的认识的过程，包含着作者对母亲生命的理解过程。”

六位学生三个方面的问题，步老师把它们放在两个环节讨论。

第一，从对母亲的怀念这个角度入手，着重讨论“关于母亲”的问题。

第二，思考这“合欢树”，从“关于‘我’”的讨论引向“关于‘树’”的讨论，而“关于‘树’”的讨论，又把“结构的问题”转化为“内涵的问题”。

当然，课堂教学未必一定要从学生的提问启动，样本类课文更洒脱的教学，也不妨依学生提问的次序来组织。

李镇西老师有一堂《世间最美的坟墓》[①]，是把它当作“样本”来教

① 李镇西. 听李镇西老师讲课 [M]. 上海：华东师范大学出版社，2005: 84－102.

的。教学从学生阅读时的现实状态入手，上课起始，教师问学生喜不喜欢这篇课文，结果只有两位学生举手表示喜欢，多数学生明确表示不喜欢。请几位学生分别谈论喜欢或不喜欢的理由之后，教师问学生有没有读懂课文，大多数学生摇头说“没有读懂”。于是这堂课就主要围绕“读懂”来展开，先是师生讨论，包括字词、文章的思想内容、作者为什么要写这些内容、写作上的特点等。然后是交流与分享，分两个方面：一是“读出自己”，先同桌交流各自勾画“喜欢”的地方，再班级交流，教师参与并作为提升理解的主动力，结合课文的语句教师谈感动，学生谈感动。二是“读出问题”，学生提出读不懂、不理解的地方，师生交流、讨论、解惑。上述环节的大部分，尤其是“交流与分享”环节，主要是依学生的提问来组织教学的。

三、讨论：关于“怎么教”

样本类教学，围绕着学生的问题和困难展开，主要运用问答、讨论等课堂交流的教学方法。结合步老师的《合欢树》，我们讨论以下两点。

（一）富有弹性的课堂教学结构

据我们的初步考察，从教师备课的状态来看，样本类课文的教学，可以辨析出以下几种。

1. 带着基于学情分析的教案去上课

典型的例子有倡导“导读”的钱梦龙老师。经常有人感叹钱梦龙老师上课时的挥洒自如和师生交流的自然无痕，问：“为什么学生总能这样跟您‘配合默契’呢？”钱老师说：“因为我（备课时）首先考虑的不是学生将会怎样‘配合’我的教，而是自己的教学怎样去配合学生。因此，仔细体察学生认识活动的思路和规律，是我备课的一个重要内容。”[①]“我在备课的时候，首先考虑的不是自己怎样‘讲’文章……每教一篇文章之前，我总要反反复复地读……有时候自己在阅读中遇到难点，估计学生也会在这些地方发生困难，就设计几个问题，让学生多想想……”[②]“上课时的挥洒自如，正是备课时惨淡经营的结果。一堂课如何开头，如何承接，如何推进，如何收束，何处设计悬念，何处求照应，何处掀波澜，等等，都跟写文章一样，在下笔之前要周密考虑，做到成竹在胸。”[③]正因为仔细体察学生，正因为成竹在胸，所以所带的教案有较大的弹性，预留了课堂教学有方向“生成”的空间。典型的课例，是钱梦龙老师施教的《死海不死》[④]。

2. 带着教学设计的构架去上课

把课文处理为样本类，是我国优秀语文教师的通例。据我们了解，优秀语文教师备课时主要着力于以下三个点：第一，教学的起点，依据对学情的估摸选择教学的切入口。第二，教学的终点，想象这堂课下来学生所形成的学习经验，也就是教学的结果。第三，有 2—3 个核心教学环节并使之充分展开，一般由教师的提问启动，组织学生“学”的活动，2—3 个环节往往呈递进状态。这方面的课例很多，如支玉恒老师的《只有一个地球》、郑桂华老师的《安塞腰鼓》[⑤]等。

3. 带着“素材”去上课

典型的例子是李镇西老师。比如上面提到的《世间最美的坟墓》，李老师所带的素材有“读懂”文章的观念——“读出自己”“读出问

①②③ 钱梦龙. 导读的艺术 [M]. 北京：人民教育出版社，1995: 278, 311, 450.

④⑤ 郑桂华，王荣生. 语文教育研究大系（1978—2005）：中学教学卷 [M]. 上海：上海教育出版社，2007: 28－38, 167－175.

题”；相关的人事——金字塔图片、泰姬陵照片、十三陵墓照片、拿破仑墓照片，关于陶行知墓以及自己写的《陶行知墓前的随想》，关于周总理、胡耀邦墓、孙中山墓、臧克家的诗，关于托尔斯泰等。备课时教师只有一个教学线路的设想——李老师这节课没有写教案[①]。什么时候用“素材”，用哪些“素材”，则具有相当的随机性，比如在课尾，教师本已预留了朗读自己那篇《陶行知墓前的随想》的时间，但由于师生胶着在一个问题上，当教师说要读事先印好的这篇文章时，下课铃响起来了，教师“无可奈何”，只好把文章留给学生。

4. 带着对作品的深入理解和感受去上课

比如步根海老师的这堂《合欢树》。我猜想，步老师的《合欢树》，也是没有通常意义上的“教案”的，甚至对学生可能遇到的问题和困难，步老师也只有一种朦胧的、大致的感觉，并没有做过钱梦龙老师“仔细体察学生认识活动的思路和规律”的功课。但步老师的确是“反反复复地读”过课文的，像钱老师所做的那样。不但读，据我所知，步老师是全文一字不落地背诵的，带着对课文意蕴的感悟，带着对课文语感的体验。不但是这篇文章，所有上过的课文，步老师都会背诵，随时都能背诵，比如史铁生的《秋天的怀念》。如果说钱梦龙老师是对“反反复复地读”之后形成的教案“成竹在胸”，那么，步老师所依赖的则是表现为体验性背诵的对课文的“成竹在胸”。因此，步老师的课堂结构具有更大的弹性，或者说，具有更鲜明的个人色彩。从备课的角度来看，《合欢树》的课堂教学结构，甚至连上课的线索都很可能是现场即兴的。当然，凭着对课文的深刻领会，凭着丰厚的教学经验，步老师清楚地知道，这堂课的终点是“感受到生命的意义”，学生的困难、他们

① 李镇西. 听李镇西老师讲课 [M]. 上海：华东师范大学出版社，2005: 103.

所提的问题无非就是那些，课文关键点无非就是那些，那些问题大致可以按那样几个方面去应对，即使有意外，步老师也有足够的自信，一定能够妥善地处理。

我这样判断，是有理由的。

第一个迹象是步老师对学生提问的即刻的归纳性回应。对学生的提问，步老师在板书的同时即刻回应。

（1）关于“我”——“也就是‘孩子’在这篇文章里有什么寓意。”“‘摇车’‘不想回家’‘悲伤也成享受’，怎么理解？”

（2）关于“树”——“包含两个问题：一个是结构上的，一个是它的内涵。”

（3）关于“母亲”——“提醒的目的何在？”

即刻回应之后，有一个对师生来说都是铺垫的环节“建立讨论的基础”——进一步感受课文的学生全文朗读，使教师有时间考虑把学生的提问放在合适的地方，明确下面讨论的线路及教学的结构。

第二个迹象是步老师对“读法”的语感状态。在教学的起始，步老师提醒学生要从“三类问题”入手——内容、语言、结构；在“建立讨论的基础”环节，步老师告知学生读懂文章有三个方面——（1）懂得文章写了什么，你阅读时在语句上有没有遇到障碍；（2）作者这样讲的意图何在，为什么要这样表现；（3）文章背后所隐含的深刻思想、思想背后的感情因素、感情因素背后隐藏的是什么。

与李镇西老师那堂课一样，“读出自己”“读出问题”“内容、语言、结构三个方面”等，实际上是个人的阅读习惯的经验表达，而不是学术意义上的“读法”。与李镇西老师那堂课不一样的地方，是步老师所说的“读法”更为含混，两者的角度也明显不同。

需要注意的是，步老师课堂上的讨论并未按所言说的“读法”行进。而在讨论中，教师实际使用的“读法”，比如与《秋天的怀念》互文阅读、联系上下文语境理解、把关于“我”的问题与关于“树”的问题关联起来、把关于“树”的结构问题转化为“内涵”问题等，如果不加以反思的话，相信步老师或许并未自觉地意识到，因而恐怕也难以言说。

（二）课堂解读始终是“在文本中”的状态

学生的问题和困难是在与文本遭遇中产生的，样本类课文的教学目的和教学内容是帮助学生解决那些问题和困难，而解决的途径是对课文的解读。解读始终是“在文本中”的状态，这是样本类课文教学的特性之一。[①] 我们来看一个教学片段。

师：接下来的内容也就是我们要思考这“合欢树”，有两个思考：第一个是从结构上思考，合欢树为什么放在最后出场？第二，作者通过合欢树究竟想表达什么？这是思想意义上的思考。黑板上后面的问题与合欢树内涵的理解是密切相关的。母亲去世，他异常悲痛，尤其是他作文获奖之后，很多人登门来说这个说那个，他感到烦，躲出去，作者当时摇车，到街上瞎逛，后来想与其瞎逛不如去看合欢树，这里你觉得包含了作者怎样的情感，你读出了什么？

瞎逛是表明什么？不想回家，虽然离开了树，但还是不想回家，他依然沉浸在悲痛之中，对不对？怎么会想到去看树？他想起了什么？想起了那个小院儿，以及老太太们对他说的话，想起母亲种树，而这些情况与20岁后母亲把全部心思花在他身上密切相关。因此这时候对母亲

---

① 步老师这堂课有一处互文解读，与同一作者跟课文关联直接的另一作品《秋天的怀念》互文解读。与步根海施教的《合欢树》相比，李镇西施教的《世间最美的坟墓》，就显得与文本若即若离了。

的怀念与感受是凝重的，如果浅层地说这个时候他理解了母爱，可以！但如此，前面的许多内容都没有必要了。摇车瞎逛，摇车时的思考，从不愿意看到后悔没看，都包含着对母亲的这种感受。而这种感受后又隐藏着什么？孩子看树的事，作者想以此表达什么？

生：当大伙儿说“到小院儿去看看吧，你妈种的那棵合欢树今年开花了”时，“我心里一阵抖”，没想到这棵树还活着，在这棵树上，寄托着母亲的情感。

师：怎样的情感？在母亲眼中，这棵合欢树是什么？

生：大概这棵树就是她儿子吧。

师：这棵树隐含着儿子的影子，第二年没发芽，没舍得扔掉，第三年长出叶子了，很高兴，好兆头，于是常侍弄，后来移出去，念叨不知什么时候开花，开花意味着什么？这里要自己感受。最后想起孩子，说那孩子也会想起童年，会想起那些树影，会想起自己的母亲，也会到树下去看看。你们觉得在这里写这个孩子，作者想表达怎样的感情、思想？我们一起来读最后一段。（生齐读最后一段）

师：想象那个孩子，作者究竟想表达什么？“不会知道那棵树是谁种的，是怎么种的。”这里表达的仅仅是一种母爱吗？

生：不是，是生命的延续。

师：生命的延续，对，但不够，还有对生命的体验。母爱不是10岁时给他的欢乐、20岁时给他的安慰，母亲不仅给了他第一次生命，还给了他第二次生命。孩子，一方面是生命的延续，小孩儿尽管住在这屋里，看到这树，但他无法完全知道其中所包含的生命的东西。谁种的？为什么种？我们先不要探讨为什么到这里才出现合欢树，这里实际上表达了作者对生命、对母爱的认识过程，包含着作者对母亲生命的理解的过程。

生：我明白了，树是母亲的寄托，母亲希望孩子像合欢树一样产生奇迹；树也是一种思念的凝聚——儿子对母亲的寄托。

师：你理解得很好，树还是母亲形象的另一种表现形式。读到这里，为什么说“悲伤也成享受”这个问题应该迎刃而解了吧。

生：悲伤里有对过去的回忆和对人生的思考。

师：是的，悲伤里凝聚着回忆，凝聚着思考，凝聚着对生命的认识，这个在登门采访的记者的七嘴八舌中是感受不到的。因此《合欢树》恐怕不只是在表达对母亲的回忆，歌颂母爱的伟大，而且通过对母亲的怀念，写出对母爱的认识，从而感受到生命的意义！

从这个片段中也可以看出，“解决学生阅读时的疑难”尽管方式多种多样，多种教学方法都可能有施展的空间，但主要方式是教师牵引学生对文本进行理解和体验，主要运用问答、讨论等课堂交流的方法。尽管对课文的理解和体验，对问题和困难的解决，往往可引导学生来言说，但教师显然起着“主导”的作用，教师对作品的理解、感受的言说（讲解）起着关键或主要的作用。教师强力参与讨论并作为提升理解的主动力，这是当前阅读教学的主要方式。在我们的课堂教学结构和教学文化中，通过学生间的讨论，比如小组学习、合作学习等方式来完成主要学习任务，尚有待进一步探索。

换句话说，语文教学从以“教”为基点转向以“学”为基点，从以“教的活动”为主体转向以“学的活动”为主体，尚有努力推进的必要和空间。

第十一章 / 经历文学阅读的探险过程

——《清塘荷韵》备课活动反思

一、案例描述

2008年，我与上海两所中学合作进行主题教研活动，一所是从观课评教入手，一所是共同备课。共同备课主题教研活动前面已经开展了五次，讨论了柳永《蝶恋花》《七根火柴》两篇课文的教学内容和教学设计，这次老师们选择的是季羡林《清塘荷韵》。

《清塘荷韵》是季羡林86岁高龄时写的散文名篇。文章大致可分为两个部分。

第一部分有人概括为“种荷”和“盼荷”。文章写道：楼前的数亩清塘，记得以前好像是有荷花的，但时过境迁，现在什么也没有了。空荡荡的池塘，成了“我”的一块心病。有人从湖北带来了洪湖的几颗莲子，“我”把五六颗敲破的莲子投入池塘中。之后，“我”每天都到池塘边上去看上几次，希望有一天，看到翠绿的莲叶长出水面。可是，第一、第二年，什么动静也没有。第三年的春天，只长出了五六个叶片，像水浮莲的叶子一样。真正的奇迹出现在第四年，一夜之间，突然长出了一大片绿叶，有一些竟然跃出水面，长成了亭亭的荷叶。“我心中狂喜，这几年总算是没有白等。”作者由此感叹洪湖莲花子孙的生命力顽强。荷叶迅速扩散蔓延，遮掩整个池塘，而荷花也接踵而至。荷花具有别样的颜色，每一朵能开出十六个莲瓣，看上去与众不同，有人赐名为“季荷”。“我觉得很有趣，又非常感激。难道我这个人将以荷而传吗？”

第二部分有人概括为“赏荷”。文章写道：前年和去年，每当夏月塘荷盛开时，我每天至少有几次徘徊在塘边，坐在石头上，静静地吸吮荷花和荷叶的清香，似乎参悟了“池花对影落”这样的境界。晚上，我们一家人也常常坐在塘边石头上纳凉。有一夜，小白波斯猫，大概认为水中有白玉盘，扑入水中，又连忙矫捷地回到岸上。那情景显得特别有趣。这年夏天，天气异常闷热，而荷花则开得特欢。一个喜爱荷花的邻居，天天兴致勃勃地数荷花的朵数。下面是文章的结尾两段。

连日来，天气突然变寒，好像是一下子从夏天转入秋天。池塘里的荷叶虽然仍然是绿油油一片，但是看来变成残荷之日也不会太远了。再过一两个月，池水一结冰，连残荷也将消逝得无影无踪。那时荷花大概会在冰下冬眠，做着春天的梦。它们的梦一定能够圆的。“既然冬天到了，春天还会远吗？”

我为我的“季荷”祝福。

共同备课选《清塘荷韵》，老师们提到两个原因：(1) 这是一篇新课文，可参考的教学资料不多；(2) 这篇文章含义很深，读起来很有意味，但对初中生“讲”，课文处理起来有点儿难。

参加这篇课文共同备课的，共计有八人：所在学校初一备课组四位老师，其中一位是科研室主任，三位是十年以下教龄的老师；我和三位高年级的博士研究生，研究生中一位是中学语文特级教师，一位是小学副校长、语文高级教师，一位是沪教版初中语文教材这一单元的编撰者。这次共同备课活动共进行了三次（每两周一次），两次是备课，一次是课后研讨，加上教学周，历时近两个月。其间，我在别处听了两堂《清塘荷韵》的课，也查阅了网上的教学材料。

共同备课围绕两个方面来进行——“教什么”和“怎么教”，也就是核心教学内容的选择和教学设计的框架。

备课伊始，老师们的见解似乎一致。我问：“这篇课文教什么呢？”老师们异口同声：“理解课文。”

我追问：“理解‘课文’的什么？”“‘理解’是什么意思？”因为

“理解课文”的说法，隐含着这样一层意思：对课文的理解，似乎有一条老师选择的通道，抵达一个正确理解的“顶点”；阅读教学，就是让学生进入老师的这一通道，获得老师心目中的正确理解。

我希望通过讨论，使老师们意想中的“正确理解”是什么，经过的是什么通道，进而，在文学阅读教学中，对学生的解读经验（感受和理解）老师何以要规限一个“顶点”，清晰起来。

于是老师们谈他们对课文的理解，也就是对课文的教学解读，包括对文本的理解，其中夹杂着对“教什么”和“怎么教”的考虑。结果很有意思，老师们希望学生“理解”的“课文”，其实在老师们的心目中是一人一个样子的。

师 1 依单元主题“人贵有精神”，将注意力聚焦在课文的前一部分，认为课文主要是讲（莲子的）顽强的生命力。

师 2 是从写法的角度来谈，认为课文是情景交融，尤其是课文后一部分写徘徊、纳凉那两段，动静结合很美。

师 3 基于自身的阅读体验，认为关键在“清”和“韵”的人生意境、“池花对影落”的哲理。

师 4 是从作者出发，联系季羡林一生的曲折经历，认为这篇文章不但写荷花，而且“托物言志”，表达了季羡林对人生领悟的境界，聚焦点应该放在“季荷”这个称谓上。

在交流讨论中，老师们对自己的说法加以强调和补充，也提出了一些疑惑。比如“把握作者对荷的情感”“让学生体会作者的感悟”“最终（课文的结尾段）还是生命力”“从描写入手来感受清韵”“主要让学生感悟托物言志”“把握作者的情感变化”等。

老师们还相互辨析，比如“怎样让学生体会作者的感情，有相当的难度”“应该放在荷花本身，而不是等待的过程”。

还陆续出现了一些新的说法：有博士生提出，应该抓住“荷的精神”，从“荷花”的文化意味解读课文、设计教学；另一个博士生提出，要抓住“不放弃，不言信。残荷之时对人生的感悟”；还有博士生认为，要抓住“这种荷的形象——季荷，人生波折，达观”；有老师提出，“应该从课文中引用的诗句入手”。

看来，对“理解课文的什么”，不可能取得“正确的”答案，不但对“理解课文的什么”不能达成一致认识，就连“抵达对课文的理解的通道”，其多样性、复杂性，也实实在在地摆到了老师们的跟前，“正确的”、往往被老师预设成“唯一正确的”通道，看来是虚妄的。

我在阶段性小结里指出：这次备课活动，我们经历了文学阅读的探险历程，我们看到，文学阅读中不仅对文本的理解是多元的，而且“理解”本身也具有多元性、多样性、多向性。在我们这次历险中，虽然对“理解课文的什么”没有一个唯一的答案，对“理解”的通道没有一致的认识，但是，在对自己的观点言说、强调、补充和提出疑惑中，在相互之间的讨论、交流、辨析乃至争论中，在对各种说法的启发、审视、借鉴或回绝中，我们对课文的理解发生了变化，变得丰厚、深入了。

我提议，能不能组织学生像我们共同备课时的研讨那样去上课？这是老师们从没经历过的上课样式，他们回绝了我的建议，但显然有所触动，可能也引发了一些对以往教学的反思。而我则老惦记着，希望能有机会尝试这种样式的教学。

关于“理解课文”的讨论，必定牵涉到“怎么教”的问题，因为老师们所说的“理解课文”，原本不是讲“自己理解课文”，而是讲“使学生理解课文”。那么，“使学生理解”是怎么回事呢？老师是怎么认识“教学”的？这次备课活动的后一段，我建议从“学生的起点”来讨论教学设计。

我的想法是，语文教学要有效，必须把“以教的活动为基点”转向“以学的活动为基点”，必须把备课和教学中“我要教这些、我要这样教”转向“这些学生需要教什么、这些学生最好怎么教”。从“学生的起点”设计教学，这也是备课组老师以往没经历过的。讨论相当艰难，但老师们理解了我的想法，也愿意去尝试由学生的问题启动教学，愿意在“教的基点”上更多地融入“学的活动”。

在此前的主题教研活动中，老师们与我曾多次对峙：老师们期望专家告诉他们“教什么”“怎么教”的方案；我则坚持，要经历共同备课的过程，重要的是讨论过程中的反思，而具体的教学设计应该由教师自行形成。评议教案和教学时，我也重在教师的自我反思。“我不是出售教案的”，这个立场逐渐被老师们所接纳。而这一次，老师们似乎真正体会到了“过程”的意义，对《清塘荷韵》、对我们的主题教研活动，大家都有柳暗花明之感。

接下来两周，备课组自行商议，四位老师分别上了四堂（各两课时）《清塘荷韵》，其中两位全程录了像。

第三次主题教研活动，是对教学设计和课堂教学的交流与讨论。老师们很有感触，兴奋之情溢于言表，有老师说“从来没像这次感受到课堂是那么精彩”。在我的提议下，到学期末，老师们写出了对这堂课的反思文章：《把课堂的精彩留给学生——〈清塘荷韵〉学生活动教学课例》《尝试“以学生的提问”来组织课堂教学——〈清塘荷韵〉教学反思》《学生远比我们想象的要好——〈清塘荷韵〉教后感》《假如再上一次〈清塘荷韵〉》。

二、讨论：关于“教什么”

（一）在语文课堂里学生的阅读状态

语文教师“备课者取向式”的阅读，是一种特殊的阅读样式，一种混杂着文本解读、个人联想、教学内容选择和教学法考虑的教学解读。这直接影响了语文课堂里学生的阅读状态。学生在语文课堂里的阅读方式，与他们在课外的自行阅读有较大距离，乃至有背离，例如文学阅读，学生在语文课堂里几乎没有“真实阅读状态”的经历。

语文课堂里的阅读与学生的自行阅读，是两种不同取向的阅读，两者之间有差异、出现距离，有其合理和必然的一面。语文课堂里的学生，是“学习阅读”的角色，因而他们在语文课堂里主要的阅读状态是“学习阅读的状态”，即在老师“教”的牵引下，受老师设定的教学目标规限的“学习者取向式”的阅读。我们所能做的，是尽可能防止两者的背离，防止语文教师“备课者取向式”的阅读模式和方法无节制地侵入课堂，比如“先读课文的第一段和最后一段”“确立课文的主题，寻找细节予以证明”等。我们所能做的，是尽可能拉近两者的距离，把阅读教学放置在“真实阅读状态”的语境中，建立在“真实阅读状态”的基础上，抱着改善、提升学生“真实阅读状态”的目的。

我们过去的阅读教学，占主导的是“**把我（教师）对课文的理解教给学生**”。因此，关键是教师对课文做何种理解，而做何种理解取决于教师按什么取向、用什么方法去解读课文。

过去的阅读教学大致可分为两种。

一种是大多数教师在做的，一开始就浸入语文教师角色，按“备课者取向”阅读，采用受语文教师备课习俗影响所形成的特殊阅读方式；或者竟不明阅读取向，把解读结论与解读方式分离，搬移“教参”或各种媒体上的现成“教案”。由此，造成了阅读教学的种种怪异现象。

一种是少量优秀语文教师所做的，比如黄玉峰老师、欧阳代娜老师，在备课时他们首先把自己当作“解读者取向”的读者，在“真实阅读状态”中，在经历文学阅读的探险过程中，去感受、理解作品。然后才从读者角色转变为教师角色，才把理解、感受的“作品”转化为用于课堂教学的“课文”，经过明晰、提炼“我对课文的理解”，选择与希望达到的教学目的一致的教学设计，与教学内容相匹配的教学方法，“把我（教师）对课文的理解教给学生”。

在评论欧阳代娜老师的名课《岳阳楼记》时[①]，我写道：

“我对教材的理解”，包括理解的结论和理解的过程；“把我对教材的理解教给学生”，理应也包括把理解的结论和理解的过程教给学生。那么什么是“教给”呢？这里至少有三种可供选择的答案：一种是许多老师在课堂上反复做的，讲理解的结论，教参的或自己的，我们叫“阐释”，实际上是老师代替学生阅读，或者学生听老师阅读。一种是欧阳老师在这堂课里做的，根据自己的理解过程，牵着学生按规划的线路阅读指定的点，诱导学生得出教师许可的结论——这堂课尽管也强调了“学会把握这些关键的字词句”，但教学内容的落点从总体上看还是在理解的结论上。一种是我们所期待的，以学生的阅读初感为起点，教学生合适的阅读方式，引学生学习、应用合适的阅读方式，从而得出自己的理解结论。

欧阳老师对《岳阳楼记》的理解，是“思路与结构的美”，欧阳老师把握“思路与结构的美”，是通过“备”“异”“二者”等关键词语。有没有可能把教学内容的落点转移到阅读的方式上？有没有可能把课堂教学的重心放在“学会把握这些关键的字词句”上？有没有可能使关注阅读的结论转移到关注阅读的过程？有没有可能让学生在“学会把握这些关键的字词句”的过程中自主地与课文对话？有没有可能把紧紧牵住学生思维的手放松一点？这些，都是《岳阳楼记》这堂课需要进一步研讨的地方。

我认为，当今的语文教学，应该从“把我对教材的理解教给学生”转移到“把我理解教材的方式教给学生”。当然，无论是“我对教材的理解”还是“我理解教材的方式”，前提都是正确——正确的理解，正

① 王荣生. 听王荣生教授评课 [M]. 上海：华东师范大学出版社，2007: 31－32.

确的理解方式；而欧阳代娜的《岳阳楼记》，实实在在地告诉了我们，什么是正确的理解，什么是正确的理解方式，以及如何才能拥有正确的理解方式和理解。我所期待的，是在教学《岳阳楼记》这篇课文时，学生们也能经历欧阳老师在备课时所经历的那番发现、受阻、突破、洞悉，也能享受阅读中的陷入困惑以及疑惑得解、云开雾散的那种精神愉悦。

现在看来，我所说的“期待”，对欧阳老师《岳阳楼记》来说，是过于苛刻了。欧阳代娜老师是把《岳阳楼记》当作定篇来教的。定篇类型的课文，是让学生透彻地理解课文，包括它的思想、它的艺术，而在“解读者取向式”的阅读中，表现艺术的问题，会转化为作品的“意思”和“意味”的内涵问题。也就是说，“把理解的结论和理解的过程教给学生”，可能是个两难问题，难以两全其美。在正确的理解、正确的理解方式前提下，定篇类型的课文，无论是“学生听老师阅读”（如黄玉峰《世间最美的坟墓》），还是“根据自己的理解过程，牵着学生按规划的线路阅读指定的点，诱导学生得出教师许可的结论”（如欧阳代娜《岳阳楼记》），都是正当的。定篇类型的课文，往往也要求如此教学。

那么，“有没有可能把紧紧牵住学生思维的手放松一点儿？”“有没有可能把教学内容的落点转移到阅读的方式上？”“有没有可能使关注阅读的结论转移到关注阅读的过程？”提这些问题，当时的意图之一，是推进样本类课文的教学，提倡例文类课文的教学。

样本类课文的教学，是领着学生阅读，帮学生阅读。在研究步根海老师《合欢树》那一节，我从教师备课的角度，按样本类课文教学设计的“精致化”程度[①]的次序，列举了四种状态。

① 反过来说，是教师备课的洒脱状态。

（1）带着基于学情分析的教案去上课。

（2）带着教学设计的构架去上课。

（3）带着素材去上课。

（4）带着对作品的深入理解和感受去上课。

现在看来，这四种状态还需要进一步研究，从不同的角度——比如从对课文解读结论“放松紧紧牵住学生思维的手”，从“教学内容的落点转移到阅读的方式”，从“关注阅读的结论转移到关注阅读的过程”——来看，上述四种状态的排列会出现种种变化。

但从总体上说，样本类课文的教学，对课文的理解、感受，对课文的解读结论，砝码更多地移到了学生这一边，尤其是“带着教学设计的构架去上课”和“带着素材去上课”。从我们研究过的课例来看，“教学内容的落点转移到阅读的方式”“关注阅读的结论转移到关注阅读的过程”也渐成气候。样本类型的课文处理，正在往例文类型的课文靠近。

然而，正如我们在前面所论述的：教师强力参与讨论并作为提升理解的主动力，这是当前阅读教学的主要方式。“解决学生阅读时的疑难”（样本类课文的教学）这一散文教学路径，其主要的解决方式，还是教师牵引学生对文本的理解和体验，教师对作品的理解、感受的言说（讲解），起着关键的作用，或主要的作用。

换言之，样本类课文的教学领着学生阅读，帮学生阅读，在很大程度上还是贯彻着“把我对教材的理解教给学生”这一理念，有的就是“把我对教材的理解教给学生”，比如“带着对作品的深入理解和感受去上课”。从学生的阅读状态来看，在样本类课文教学的课堂里他们所经历的，与“真实阅读状态”可能仍有较大的距离。

对课文的理解、感受，对课文的解读结论，把砝码移到学生这一边的，是例文类型课文的教学。正如我们在改造后的《长江三峡》的教学设计中所看到的，例文类型课文的教学，是把教学内容的落点转移到了阅读的方式、方法上，从关注阅读的结论更多地转移到了关注阅读的过程。在例文类型课文的教学中，教师“教”的是语文知识，对课文的理解、感受和解读结论，是学生在学习和运用特定语文知识的过程中相对自主地形成的。与“定篇”“样本”相比较，“例文”类型课文的教学，更倾向于“学”，更体现“以学的活动为基点”。因而，例文类型课文的教学，本应该成为语文教学的康庄大道。

但是，它受到两方面的制约。

一是对头的、有用的语文知识开发得很不够，尤其是关于散文没有多少像样的知识。康庄大道能否铺就，尚有待于各路学者“拿出货色来”。

二是文本的制约，例文类型的课文，一般要求是体现特定语文知识的典型，因而从文本来说往往就会显得比较单一，或者我们会把它处理得比较单一。也就是说，例文类型课文的教学，是单一通道的阅读，从学生这一边看，是典型的“学习阅读”的状态，与样本类型课文相比，离“真实阅读的状态”更远。文本的内涵或表现形式比较单一，这不是文学作品尤其是经典作品的生存状态；解读通道比较单一，因而各人的解读结论比较一致，这也不是文学作品阅读的通例。

我们回到《清塘荷韵》的备课案例来讨论。现在的情况是，老师们（包括参与备课活动的四位专家）对《清塘荷韵》不能透彻把握，公说公有理，婆说婆有理，基本上是盲人摸象似的个人化理解。这不仅关乎老师的功力、水平，而主要是因为文本的特性。用文学研究的术语来说，《清塘荷韵》是个“含混”程度较高的作品。我们没有能力像黄玉峰《世间最美的坟墓》或欧阳代娜《岳阳楼记》那样，把《清塘荷韵》当作定篇，尽管我们知道它是季羡林的散文名篇。盲人摸象，也就意味着我们缺乏合适的解读知识，找不到开启这篇课文的钥匙。因此，我们也没有能力把《清塘荷韵》当作例文，除非我们准备瞎搞——网上的资料，多是“情景交融”“动静结合”“诗文引用”等滥调。

剩下两种可能。

第一种是从学生这边启动教学，把《清塘荷韵》当作样本，备课组四位老师的课都是朝这个方向走的。这其实是让学生学老师个人的理解，付出的代价是在很大程度上丧失了文本所具有的“含混性”。

第二种是把课文当作样本，借用《清塘荷韵》中的某些话题，比如“顽强的生命力”，师生谈论或者组织学生进行相应的活动。那位提出教学内容是“这种荷的形象——季荷，人生波折，达观”的博士生（特级教师）所设想的教学设计，前三个环节是“从文化入手，收集描写荷的诗文并交流”“根据自身的经验，叙述自己的故事（如她和荷的故事）”“老师结合课文谈自己的感动点，用描述性的语言感悟‘季荷’”。这种处理显然是黔驴之技，只能偶一为之。

主题教研活动期间，我在别处听了两堂课，皆是下下之品。一堂是被动追随文本，用“面面俱到”法，课文有什么，老师讲什么。另一堂，前半部分是学生谈感想——各说各的，分别向老师“发言”；后半部分要学生研究“引用”——其实是老师讲课文中所引用的诗句。

我提议，能不能组织学生像我们共同备课中的研讨那样去上课？也就是说，有一类课文，文学的“含混”程度较高（这往往是好作品的标志），读解的多义性比较显著，比如《清塘荷韵》，读起来很有味道，但似乎又难以把握。这样的课文，其教学目的和教学内容，是不是放在“经历文学阅读的探险过程”上？这样，我们在语文课上就能增加一种贴近学生“真实的阅读状态”的课文类型和教学实践。

其实，如何弥合语文课堂里的阅读与学生的自行阅读之间的差距，在语文教育研究中，这个问题经常被提出来讨论，只是所用的“话题”不同而已，比如“大语文”和“小语文”的话题，比如“语文课内阅读教学与课外拓展阅读”的话题。在教学实践中，也有种种探索，比如压缩常规的语文课（被称为“讲读课”），每周另设1—2堂“阅读课”[①]；

---

① 比如山东省邹平县。但我调研时问学校的领导和老师，学生上阅读课，语文老师做什么呢？得到的答案是语文老师在阅览室看自己的书。

比如儿童文学的介入、“整本书”阅读的介入。

但是，上述种种讨论，基本上是感性的谈论。所谓“阅读课”，其实是制度化地给学生到阅览室随意阅读的时间，而以减少语文课的课时，放弃老师的“教”为代价。儿童文学的介入，“整本书”阅读的介入，包括“全语文教育”和“文学圈”的理论和实践①，有可借鉴吸纳的地方，也需要进一步澄清和探索。在我们的课堂教学结构和教学文化中，在单篇课文教学的格局中，如何纳入“整本书”的阅读，如何推进儿童文学的介入、“阅读课”等的课程化建设，需要妥善的办法。②“全语文教育”和“文学圈”，具有拉大语文课程构架之功效，但其实践主要在小学的低段，或者幼儿语文教育中。初中怎么办？高中怎么办？在文学教学，包括散文教学中，增设一种以“经历文学阅读的探险过程”为教学目标和教学内容的课文类型，也许是个出路，尽管我们对这种课文类型还了解甚少，为其命名也为时过早。

在文学教学中，增加一种与“真实的阅读状态”贴近，让学生“经历文学阅读的探险过程”的课文类型，行否？

除“把我的理解教给学生”“领着学生阅读，帮学生阅读”“教给学生阅读的知识与方法”等之外，在语文课里再增加一种“与学生一起阅读”，如何？

（二）文学阅读的“多元性”以及如何获得多元理解

在语文课里，让学生“经历文学阅读的探险过程”，包含两个方面。

---

① 关于“文学圈”，可参见：侯秋玲，吴敏而. 文学圈之理论与实务 [M]. 台北：朗智思维科技有限公司，2005. 李连珠. 全语言教育 [M]. 台北：心理出版社，2006.

② 建立单篇课文和整本书阅读的课程化通道，其中一条就是我们确认的课文类型——引向整本书阅读的“引子”。

一是纵向的。也就是“真实的阅读状态”中的过程，如共同备课案例里老师们与我共同走过的历程。

一是横向的。我们所说的“文学阅读的探险”，指的是课堂教学结构中的文学阅读，它是文学阅读教学的一种，有老师参与，有学生们互动，包含阅读、研讨等活动，而且主要是研讨的互动，如共同备课案例里我们所做的那样。

“经历文学阅读的探险过程”，完整的表述应该是：在师生、生生的互动研讨中，体验文学阅读的“多元理解”。

“多元理解”，对语文老师来说不算一个陌生词语。但据我所知，语文老师其实很少经历多元理解[①]，在语文课堂里，学生其实很少有机会体验文学阅读的多元理解。

“多元理解”，在语文教育领域中，主要有两种用法。

一是从老师角度进行，关于某篇课文，知道有 A、B、C 多种说法，每种说法都有其道理。

一是从学生角度进行，允许、有时是鼓励学生表达自己的“独特”见解。换言之，“多元”或者被理解为（历时的）不同个体之间的不同，或者指允许别人（学生）与“我”有所不同。表达自己的不同，就是“多元”吗？说 A、B、C 多种都有其道理，这是一个经历着文学体验的脑袋吗？

原来我们搞错了单位。文学阅读中的“多元理解”、语文教学中所说的“多元理解”，单位是个体，是与其他人共时的“我”，指的是“我”对作品的一种理解，而**这“一种理解”融汇进了其他相异乃至相反的理解；或者说，是经历了对相异、相反意见的辩驳乃至舍弃之后所形成的“我”的一种理解**。所以“多元理解”后面，还有“视域融合”

① 参与主题教研活动的这所学校，原来一直有“集体备课”。所谓“集体备课”，是一人主备几篇课文，其他人参考。

这四个字。为免于误会，在汉语的语境中[①]，与其说“多元理解”，不如说“多方面理解”“多向度理解”“多层次理解”“多角度理解”等。

一个人，对作品有一种理解，参考了别人的意见，或吸纳，或启发，或辩驳，或不屑，等等，总之影响了原有的理解，使原有的那一种理解，或变得丰厚坚韧，或产生演变更改，或竟陷入多歧的困惑，欲努力挣扎出个头绪来。这，才是文学阅读的“多元理解”，才是语文教学中所说的“多元理解”。

也就是说，“多元理解”——“多方面理解”“多向度理解”“多层次理解”“多角度理解”，是在知悉、参照其他理解的基础上，在对自我理解的反思中获得的。对语文课堂里的学生来说，是在不同个体理解的交流中逐渐形成班级共同的学习经验这一过程中获得的，正如我们在共同备课的案例里所呈现的：在对自己的观点言说、强调、补充和提出疑惑中，在相互之间的讨论、交流、辨析乃至争论中，在各种说法的启发、审视、借鉴或回绝中，我们对课文的理解发生了变化，变得丰厚、深入了。

这样看来，“多元理解”不仅仅是对课文的理解结论，甚至也不仅仅是阅读经验中可以言说的部分。其关键，是经历“多元理解”的过程，而语文课堂本应该成为经历这一过程的正式场所。

应该说，在以往的语文课堂里，尤其是在优秀教师的语文课堂里，学生间或可能会有这样的经历。优秀教师作为多元理解的强势一元，无论是“把我的理解教给学生”“领着学生阅读，帮学生阅读”还是“教给学生阅读的知识与方法”等，都会对学生的理解产生重要的影响，如果这种影响超越了教师 → 学生的单向运行，而形成了与学生理解的回流，那么就有可能使学生体验到文学阅读的“多元理解”过程。组织得

① “多元”，在中国内地是个意识形态含义较强的敏感词语，比如“多元化”。

好的课堂交流，如果学生之间的发言形成了相互的关联，相互的交流对个体的理解发生了实质性的启发、触动，那么学生也有机会体验到文学阅读的“多元理解”过程。

但是，在以往的语文课堂，包括许多优秀教师的语文课堂里，对作品的“多元理解”——“多向度理解”“多层次理解”“多角度理解”“多方面理解”，极少有教师自觉地把它当作教学目标和核心教学内容，“多元理解”场景的出现多数是不自觉的、偶发的、局部的、零散的。对处于“学习阅读”状态中的学生而言，事实上也很难发生在“真实的阅读状态”下才有的“多元理解”的体验。

我们的课堂，大部分情况是老师讲学生听的关系，是老师问学生答的关系，是学生各顾各发言给老师听的关系，是老师对学生发言个对个回应的关系。这样的关系，这样的课堂教学结构，实际上抽空了“多元理解”发生的基础。在通常情况下，学生可能获得的，是知晓有不同的理解——老师的、学生的。如果是老师的，好学生就会把老师的理解当作自己的理解，就像老师把教参上的理解当作自己的理解一样。

曾经听过一堂课——《哦，香雪》，上了70分钟，关于作品的主题，开始是两位学生说A说B，两种见解，老师要学生“寻找细节证明自己的观点”，到最后，说A的还是A，说B的还是B，整个一堂课没听见有C和D，全体学生所记住的，是老师强势主张的A。这位教师关于小说细节和主题关联的教学知识，是错误的[①]，这姑且不论；单看起头是A是B，结尾还是是A是B，就不合常理。在评论这堂课时，我指出：这两位学生一开始是从细节中读出主题的，两人对主题的理解不一致，这是文学阅读的常态。接下来，因为老师走的是单向，对上述两种主题理解只取其中一种，而对另一种则没有再讲。结果呢，这两个学生

① 王荣生. 听王荣生教授评课 [M]. 上海：华东师范大学出版社，2007: 245.

开始的时候是这个观点，到课的最后还是坚持这个观点。这是这堂课需要反思的地方。我认为不应该出现这个情况，因为出现这个情况，那这堂课我们不是白上了吗？理想的结果，应该是坚持第一个观点的学生有更深的理解，坚持第二个观点的学生有更多或者更丰富的例证阐述。更理想的结果，应该是持一个观点的学生体验到了持另一个观点学生的理解。

有鉴于此，我主张在中学语文课中增铺一条让学生“经历文学阅读的探险过程”的新路径。

这条路径，从关注阅读的结论转移到了关注阅读的过程，它把体验文学阅读的“多元理解”当作教学目标和核心教学内容。

在这条路径上，主要的教学活动是师生、生生的互动研讨，教师的主要责任是在“与学生一起阅读”的同时，充当互动研讨的主持者。

三、讨论：关于“怎么教”

由于“经历文学阅读的探险过程”这条路径是倡议性的，其教学细节现在尚不明朗。在这种前提下，谈论“怎么教”，实际上是谈论“多元理解”得以获得的条件。

“经历文学阅读的探险过程”，体验文学阅读的“多元理解”，文学教学包括散文教学的这条路径，是受我们“共同备课”启发的。不妨从我的提议入手，从中抽取种种条件。

我的提议是：能不能组织学生像我们共同备课中的研讨那样去上课？

抽取的部分条件如下。

1. 讨论是参与者的一项工作（义务）。讨论有开始的时间、固定的场所，是课堂教学的一个组成部分，学生必须参与其中。

2. 参与者已阅读过作品，对作品有相当的理解，比如查阅过相关的资料。即事先布置阅读的任务，有一定的要求，比如有发言的非正式提纲、阅读材料上有印迹等。

3. 共同备课。即“合作学习”，或“协同学习”，或“共同学习”，一起来讨论。

4. 备课的主题是对课文的理解。即研讨的主题是对课文的解读。主要不是谈自己的联想、感受。也不是你说说，我说说。

5. 课文本身具有多种理解的可能性。即老师对文本要有选择，应该是自己也不能很好把握的课文。

6. 交流各自的阅读体验。即各人的意见，不在于对错，而在于向别人述说。

7. 研讨：严格意义上的“对话”，研讨式的交流。即不是自己的演说，也不仅仅是让别人分享。相信自己的阅读感受，但又不固执于自己的认识；尊重别人的阅读感受，同时又审议别人的意见。

8. 人人发言，有讨论、对话、交流的行为。即学生有发言、回答、追问、解说、回应、举例、延伸等行为。

9. 倾听别人的见解，但不必认同。即学生有聆听、记笔记、提问、插话、思索、质疑等行为。

10. 重在讨论的过程。即讨论的过程必须充分展开。

11. 参与备课的专家，是讨论的一分子，又具有领航的作用。即老师没有通常意义上的教案，也不必高于学生的理解，是在课堂里“与学生一起阅读”。老师可以是课堂讨论的主持人，也可以由学生主持。在讨论中老师没有命令的权利，老师的发言也不具有一锤定音的权威性，老师不宜长篇发言，但要担负“领航”和“护航”的责任。

12. 研讨的结果：

（1）不需要，也不太可能取得一致理解。即没有标准答案，也不会有标准答案。

（2）对课文的理解带有含混性。即不需要过于强调语言的表述，也不一定要概括。

（3）在交流中感到有共场的收获。即形成共同的学习经验。

（4）多元理解的获得。即对课文有了多层次、多向度、多角度的感受和理解。

（5）有多方面的反思性感受。即能反思自己的学习方式。

13. 气氛相对宽松。即不一定要坐固定位置，可以上厕所，可以喝水，可以偶尔走动等。

14. 结束只有大致的时间。即根据情况休会，但讨论未必结束，下次可能还要继续。

15. 需要在讨论后形成教学设计。即研讨后有作业，完成作业还需要钻研作品。

16. 共同备课之间，有专家的讲座。即教师要根据需要，穿插一些课时不一的讲座。

这样看起来，与“文学圈”在原则上有相同、相通之处，但与“文学圈”的“读书会”（有老师介入的）“聊书”在性质和诸多细节上有差别。

它们的相同、相通之处，主要有三条。

1. 教师参与讨论，但不主导讨论。教师的“教”，主要体现为“研讨会”领航和护航。即不是教学生读课文，而是与学生一起读课文；不是教学生理解课文，而是与学生一起理解课文。教师从“讲者”转变为“研讨会”主持者的新角色。

2.“合作学习”，或称“协同学习”，或称“共同学习”，或叫“一起来讨论”“共同研讨”。不管怎么称呼，总之是一种大家都参与的学术性的活动。学生由“听者”转变为课堂的主力。

3. 课堂教学结构，连带着语文课的教学文化，要改变。结束只有大致的时间，气氛相对宽松。一起来讨论，人人发言，倾听学生的见解。教师没有通常意义上的教案，也不必高于学生的理解。没有标准答案，也不会有标准答案。这一切，都预示着一种新型的语文课堂、新型的课堂组织、新型的教师与学生的关系。

这样的教学，能变成现实吗？我们愿努力尝试之。

第十二章 / 写作单元样章及讨论

一、写作单元样章说明[①]

在中小学语文教学中，写作教学处于十分尴尬的地位。一方面它备受重视，因为“作文”是中考、高考分值最大的一道题。另一方面，在课堂里又很少有正儿八经的写作教学，学生“作文”能力的形成和提高，基本上处于一种自然生长的状态——作文好的学生普遍认为，自己的“作文”能力与语文课堂教学没有什么直接的关系。

中小学写作教学的“正统”，是所谓的“读写结合”。这造成了语文课程的一种奇怪的“双附庸”现象：第一，写作能力的培养要通过阅读教学。语文课程“取以阅读为本位、以写作为附庸的格局”[②]。第二，阅读教学的内容偏向于“怎样写”。“所谓‘读’，只是揣摩作者是如何写的”，“这种观念，实质上是以写作为中心，阅读不过是写作的附庸”[③]。“双附庸”使阅读教学和写作教学两败俱伤，直接的结果之一，就是语文课堂里几乎没有写作的教学。

语文课堂里几乎没有写作的教学，这与教材有很大的关系。语文教师普遍反映，语文教材的写作部分不好用、没法儿用。语文教材的写作部分，包括独立成册的写作教材和专门的写作教辅材料，目前主要有四

① 编写组成员：王荣生、倪文尖、李海林、郑桂华、褚树荣。胡勤、黄伟参与了编写组的前期工作。执笔人：王荣生、郑桂华。

② 潘新和. 中国现代写作教育史 [M]. 福州：福建人民出版社，1997: 15.

③ 章熊. 中国当代写作与阅读测试 [M]. 成都：四川教育出版社，2000: 47.

种路子。第一种是题目加范文——你看人家把这个题目写得多么好，你学吧！第二种是情境的创设——你现在该有东西写了，你写吧！第三种是静态的章法知识的讲解——你明白了“好文章”的技法，你去运用吧！第四种是有待进一步开拓的，包括章熊倡导的言语技能训练，高原、刘朏朏开发的作文三级训练体系等。上述第二种、第三种路子，现在是主流。我们认为，这两种路子均有可资借鉴的地方，也都有需要正视的问题。我们认为，有必要把设置一个好情境与写作技能的训练勾连起来，编制一部关注写作过程、能够应用于课堂教学的写作教材。

这就意味着对写作教学内容的开发，核心是写作知识及其呈现方式的开发。中小学流行的写作知识，向来呈双轨制：一轨是章法知识，通过把“表达方式”改造为“基础文体”，形成了记叙文、议论文、说明文的章法知识，实际上是关于“闪光点的记叙文”“程式化的议论文”“生动的说明文”的知识。一轨是文体写作技法，比如提炼主题、巧妙构思、文采表达等，实际上是“文学性的散文”写作技法。“闪光点的记叙文”“程式化的议论文”“生动的说明文”，也就是“文学性的散文”，或者叫作“带有文学意味的普通文章”，刘锡庆把它们叫作“登不上文学殿堂的散文”，我们统称之为“小文人语篇”。章法知识，对付的是较低级的“小文人语篇”；文体写作知识，对付的是较高级的“小文人语篇”。

我们认为，中小学十二年的时间，全副心思几乎都花在除了应试而百无一用的“小文人语篇”上，这样的课程目标需要审议。我们认为，把“登不上文学殿堂的散文”当作中小学写作教学的主要文类，人为地造成了阅读和写作教学的种种难题。有证据表明，用知识引领的方式来“训练”写作“文学性的散文”，隐含着种种悖论，它基本上归于无效，甚至造成了极为不良的负面效果。这并不等于说写作教学不需要知识；设置一个好情境，使学生进入“生命的流淌”，在很大程度上是混淆了写作活动与写作教学。况且，使“生命流淌”的情境作文教学，其“情境”暗示着“小文人语篇”的体式，预设着“好词好句”（生动的形容词和比喻）的言说方式；它只是把一套写作“小文人语篇”的知识遮掩起来罢了，而以放弃常规意义上的教学为代价。

写作必须教学，教学必有知识。这无须争议，也无可争议。问题始终是哪一种写作、哪一些知识以及如何呈现。以下所列的写作单元样章，是我们努力解决问题的初步尝试。

我们是把对对象的认识、体式和表达连贯起来考虑的。对对象的认识，关涉写什么的问题，包括对事实的认识、对虚构体的认识、对自身情感的认识、对抽象事理的认识、对个人观点的认识。体式，是写成什么样的东西的预示，它规范着文体的思维方式，而表现为与体式相适应的言语表达。依我们的见解，中学的写作教学，尤其是高中写作教学，文类的重心不应该放在“我感想”式的“文学性的散文”上，而应该放在“它如何”式的文章乃至把自身想象、情感对象化了的小说、诗歌、戏剧等文学作品上。把对对象的认识、体式和表达连贯起来，我们表述为“言语方式”。对言语方式的研究，目前只能说是初步的，提炼也是尝试性的，并受必修 5 册教材的制约。我们认定，“写实”“虚构”“抒情”“阐释”“论证”是五种基本的言语方式，计划每册教材重点教学其中的一种，再辅之以一个“研究性学习”单元的综合写作实践以及阅读教学中的多样化的随机写作练习。

我们认为，合适的教学，教学内容必须相对集中。五种言语方式有丰富的内容，言语方式的组合、变化以及扩展，情形则更为复杂。在有限的教学时间内，教学内容只能选取最需要教学的某些点。选取最需要教学的点，有两个主要依据：一是我们对这种言语方式的认识，优先学习其核心的内容。二是我们对学生写作问题的判断，优先学习对解决迫切问题有实质性帮助的内容。比如“写实”的教学内容集中在“客观地展示事实”，“虚构”的教学内容集中在“合乎情理的想象”。在知识开发相对不足，小学、初中、高中写作教学的功能尚未清晰分化的条件下，选取这样的点只能是一种决断，有时难免有武断的成分。

写作单元的教材呈现，遵循我们这套教材的既定原则。在知识正确、适用的前提下，写作单元的教材编写，主要考虑所提供的情境对教学的有效触动、知识的过程化体验、教学展开的线路及活动设计在课堂中的可操作性。写作的每个单元分“整合与建构”“修改与交流”两个板块。“整合与建构”用于课堂教学，包括知识的过程化体验、言语方式的训练两个方面。“修改与交流”可以在课内进行，也可以放在课外，有对自己作品的修改、对同学作品的修改建议，以及作品展示这三个环节。

承担由上海教育出版社组织“按国家课程标准”编写的《高中语文课本（试编本）》，我们提出了三条目标：自己满意，教研员认可，教师好用。在我们看来，“自己满意”是一条很苛刻的标准。经过近两年的探索、打磨，写作单元的样章似乎可以拿出手了，尽管我们知道还有可以改进的余地。我们预感到，从言语方式的角度入手进行写作教学，可能是一条很有前途的道路，为此，开始谋划适用于高中整个学段的写作选修教材，并考虑小学、初中、高中写作教学的功能分化和衔接问题，为将来编制初中和小学语文课本做前期的准备。我们的写作单元样章，是否达到或接近后两条目标，这得由教研员和教师说了算。我们热切地期望各级语文教研员提出宝贵的意见，尤其期盼高中语文教师提供实地试教的反馈意见和建议。

二、“写实”单元样章

写实：客观地展现事实

整合与建构

写实，客观地展现事实，它具体地记叙或描写人物、景物、事件，给读者一种亲临现场的感觉。 写实常用于记叙性文章，如新闻报道、观察笔记、叙事散文、传记等。

一、感受写实

1. 朗读下列三组句子，感受 A、B 两种表达方式的差异。

第一组

A. 80 年代初，冰心老人来过上海，与上海结下不解之缘。

B. 1980 年春天，冰心老人访问日本回来，途经上海，下榻在延安饭店。

第二组

A. 看他那神气，是个见多识广，四海为家的人；来到纽约的样子，又像是一个睽违多年，重新回到自己领地来的领主。①

B. 他穿着一套宽大的，蓝中带褐的衣服，戴着一顶老式的，圆圆的巴拿马帽，斜戴成一个角度。他的绿色绸领带用黄玉环扣住，手里握着一支鲨鱼翅骨做的手杖。②

第三组

A. 常春藤的叶有一种微妙清明的光辉，有如朝霞，这很是神奇，安静，清净，似乎在睡眠里做着幸福而且无间的好梦。③

B. 有一片常春藤的叶子贴在墙上。它是藤上最后一片叶子了。靠近叶柄的颜色还是深绿的，但那锯齿形的边缘上已染上了枯败的黄色，它傲然地挂在离地面 20 来英尺的一根藤枝上面。④

2. 从形容词的数量、副词与动词的使用、抒情或议论的语句等方面，比较下列两个片段。

---

①② 亨利."醉翁之意"[M] // 王永年，译.欧·亨利短篇小说选.北京：人民文学出版社，2000.

③ 显克微支.二草原 [M] // 贾平凹.外国散文：百年精华.北京：人民日报出版社，2005.

④ 亨利.最后的常春藤叶 [M] // 王永年，译.欧·亨利短篇小说选.北京：人民文学出版社，2000.

片段一

在龙卷风袭击前的几分钟，我吃过晚饭，正坐在厨房里对孩子们说，龙卷风警报并不意味着它一定将袭击我们的房子。那时，夜班主编詹姆斯·阿克顿从《法戈论坛报》编辑部打来一个电话，报告说一场可怕的龙卷风已经袭击了西大街，正向法戈商业区方向前进。

我边答话，边向我们家西边的窗户外望去。看见当风升级到强风时，树开始摇摆，我叫佐伊和四个孩子到地下室去。灯灭了，半分钟之后，我告诉阿克顿我也去了地下室。

在西南角，我们坐着，等待即将发生的一切。我从地下室的小窗朝外瞅，看见各种各样的碎物在空中向北方飞去。

接着，碎片开始打着漩涡，我知道我们的位置在龙卷风漏斗的正中心。楼上传来了窗户噼噼啪啪的响声和许多重物相撞的声音。

一二分钟后，一切都结束了。

上楼一看，第一眼发现后门被撞碎了。厨房里乱成一片，盘子、用具、食物和碎玻璃到处都是。整个楼下，更多的窗户被毁了，雨水啪啪地落进来。

我朝后院瞥了一眼，发现两个车棚不见了。汽车还在，车顶上堆着两平方英尺的烟囱砖头。[1]

片段二

我的小学，校园本身也是一座庙，准确地说是一座大庙的一部分。大庙叫柏林寺，里面有很多合抱粗的柏树。有风的时候，老柏树浓密而深沉的响声一浪一浪，传遍校园，传进教室，使吵闹的孩

① 佚名. 北达科他州风灾纪实 [M] // 李普曼，赖斯顿，等. 新闻与正义：普利策新闻奖获奖作品集Ⅰ. 展江，主译评. 海口：海南出版社，1998.

子也不由得安静下来，使朗朗的读书声时而飞扬时而沉落，使得上课和下课的铃声飘忽而悠扬。

摇铃的老头，据说曾经就是这庙中的和尚，庙既改作学校，他便还俗做了这儿的看门人，看门兼而摇铃。老头极和蔼，随你怎样摸他的红鼻头和光脑袋他都不恼，看到你不快活他甚至会低下头来给你，说：想摸摸吗？孩子们都愿意到传达室去玩，挤在他的床上，挤得密不透风，没大没小地跟他说笑。上课或下课的时间到了，他摇起铜铃，不紧不慢地在所有的窗廊下走过，目不旁顾，一路都不改变姿势。丁当丁当——丁当丁当——那铃声在风中飘摇，在校园回荡，在阳光里漫散开去，在所有孩子的心中留下难以磨灭的记忆。那铃声，上课时摇得紧张，下课时摇得舒畅，但无论紧张还是舒畅都比后来的电铃有味道，浪漫，多情，仿佛知道你的惧怕和盼望。①

	片段一	片段二
形容词的数量		
副词使用情况		
动词使用情况		
抒情或议论的语句		

3. 画出下文中你认为表达不够具体的语句，并做简要的分析。

妈妈带回一个装帧精美的相架，要我选一张自认为拍得最好的照片放在里面。于是我从许许多多的自己中选了一张最最满意的，小心翼翼地夹在里面。妈妈看了一会儿，十分不解地问：为什么选

① 史铁生. 有关庙的回忆 [M] // 邹仲之. 抚摸北京：当代作家笔下的北京. 北京：生活 · 读书 · 新知三联书店，2005.

这张呢？太孩子气了，你瞧那张，就像个女孩子的样子，又文雅又自信，还有那张也不错……“不，”我固执地摇头，一边把那个笑得很夸张的自己摆摆正，又端详了一会儿，回答，“不，就选这张，像个孩子，有什么不好？”

我是一个高二的学生，似乎没有人会认为这个年龄段的我们还是孩子。可是，面对日益沉重的学业，有时候我会孩子气地产生莫名的厌恶：讨厌没有生气的教室，讨厌早出晚归的学习生活，甚至会讨厌唠唠叨叨的爸爸妈妈。[①]

二、习作

1. 参考“重点技巧”，列举写实要注意的问题。

重点技巧

◎写实相对于虚构，必须确如其人，确如其事，景和物的描绘“像照相机拍出来的”一样。

◎写实是客观的，它展示对象，而不是讲述作者的情感、判断和推论，要避免滥用形容词和副词，一般较少使用比喻、拟人、夸张等修辞格。

◎写实是具体的，多使用表示行为的动词和具体的名词，给读者一种亲临现场的感觉。

◎写实要有选择和侧重，突出对象的特征，一些交代性、过渡性的内容可不必繁笔刻画。

2. 在以下三项活动中任选一项完成。

（1）×× 老师

◎选择一位你所熟悉的教师。

◎描写他（她）的肖像、动作、语言等，真实刻画人物的外显特征，力求传达出人物的个性。

① 王轶敏. 我是一个孩子 [M] // 钱梦龙，郑桂华. 初中生另类作文. 广州：新世纪出版社，2002.

◎尽可能多用表示行为的动词和具体的名词，少用带有评价性的形容词。

（2）×× 事件报道

◎列出你的家庭、学校或社区等近期发生的事。

◎选出一件你感兴趣的事情作为报道的对象，注意核实细节。

◎尝试采用“镜头式语言”，完成一篇新闻报道。

（3）×× 一景

◎从校园或其他熟悉的生活环境里选取一个场景。

◎再现这一场景，注意整体场面和局部细节的结合。

◎写作中反复与实际的场景相对照，力求客观、具体。

修改与交流

一、对照“重点技巧”，修改习作

◎你所写的与其人、其事、其景、其物相符吗？

◎你在叙述中过多地使用了评价性的语言吗？

◎你的描写有所选择和侧重吗？

◎你的作品具体、生动吗？

二、评价同学的习作，并提出修改的建议

◎人物、事件、场景，有无造假的嫌疑？

◎人物或场景，有无想当然地描写？

◎是否只泛泛地介绍或空洞地概括？

◎是否用自己的评价代替了具体地刻画？

三、反复推敲，再次修改习作，并进行文字的校订

四、将誊写或打印的习作，发表在班级网页或墙报上

三、“虚构”单元样章

虚构：合乎情理的想象

整合与建构

虚构运用合乎情理的想象，它由一个假想的叙述者，叙述或描写作者创作的场景、人物和故事。 小说、戏剧用虚构的人物和故事表达对生活的理解与思考，散文、传记乃至一些历史著作中，也往往有细节的虚构。

一、走进虚构

1. 第一次尝试，完成下列任务。

（1）根据提供的线索虚构故事。

上课铃响了，你走进教室，却发现空无一人……

（2）参考上例，请你虚构出 2—3 个场景或一个故事。

（3）在小组中交流各自虚构出的场景或故事，挑选出你认为成功的虚构，并试着把你的评价标准填写在下表中。

表 1　初步评价

好的虚构	判断标准

（4）将不同小组虚构的场景交换着阅读，评出 1 个你认为写得最好的场景，并修正上表。

表 2　调整后的评价

好的虚构	判断标准

（5）班级讨论“好的虚构”6 条标准。

◎这些标准是被多数同学认可的。

◎用这些标准能够衡量出好的虚构。

◎这些标准应该简练实用。

大家认可的判断标准	① ② ③ ④ ⑤ ⑥

2. 第二次尝试，完成下列任务。

（1）参考下列提示，用第三人称讲述故事。

在一片古老的墓地，安息着约翰·大卫·韦斯特。他在 18 个月大的时候就死去了。他的墓碑上写着“约翰·大卫·韦斯特，走得这么快。”尽管他夭折已有 40 年，但那块墓地——被人用心照料的墓地依然清净齐整，几束鲜花整齐地摆放在墓碑前，几行脚印依稀可辨，显然是有人刚刚来过。

◎这里发生过什么事？

◎是谁一直在纪念他，照料他的墓地？是他的父母亲，还是其他人？也许是某个对孩子的死怀有愧疚的人？

◎来的是一个人，还是一群人？

◎他们举行过什么仪式吗？

◎当时的环境、气氛怎么样？有没有发生交流或冲突？

◎最后的结果如何？

（2）转换叙述视角，以下列人物之一作为叙述者，重新讲述故事。

◎约翰的父亲

◎约翰的母亲

◎约翰的姐姐

◎对约翰的死怀有愧疚的人

◎墓地的管理者

◎约翰家里的一条狗

（3）小组交流，选出比较精彩的故事。选代表向班级同学介绍他虚构的情节，说说他是怎么想到这些细节的。

（4）填写下表，反思自己的创作。

这些情景符合上面大家讨论认可的标准	
这些情景不符合或者不完全符合上述标准	
我准备做的修改	

二、习作

1. 参考“重点技巧”，总结虚构的几种情况和常用的方法。

重点技巧

◎虚构的对象可以是故事情节，也可以是某个人物、场景或细节等。

◎写作虚构作品，就是把自己假想成某个叙述者。

◎叙述者有叙述视角，可以是“什么都知道”的全知视角，也可以是某一有限视角，比如故事中的某个人物，甚至一个动物。

◎虚构要符合生活的逻辑，它往往以现实生活中的某些素材为基础，进行重新组合或者加以合理的想象。

2. 在以下四项活动中任选一项完成。

（1）从第一次尝试中选一个虚构的场景或故事，参考大家的意见，补充一些人物，丰富一些细节，创作一个相对完整的故事。

（2）以第二次尝试中的某一人物为叙述者，借鉴同学好的虚构，创作一个相对完整的故事。

（3）假想你是在过了十年之后，讲述你们初三时的故事，可以虚构某些场景和细节。

（4）假想你是某位任课教师，讲述你班里某同学的故事，可以虚构某些情节和细节。

修改与交流

一、对照“重点技巧”，修改习作

◎你的虚构有独创性吗？

◎你的虚构有真实感吗？

◎你的叙述和描写，与你选定的叙述视角有无矛盾？

◎你运用的语言，与假象的叙述者是否相符？

◎你的作品生动有趣吗？

二、评价同学的习作，并提出修改的建议

◎故事情节虚构得是否巧妙？

◎叙述和描写是否按既定的视角来写的？

◎人物、场景在细节上有无破绽？

◎所运用的语言，与该作品的假想叙述者是否相符？

◎作品是否有趣，能否感人？

三、反复推敲，再次修改习作，并进行文字的校订

四、班级组织一次虚构作品展示会，各自讲述所创作的故事

第十三章 / 口语交际的教学内容及活动设计

作为语文课程一个独立领域的口语交际，大致可以区分出“日常生活中的口语交际活动”“组织中的口语交际活动”和“隆重场合的口语交际活动”三个大类[①]。这三个大类在教学内容上有“质地”的差异：日常生活中的口语交际活动，其教学内容主要是“反思性”的；组织中的口语交际活动，其教学内容主要是“形成性”的；而隆重场合的口语交际活动，其教学内容主要是“技巧性”的。反思性的教学内容好比“亡羊补牢”，形成性的教学内容好比“雪中送炭”，技巧性的教学内容好比“锦上添花”。就写作和口语交际来说，教学内容往往是通过活动来体现的。活动设计的最基本要求，是要有明确的指向，集中地体现相对单一的教学内容，从而有效地达成课程与教学目标。

一、反思性的教学内容及其活动设计

（一）反思性的教学内容

在母语的环境中，学生日夜浸润在口语交际当中。在日常的生活中、在以往的语文学习中，学生形成了口语交际的能力，足以应付基本的口语交际活动。然而，他们的口语交际可能有缺憾，或多或少地阻碍了人与人之间的有效沟通。而造成沟通阻碍的主要因素，往往不是他们

① 可参见：王志凯，王荣生. 口语交际教例剖析与教案研制 [M]. 南宁：广西教育出版社，2004.

不知道怎样交际，或不具备口语交际的技能，而是他们对自身存在的缺憾没有意识，甚至还误以为缺憾是圆满。日常的口语交际可以和“走路”相类比。一个乱穿马路的人，并不是不会走路，而是认识不到乱穿马路的错误和危害，甚至还以为走人行道没有必要、乱穿马路理所当然。同样，一个在公共场所高声喧哗的人，并不是他不具备轻声说话的技能，而是他认识不到轻声说话的必要性和重要性，还以为音量的放大是天生自然的。人际沟通中的问题，可能绝大部分是这种情况。

学生在日常口语交际中的种种缺憾，是自然养成的，某种缺憾也往往不为某人所独有，而带有相当的普遍性。因而，对大多数人来说，缺憾也不太可能在日常口语交际中自然地得到改善，换句话说，是需要在语文课程里通过“教”来改善的。请看一个国外的课例。[①]

教学目的

了解会话交际中的不同风格和实用技巧，以便应付会话中出现的交际冲突。

活动步骤

（一）将学生分成小组并让他们给“会话打断”（interruption in conversation）和“会话重叠”（overlap in conversation）作定义，并让他们决定两者是否有区别，若有区别，如何表现。如果学生需要帮助，教师应启发他们想象在真实的交际中，人们如何涉及“会话打断”和“会话重叠”，他们如何反应。

（二）选择一个会话主题（例如体罚、毒品合法化、公共场所吸烟）。任何主题都可以，但必须能激发学生的兴趣，并且能够使全班学

① 陈申. 语言文化教学策略研究 [M]. 北京：北京语言文化大学出版社，2001: 180－181.

生分为人数相当的两组。

（三）了解学生们的不同意见，将全班分成两组，将意见相同的学生分在同一组，然后给5—10分钟时间让双方准备辩论（列出论点、证据和需要用的词汇）。

（四）从两组中各选一名学生，在教室前面面对面地坐下，让两名学生代表双方就所选主题展开讨论。但不允许在相同时间内讲话。不管他们如何激动，必须等对方说完之后才可以发言。同时请全班学生专心听讲，注意发言者的互动情况，几分钟以后教师中断对话。

（五）从两组中各另选一名学生，也面对面而坐，让他们就主题展开讨论，但尽可能在同一时间内抢着发言，不等对方把话说完，想说立刻就说，同时请全班其他学生观其言行，注意双方互动，几分钟以后停止。

（六）让全班学生围成一个圆圈坐下，共同讨论教师提出的问题。

◎两次对话有什么不同?

◎参加第一次会话的两位有什么体会?

◎参加第二次活动的两位有什么体会?

◎当你同朋友交谈时你是如何表现的，是像第一组那样还是更倾向于像第二组?

◎你如何与你的老师、你的上级和你的家庭成员对话?

◎你认为你这样对话是由你本人的个性所决定的吗?或者由别人的个性?

◎其他人是否以与你同样的方式与别人交流?

很明显，在这堂课里既没有“教”“会话打断”（或不打断）的“技能”（这些技能学生已经具有），也没有“教”如何避免（或坚持）“会话重叠”的“技能”（这些技能学生也已经具有），当然也不是仅仅“教”“会话打断”和“会话重叠”这两个“概念”。这堂课的教学内容，是促使学生反思“会话打断”和“会话重叠”这两种行为，通过反思，唤醒学生“自觉地”谋求改善自己的日常口语交际。

一般来说，越是日常的口语交际，越需要反思性的教学内容；越是高年级（已经学会了某种类型的口语交际），教学内容就越需要是反思性的。而反思性的教学内容，一般只需用较少的课时，要是我们的教学内容选择对头而教师的那一次教学又能够使学生刻骨铭心的话。即使学生故态复萌，一般也只需提醒即可。像我们有些教材那样“自我介绍”“介绍朋友、宾客”“介绍我的家”“介绍我的家乡”等一路“介绍”下去，从教学内容的角度看，是很不适当的。

（二）与反思性教学内容相适应的活动

反思性的教学内容所面对的，是学生已经沉浸其中的口语交际类型，主要是日常生活中的口语交际，我们曾用“走路”来打比方。学生在日常口语交际中的种种缺憾，并不是因为缺乏实践，相反倒是由于过多地实践，由于过多地实践了“乱穿马路”，乃至习以为常。为唤醒缺憾的意识，口语交际教学中的活动，原则上不应该是日常生活的简单搬移，而应该与日常生活拉开一定距离，从而造成习以为常的生活的“陌生化”。

从工商管理者资格培训的经验看，主要的活动方式是游戏。工商管理者培训也提供了大量的经典游戏可供我们借鉴，这方面的材料目前我们在书店里很容易找到。[①]

能够造成“陌生化”的第二种活动方式，是“讲故事”，讲曾经发生过的与学生生活经验能沟通的真实故事，也包括学生讲述（即反思）自己生活中的相关经历。故事的主题应该是不成功的交际，或者现在回

① 如：陈向明. 在参与中学习与行动：参与式方法培训指南：下册 [M]. 北京：教育科学出版社，2003.

想起来有缺憾的经历，而不应该是“高人”的“交际艺术”。需要破除一个束缚——有些教师以为，口语交际教学必须是学生在课堂里交际，比如问候，必须是学生进行问候的活动；比如赞美，必须是学生进行赞美的活动。这是不对的。学生在问候时的缺憾并不是因为不会问候，而是因为他们没有意识到有些场合需要问候；学生在生活中缺少赞美别人的举动，不是因为他们不懂得赞美，而是因为缺少赞美别人的意识。母语课程的日常口语交际教学，绝不应该自以为是地去教学生在生活中原本已经学会的东西。反思性的教学内容是唤醒问候的意识、唤醒赞美别人的意识，而这并不一定需要学生在课堂里练习问候、练习赞美。我们应该认识到，学生在课堂里开口讲话，并不等于一定是在进行口语交际教学；学生在课堂里不练习、不表演他们已经会说的话，也并不意味着不能进行口语交际教学。

第三种比较理想的活动方式，是观看真实生活中交际实情的教学录像，别人的或自己的皆可。可惜目前我们缺少这样的资源，也缺乏合法地获取这种资源的手段。一个变形的方法是有意制造一个事端，让学生信以为真，然后观察（原貌记录）学生的交际活动，作为教学中的分析对象，也可以有意识地观察（原貌记录）学生课中、课间、课后的交际活动，选出可以作为教学分析对象的材料。这里又需要破除一个束缚——有些教师以为，学生的日常口语交际活动，一定要发生在教室的外边、学校的外边，比如到商店去购物、在大川前做导游、在自家的客厅里接待客人。这也是不对的。什么是日常生活？日常生活就是我们沉浸在其中所度过的时间。谁都知道学生的大部分时间是在学校、在课堂里度过的，怎么这反而不是日常生活了呢？日常生活对学生来说，主要是学校生活，“如何让更多学生参与校报工作”“如何使我们的告示板更富吸引力”等，都是口语交际教学的真实话题。

反思性教学内容的要义，在于引起反思，对自己真实的口语交际行为进行反思。我们认为，目前在口语交际教学实践中反反复复出现在课堂中的做客、待客、指路、问路、看病、打电话、接电话等，由于缺乏应有的反思性教学内容，很少能起到反思的效力，因而往往不值得采用。而且，大量看起来是把日常生活搬进课堂的口语交际，其实是涂脂抹粉、乔装打扮了的，本质上缺乏生活的真实性。

李明洁把这类活动归类到“戏剧”中而定名为“即席表演”，这是很有见地的。即席表演具有两面性：一方面，表演者要投入，力求像真的一样；另一方面，无论是表演者还是观看者都清醒地知道这不是真的，是在表演。戏剧表演的要义是把戏演好，而演好戏的前提是表演者要把自己变成戏剧中所扮演的一个角色，而且将这个角色的言语行为与日常的“本真的我”相隔离。即席表演在口语交际教学中有用武之地，但主要用在形成性教学内容的教学中。

关键是把表演当表演，而不能把课堂里表演性的“口语交际”当作日常生活中真实发生的事情。像我们现在这样，真（生活原貌）假（课堂中的表演）不辨，甚至以假代真，结果导致学生将课堂里所表演的“口语交际”与自己真实生活中的口语交际割裂开来——口语交际的课里是一套讲话，口语交际课之前和之后又是一套讲话，这样的结果相信是谁也不希望看到的。

也许我们从上面举过的“会话打断”的课例中可以看出一点儿苗头来。

第一个要点，这是“必须能激发学生的兴趣”的话题。什么是“必须能激发学生的兴趣”的话题呢？那就是能把学生卷入其中的话题。

第二个要点，这是一场真实的辩论。在教室前面面对面地坐下的两名学生是在真实地讲自己真实的话。学生是在**演示**而不是在做戏。

第三个要点，这里有表演的成分，即对生活原貌的变形。发言的规则——“不管他们如何激动，必须等对方说完之后才可以发言”，这样的事情在生活中不太可能发生。而之所以变形，是为了造成“陌生化”的效果，从而凸显我们在日常生活的交际中所没有意识到的问题。

第四个要点，学生的演示是片段的。活动是为了满足教学的需要，而不是为活动而活动。

二、形成性的教学内容及其活动设计

（一）形成性的教学内容

如果说反思性的教学内容所面对的是像“走路”这样的日常行为，那么形成性的教学内容所面对的，就是“开汽车”那样的在目前还没有成为日常行为的行为。可以树立这样一个原则——凡是学生新接触的口语交际类型，或者在“质地”上与学生所熟悉的日常生活有较大差异的口语交际活动，都需要形成性的教学内容。一般来说，组织中的口语交际活动，比如讨论、辩论、采访、演讲等，学生在母语的自然浸润中是学不到或学不像样的，因而是需要在语文课程中专门“教”的。

形成性的教学内容是教技能，也就是教“怎么听说”。怎么听说，其实也就是在某一种类的口语交际活动中“听、说什么”和“做什么”。

这里再举一个商务电话的例子。日常打电话是不需要放在语文课程里教的，除非我们有反思性的教学内容。然而，对一个职业高中商务专业的学生来说，商务电话也许是一个值得学习的口语交际类型。要是我们以为日常打电话与商务电话没什么区别，或者学生以为用日常打电话的那套足以应付商务电话，那无疑要犯极大的错误。

商务电话 18 条黄金规则①

◎电话铃响 3 遍或 4 遍之后迅速拿起电话——打电话的人不喜欢等得太久。

◎笑着接听电话，你的笑容会通过你的声音显示出来，这会让你显

① 沃克. 电话技巧 [M]. 王辉，译. 北京：中国社会科学出版社，2001: 46－47.

得更加友好。

◎打电话时，要确信这个时间对对方来说很方便。

◎在应答电话时，要作口头上的问候，告诉对方你的姓名、公司名称及所属部门。

◎要表现出对对方的理解，可以用温暖友好的语调和他迅速建立起关系来。

◎可以通过询问来获得信息，也可以通过求证的方式来明确你已理解了的信息。

◎如果可能的话，尽量迅速准确地回答对方的问题；如果你无法帮上忙的话，那么就告诉他们你能够为他们做什么。

◎经常性地用一些提示语言向对方表示你正在听。例如"是的""我明白"或"对"之类的。

◎向对方重复一下他告诉你的姓名、电话号码、传真，以保证你记下的是正确的。

◎做个记录，记下所有必要的信息。俗话说得好："好记性不如烂笔头。"

◎向对方求证一下所有重要的信息，也就是你们正在讨论的问题。

◎应该记下他们的详细信息，并向他们保证你一定会把他们的信息传达到合适的人那里并要求他们回电话。

◎全神贯注于打电话给你的人。没有人能够同时和两个人谈话又能获得双方的全部信息。

◎将注意力集中放在当前的这个电话上，不要问一些无意义的话来打断对方。

◎牢记通话双方都应该知道他们在与谁谈话。

◎双方协商好要采取的方案。

◎结束电话时再确定一下你的记录。

◎适当的结束方法。不管在什么环境下，都该在结束时证实一下讨论的所有问题，并感谢对方为此花费的时间和精力。

上面洋洋列举了18条商务电话黄金规则。这就提醒我们，形成性的教学内容往往是复杂的，可能由多项技能构成，因而学习需要花费较长的时间，对技能也需要做适当的分解。比如在美国加利福尼亚州的《公立学校英语课程标准》[①]中，“叙述性发言”，从一年级一直延伸到八年级；“劝说性发言”，则从六年级持续到八年级，并贯通到高中阶段。我国的语文教材和教学实践，似乎想将诸如讨论、辩论、采访、演讲等复杂的口语交际类型，只通过一次囫囵吞枣的活动就解决掉，这完全不妥当。

（二）与形成性教学内容相适应的活动

形成性教学内容所面对的，是学生相对陌生的口语交际类型，主要是组织中的口语交际或正式场合的口语交际，我们曾用“开汽车”来类比。不会开汽车，是因为缺乏相应的知识和技能；不会进行正式的讨论，是因为日常生活中缺少这种讨论的环境，人们很难自然地形成所必需的知识和技能。

最能满足形成性教学内容教学需要的活动，可能是上面提到的“即席表演”。李明洁编著的《新专题教程：高中语文5：口语交际新视点》中有一个很好的样板[②]。

现在我们来做一个“教务会议”的练习。

---

① 美国加利福尼亚州《公立学校英语课程标准》[M] // 联合国儿童基金会，教育部基础教育司. 基础教育课程改革资料选编.

② 李明洁. 新专题课程：高中语文5：口语交际新视点 [M]. 上海：华东师范大学出版社，2004: 45－46.

情景：你们学校的教务长要召开一次教务会议。原因是副科老师提出意见，认为他们的课时越来越少，有时因为要给主科让时间而不能保证按照教学计划上课，他们的效益和就业机会都受到威胁。教务长因此举行该次会议。参加会议的有若干音乐老师、若干美术老师、若干常识老师、若干主科老师、教务长、校长助理和教学委员会委员（包括任课教师代表、行政管理代表和学生代表）。

练习：

（1）考虑一下副科老师面临的处境。这些处境决定了他们应该采取什么样的话语策略。

（2）考虑一下教务长和校长对这次会议有什么期望。

（3）将拥有共同利益者组成小组。如音乐老师组成一组或者副科老师组成一组，教务长和校长助理组成一组，等等。并依据分组讨论各组需要陈述的立场和理由。

下面是“答辩会”。

情景：教务办公室里一切准备就绪。教务长向大家表示欢迎，并简要地介绍了这次会议的目的和发言要求。接着要求第一组代表发言……

练习：

（1）把教室布置成会议室。

（2）各小组再活动一次，为报告做最后准备。

（3）举行会议。发言过程一般不可以打断（除非时间太长）。一个代表发言结束后，可以接受教学委员会的提问。

下面是“内部磋商”。

情景：最后一组代表报告结束以后，教务长对大家表示感谢。他宣布暂时休会，他要与校长助理和教学委员会进行内部磋商。

练习：各组开展讨论。

（1）教师组：本组的报告内容如何？报告的手段和效果如何？哪几点还需要进一步阐述？根据刚才其他组的信息，本组应该做出怎样的回应？

（2）教务长一组：哪个组的报告更有说服力？哪个组的意见不具有说服力？为什么？

（3）各组为结束会议准备口头补充材料。

“最后决定”。

情景：再次把教室布置成会议室。所有人再次入场。教务长宣布由教学委员会代表主持余下的会议。

（1）各组做补充陈述。

（2）教学委员会做总结陈述。包括对各组意见的概括和最后的讨论决定。

（3）在刚才的练习中，你们复习了讲解、报告和议论等口语交际活动。所有的同学都在活动中扮演了一定的角色。请按照以下几点对你们的经验进行总结和评估。

◎哪些同学的角色扮演较为成功或不很成功？为什么？

◎你们在倾听别人发言时有什么感受？你跟着他的思路了吗？

◎说话的姿态和动作表情如何与人物吻合？

◎哪一组的配合较为默契？为什么？

上面的案例是一个大单元设计，根据我们现在的课时安排，在教学中可能需要组织相对短小的即席表演活动。组织即席表演活动的要点，有以下两个。

（1）话题是正式的，而且是虚拟的。这跟反思性教学内容所需要的活动正好相反。

（2）活动中的关注重点不在于具体的结论，而在于口语交际的行为。这区别于“真实”的讨论。

上述两点是相互制约的。如果学校决定下星期去旅游，这星期的口语交际课就把“到哪里去旅游”作为讨论的话题，这不是一个好主意。因为真实的话题很容易使学生卷入其中，因而他们更关心结果，在争得结果的讨论中一般不会去注意口语交际的行为问题，也难以注意。换句话说，即席表演要遵守“戏剧”的规则，而不宜与“生活”混同起来。

在口语交际实践中，有不少教师“教”采访的办法，是让学生模拟性采访，比如让学生去“采访”某位任课教师。这也不是一个好主意。模拟性的采访最好“戏剧化”，也就是说，学生扮演采访者，而那被采访的教师也需要进入“扮演”的角色，比如有意地答非所问，比如拒绝回答问题而且态度傲慢地教训采访的学生，比如喋喋不休地自顾自讲述等，这样，学生才能够进入某种特定的情境，从采访的模拟中学到怎么采访。

三、技巧性的教学内容及其活动设计

（一）技巧性的教学内容

如果说形成性的教学内容所面对的是“开汽车”那样的事，那么技巧性的教学内容所面对的就类似于“登台亮相”。一方面，登台亮相具有自然性，几乎人人都会，三四岁小孩子也会，并不像开汽车那样不专门学习就驾驶不了。另一方面，又与走路不同，很少有人始终意识到自己是怎样走路的，但几乎人人都能感觉到登台亮相的紧张、窘迫。许多人对自己登台亮相的举止感到不满意，认为需要学一些技巧。

为达到满意效果而学习的一些技巧，就是口语交际技巧性的教学内容。一般来说，需要技巧的口语交际活动往往是一些比较特殊的活动，或者有特殊的场合，或者有特殊的要求，而要达到满意的效果往往要付出特意去“做”的努力。典型的类型，是作为“隆重场合的口语交际活动”的诵读和戏剧表演。

组织中的口语交际活动中，有些类型也有技巧性的一面，比如谈判、推销（带有实用性目的的劝说）等。“演讲”就其本义来说，是影响公众的一种行为，所以国外叫“公共演讲”。但另一方面，演讲有时也会带有表演的色彩，为达到满意的程度，为取得某些特殊的效果，有时候也需要“做”一“做”。作为中小学语文课程一个领域的口语交际，演讲的教学，教学内容的主体无疑应该放在形成性上，虽然有时可能会附带一些技巧性的东西。

我国的语文教材和教学实践，把“演讲”归入“表演类”。但那被归入“表演类”的“演讲”，实际上是很可能只有我国所独有的那种以得奖为目的的“演讲比赛”的“演讲”，是那种为换取“评委”打高分的被称为“辩论赛”的“辩论”。

需要技巧的人际沟通，往往是在一些特殊的、隆重的场合，比如接待贵宾，比如与顶头上司就工作问题讨价还价，这种交际活动其实多数是在组织中发生的。有些则是私密的，比如赢得女朋友的欢心，比如树立男子汉的威风，而这显然是语文课程所无法包容的。

日常生活中的口语交际，讲究真诚实心。有没有需要特意去“做”的情形呢？所能想到的典型的例子，就是骗人，包括恶意的骗人和好心的骗人。要骗得住人，不会没有骗的技巧。当然，谁也不会把骗人的技巧放在语文课程中来教。其他的还有没有呢？有，那就是一些高人的口语交际艺术，但高人的艺术可赏而不可求。我国过去的所谓“口语交际研究”、所谓“口语交际教学的研究”，一个主要的内容就是津津有味地罗列一些高人的口语交际艺术——阿凡提怎么样，马克·吐温怎么样，某某某在某种场合又怎么样，等等。我们认为，教日常生活中的口语交际，原则上要摈弃表演性的技巧。

（二）与技巧性教学内容相适应的活动

技巧性教学内容所面对的，是需要满意地达到（艺术）效果的口语交际，我们上文用登台亮相来比方，典型的类型是诵读和戏剧表演。人际沟通和组织中的沟通，为了获取某种特定的效果，也需要技巧，但作为中小学语文课程中一个独立领域的口语交际，一般不宜将这些技巧的传授作为教学内容，尽管有时也会附带一些技巧性的成分。

与技巧性教学内容最相适应的活动，是实战。比如戏剧表演，那必须是一场真正的演出。比如诵读，采用让学生录音并参加评比（计入语文成绩）的方式，或采用朗诵比赛的方式，效果会显著提高。再比如介绍，如果所追求的是满意的效果，那必须是一次真正的介绍，比如向参观学校的贵宾介绍班级的情况，向参加家长会的家长们介绍班级本学期的学习情况等。有许多教师参加过普通话考试，那一定明白满意地掌握标准普通话的技巧，需要什么样的活动。参加过公开课比赛的教师，也一定明白什么样的活动最能提高上课的技巧。

只有实战，才能激发技巧上精益求精的欲望，才能发现那些看起来细小而实际上影响效果的因素，才能感受到满意的技巧所带来的成功喜悦，才会痛感技巧的疏忽所造成的不愉快结果。

在口语交际教学中采用的演讲比赛、辩论赛，其实就是不自觉地在实践着实战的原则。当然，我们不主张这样的活动，因为对大部分学生来说，他们需要的是演讲和辩论的基本技能，而不是技巧。作为语文课程中一个领域的口语交际，应该雪中送炭，而不是去求锦上添花。组织这类比赛的老师可以自问一下：谁在参加比赛？谁在比赛中获奖？如果不出所料的话，一定是有口才的学生在参加比赛，一定是口才好的学生得奖。那我们的口语交际教学是面向谁呢，应该面向谁呢？

谋求技巧改善的口语交际教学，有许多缺乏课程意识的教师往往一味采用“模仿”的办法，比如模仿节目主持人，比如诵读。曾经听过两堂小学语文课，四年级一堂，五年级一堂，四年级教师让学生“读出感情来”，五年级教师也是让学生“读出感情来”，而所谓“读出感情来”，除了不断地提出“读出感情来”的诉求之外，便是要求模仿老师的“表演”。五年级提出与四年级同样的诉求，证明四年级教学的无效；五年级教师还用四年级的一套，证明许多语文教师不知道“读出感情来”应该教什么。“读出感情来”，如果按我们语文教学通行的样子来理解的话，那是需要技巧设计的，比如情调的把握、语速的控制、音色的变化、轻重音的体现、停顿和延续等，不从这些技巧入手而只一味地提出诉求和模仿，学生可能永远也学不会“读出感情来”。

上面的例子告诉我们，在实战活动中，教师是要指导的，语文教学是要教的。下面的材料对我们怎么把握“实战”中的指导是有启发意义的。

阿德勒曾经在广播中听过丘吉尔的一次演讲。“他的演说真令我佩服。那是一场结构优美的演说，词句雄健有力，所有的迟疑和停顿都在告诉我们这是一场即席演说，因为话中的停顿听起来就像是他正在思考下一句该用什么正确的字眼。不过后来我才知道，事实上这篇演讲稿早就写好了，他只是在演讲时运用了一些技巧，让人家听起来像是在做即席演讲。”[①] 那么我们如何做才能产生这种效果呢？阿德勒说，他将告诉大家一个“秘诀”，于是提了两点建议：第一，演讲前先把演讲稿写下来；第二，演讲稿的写作样式要处于简明纲要式和完整文章式之间。即有些重要的话，比如开头、过渡、主要观点、结尾以及其他自己认为重要的话，写成完整的段落，像写文章那样；有些内容，比如支撑性的材料，写成一个提纲，列出要点，详略依自己对内容的了解情况而定。阿德勒说：“虽然我的建议并不会使你变成丘吉尔（因为他是一个例外的天才），不过倒可以帮助你在演说时，达到丘吉尔演说般的效果。”[②]

---

①② 阿德勒. 如何说清楚，听明白 [M]. 林乔滨，译. 海口：南海出版公司，2003: 79.

附录 / 关于语文教学内容选择的问卷调查及分析[①]

一、教师教学内容选择状况问卷

1. 您的性别是：

（1）男　　　　　　　　　　　　（2）女

2. 您的年龄是________岁，教龄是________年

3. 您的文化程度是：

（1）高中或中师以下（含高中、中师）

（2）大专

（3）大学

（4）研究生课程培训班（不脱产）

（5）硕士

4. 您所教学科是否经过师范专业训练：

（1）是　　　　　　　　　　　　（2）否

5. 您所教的年级段是：

（1）初中________年级　　　　　（2）高中________年级

6. 您的职称是：

（1）中学二级

（2）中学一级

（3）中学高级

（4）中学特级

① 许志先老师负责调查的实施并执笔。

（5）其他（请具体注明）：________________________________

7. 您备课时是怎样确定教学目标、教学重点和难点的，根据：

（1）《教学大纲》

（2）考试范围

（3）学生的现状

（4）学校（或当地）阶段性教育重点

（5）《教学参考书》《教师用书》

（6）教学辅导资料

（7）其他（请具体注明）：________________________________

8. 您认为是否有必要确定每课时的教学目标、教学重点和难点：

（1）是　　　　　　　　　　　　（2）否

9. 您是否做过把《教学大纲》的各项要求分解到每册教材、每个单元、每篇课文的工作：

（1）是　　　　　　　　　　　　（2）否

10. 您把《教学大纲》的各项要求分解到每册教材、每个单元、每篇课文的时候是怎样区别年级梯度的（请具体注明）：____________

11. 您备课确定教学目标、教学重点和难点时最大的困惑可能是“要求的含糊”，它来自哪方面：

（1）《教学大纲》

（2）考试范围

（3）学生的现状

（4）学校（或当地）阶段性教育重点

（5）《教学参考书》《教师用书》

（6）教学辅导资料

（7）其他（请具体注明）：________________________________

12. 您认为每个单元的4—6篇课文真能完成某一方面的知识、能力的培养吗：

（1）能

（2）差不多

（3）还差得远

（4）不能

13. 您认为现在的教学有无必要给学生补充课外阅读材料：

（1）有必要　　　　　　　　　　　　（2）没有必要

14. 您是否选取课外读物来作为培养学生能力的材料：

（1）是　　　　　　　　　　　　　　（2）否

15. 您如果选课外材料给学生，又是根据什么来选取的：

（1）《教学大纲》

（2）课本单元体例

（3）学生知识能力的薄弱环节

（4）学生人文精神的欠缺部分

（5）考试出题趋势

（6）《教师用书》《教学参考书》

（7）其他（请具体注明）：____________________

16. 您认为现在的教学可不可以给学生删减课本内的教学材料：

（1）可以　　　　　　　　　　　　　（2）不可以

17. 您如果给学生删减课本内的教学材料，又是根据什么来删减的：

（1）《教学大纲》

（2）课本单元体例

（3）学生知识能力的薄弱环节

（4）学生人文精神的欠缺部分

（5）考试出题趋势

（6）教学进度时间关系

（7）其他（请具体注明）：____________________

18. 您认为在增加或删减教学材料的问题上，要不要考虑快班和慢班的区别：

（1）要考虑　　　　　　　　　　　　（2）不必考虑

19. 您在增加或删减教学材料的问题上，是怎样考虑区别快班和慢班的：

（1）快班增加教学材料，慢班不增加教学材料

（2）快班增加教学材料，慢班减少教学材料

（3）快班不增加教学材料，慢班增加教学材料

（4）快班不增加教学材料，慢班减少教学材料

（5）其他（请具体注明）：______________________

20. 您怎样看待和运用市面上流行的教案：

（1）基本不采用

（2）简化处理后借用

（3）可以照搬

（4）做修改补充后运用

（5）只借鉴其中的好方法，不抄其内容

（6）其他（请具体注明）：______________________

21. 您是怎样对待《高中语文读本》的：

（1）基本不用

（2）提倡并鼓励学生课外自读

（3）在学生自读的基础上进行课堂交流

（4）课堂上由老师讲解

（5）只在考试卷上用题目引导学生重视阅读

（6）其他（请具体注明）：______________________

22. 有人不愿意使用《高中语文读本》，您觉得最大原因是什么：

（1）属于课本选文的剩余文章汇集，没有多大的价值

（2）教学时间很紧张，没有时间来顾及

（3）部分单册编排体例不明

（4）很多册的单元与语文课本单元的对应关系不明显

（5）有些文章难懂，又缺少与其配套的教师用书

（6）高考不太会考到这些内容

（7）其他（请具体注明）：________________

23. 您认为现行教材是否适合学生水平参差的班级使用：

（1）是　　　　　　　　　　（2）否

24. 您认为怎样处理教材才能适应水平不同的学生：

（1）________________

（2）________________

（3）________________

25. 您如果同时教快班和慢班，您会怎样处理教材：

（1）使用相同的教案

（2）删减原教案，以相对放慢慢班的教学节奏

（3）另立教学目标、教学重点和难点，另写教案

（4）其他（请具体注明）：________________

26. 您觉得教快慢班在处理教材上最大的困难是：

（1）怕达不到《教学大纲》要求而不敢修改既定的教学目标、教学重点和难点

（2）时间紧，教学任务重，没有时间再对快班和慢班做区分

（3）其他（请具体注明）：________________

27. 您是根据什么来针对快慢班处理教材，确定教学目标、教学重点和难点的：

（1）中、高考内容

（2）《教学大纲》

（3）学生的实际情况

（4）《教学参考书》

（5）其他（请具体注明）：________________

28. 您经常给快班学生增加的课本之外的教学材料是哪些类型的（请具体注明）：

____

29. 您经常给快班学生删减的课本内的教学材料是哪些类型的（请

具体注明）：

____

30. 您经常给慢班学生增加的课本之外的教学材料是哪些类型的（请具体注明）：

____

31. 您经常给慢班学生删减的课本内的教学材料是哪些类型的（请具体注明）：

____

32. 您在教学中是否打乱课本编排次序，做整个单元提前或推后的调整：

（1）是　　　　　　　　　　（2）否

33. 您在教学中是否打乱课本编排次序，做单篇课文提前或推后的调整：

（1）是　　　　　　　　　　（2）否

34. 您调整课本编排次序的原因是什么（请具体注明）：

____

35. 在高（中）考复习时与平时考试之前，您会选择哪些课外材料给学生：

（1）可能考到的知识

（2）发展必须具备的能力的训练材料

（3）其他（请具体注明）：______________________________

36. 高（中）考复习时间紧迫，您认为是否有必要教完最后那册书（例如高中第六册语文）：

（1）有必要　　　　　　　　（2）没有必要

37. 在教学工作中，您最重视的是（可任选 1—3 项）：

（1）学生掌握知识的情况

（2）学生学习能力的提高

（3）学生思想品德水平的提高

（4）学生的全面发展

（5）学生特长的有效培养

（6）其他（请具体注明）：________________

38. 为了更好地选择教学内容，您在教学工作中：

（1）经常征求学生的意见

（2）有时征求学生的意见

（3）偶尔征求学生的意见

（4）从不征求学生的意见

39. 为了更好地选择教学内容，您在课外：

（1）经常与学生交流

（2）有时与学生交流

（3）偶尔与学生交流

（4）从无交流

40. 为了更好地选择教学内容，您在教学工作中：

（1）经常与同行交流经验或看法

（2）有时与同行交流经验或看法

（3）偶尔与同行交流经验或看法

（4）从不与同行谈论教学工作

41. 您平均每天用于备课的时间是：

（1）不用备课

（2）2 小时

（3）4 小时

（4）6 小时

（5）8 小时以上

42. 在您万一来不及备课的时候会怎样上课：

（1）使用别人现成的教案

（2）使用自己的老教案

（3）先上课，然后再补写新教案

（4）不可能出现此情况

（5）其他（请具体注明）：________________

43. 现在您认为自己对《全日制义务教育语文课程标准（实验稿）》或《普通高中语文课程标准（实验）》的了解程度如何：

（1）完全了解

（2）比较了解

（3）稍有了解

（4）完全不了解

44. 试以您所教的学科为例，您认为《全日制义务教育语文课程标准（实验稿）》或《普通高中语文课程标准（实验）》与原有的《教学大纲》相比最突出的特点是：

（1）________________

（2）________________

（3）________________

45. 您认为《全日制义务教育语文课程标准（实验稿）》或《普通高中语文课程标准（实验）》将会给您的教学工作带来（可选择1—3项）：

（1）工作量增加

（2）工作难度增加

（3）工作量和工作难度都不会有太大的变化

（4）工作量减少

（5）工作难度减小

46. 为实施《全日制义务教育语文课程标准（实验稿）》或《普通高中语文课程标准（实验）》，您计划采取的新措施包括：

（1）________________

（2）________________

（3）________________

（4）________________

（5）____

47. 您认为《全日制义务教育语文课程标准（实验稿）》或《普通高中语文课程标准（实验）》对学生的要求与以前相比：

（1）各方面要求都提高了

（2）学习方面提高了要求，其他方面降低了要求

（3）学习方面降低了要求，其他方面提高了要求

（4）各方面的要求都没有大的变化

（5）各方面的要求都降低了

48. 您认为《全日制义务教育语文课程标准（实验稿）》或《普通高中语文课程标准（实验）》的预定目标：

（1）肯定能够完全达到

（2）大部分能够达到

（3）小部分能够达到

（4）大部分肯定达不到

（5）不清楚

49. 您认为自己所教的班级：

（1）学生基础较差，而且不认真学习

（2）学生基础较差，但学习很努力

（3）学生基础较好，而且学习努力

（4）学生基础较好，但学习不努力

（5）学生基础差别较大，大部分努力，小部分不努力

（6）学生基础差别较大，大部分不努力，小部分努力

50. 您认为自己的班级在课堂教学中：

（1）学生主动学习，课堂气氛活跃

（2）只有少部分学生课堂表现活跃

（3）学生被动听课，几乎从不提问

（4）学生被动听课，教师提出问题很少有人回答，课堂气氛沉闷

（5）其他（请具体注明）：______________________________

51. 对于学生在学习中遇到的并向您提出的问题，您的做法是：
（1）当场回答，直到学生满意为止
（2）在方便的时候解答，直到学生满意为止
（3）通常只简单回答，启发学生，主要靠学生自己思考
（4）一般不回答，让学生自己思考
（5）只有重要的问题才详细回答
52. 学生向您提出的问题主要是：
（1）一般知识性问题
（2）有关技能性问题
（3）《教学大纲》中规定的重点、难点
（4）没有明显的规律
53. 您认为最能反映学校教学质量的是（请选 1—3 项）：
（1）期中和期末考试成绩
（2）统考或会考成绩
（3）学生取得的各种特殊成果
（4）学生升学率
（5）学生就业率
（6）学生学习能力的提高
（7）学生的全面发展情况
（8）学生是否满意
（9）其他（请具体注明）：______________________________
54. 在过去的一段时间中，就您所教的班级和科目来说，您认为教学工作中自己最大的成绩是：
（1）使学生掌握了本学科的基本知识
（2）使学生的学习能力有了提高
（3）使学生的特长得到了发展
（4）提高了学生的思想品德水平
（5）使学生对本学科的学习态度有了改善

（6）扩大了学生的视野

（7）使学生掌握了一定的技能

二、教师问卷统计及择要分析

本调查的“教师问卷”，选择了 5 所初中（其中公办初中 3 所，民办初中 2 所）、5 所高中（其中公办高中 4 所，民办高中 1 所；省一级重点 1 所，省二级重点 3 所，省三级重点 1 所），共发出问卷 135 份。由于适逢期末，老师们非常忙，因此回收到问卷 78 份（其中初中 36 份，高中 42 份）。

下面就调查的一些主要项目做简要的分析。表格中的数据均为选择此项的人数与总人数的百分比，有些是多项选择。

（一）对教学目标、教学重点和难点的确定发生困难，甚至混乱

问题看似普通，我们每天都在教学，每天都要制定教学目标、教学重点和难点，如果在这个问题上都存在困难，那是难以说得过去的，但是事实不容乐观。

初中教师对“您备课时是怎样确定教学目标、教学重点和难点的”问题的回答情况如下。

表 1

《教学大纲》	考试范围	学生的现状
63.89%	52.78%	55.56%
学校（或当地）阶段性教育重点	《教学参考书》《教师用书》	教学辅导资料
16.67%	55.67%	16.67%

高中教师的回答如下。

表 2

《教学大纲》	考试范围	学生的现状
69.05%	45.24%	92.86%
学校(或当地）阶段性教育重点	《教学参考书》《教师用书》	教学辅导资料
21.83%	73.81%	33.33%

在“其他”栏目中填有：文本自身的内容特点，网络上的一些教案，单元学习指导，根据教材本身，个人理解、想法等。

从统计数字中可以看出，在“教学目标、教学重点和难点”的确定方面，存在很多干扰因素，似乎有很多依据、角度和标准，导致老师们产生了很多模糊的认识。《教学大纲》、学生的现状应当是最基本的标准和依据，其他什么“考试范围、学校（或当地）阶段性教育重点、《教学参考书》《教师用书》和教学辅导资料”等都是次要的，是不能当成“依据”的，更别说什么“网络上的一些教案、单元学习指导”了。

但是为什么它们却都成了当然的，甚至是重要的依据呢？

大家知道，《教学大纲》是宏观的，只对“总体目标”有规定，最多对年级目标做出规定，而对具体教学内容（如具体课文）却没有做出“教学目标”“教学重点”的规定（“教学难点”则更需要老师根据具体的教学对象和教学内容来确定），课本、单元前言中只是极粗略地“点”了一下，于是就要靠我们教师把《教学大纲》的“总体目标”细化分解到每册课本、每个章节（单元）、每篇课文。但是，在问卷中对“您是否做过把《教学大纲》的各项要求分解到每册教材、每个单元、每篇课文的工作”问题的回答如下。

表 3

	是	否
初中老师	63.89%	36.11%
高中老师	45.24%	54.76%

回答“否”的比例高得惊人，尤其是高中老师，竟然超过了回答“是”的比例。这从根本上导致了考试范围、《教学参考书》《教师用书》、教学辅导资料被当作标准而成为教师备课时确定教学目标、教学重点和难点的依据，甚至“网络上的一些教案、单元学习指导”等，也都成为标准和依据。更要命的是，这些材料对“教学难点”完全是编写者依据自己的教学经验来“确定”，根本就不是根据执教者所面对的“自己的”学生状况来制定的。

对于问卷提出的“您备课确定教学目标、教学重点和难点时最大的困惑可能是‘要求的含糊’，它来自哪方面”的问题，回答如下。

表 4

	《教学大纲》	考试范围	学生的现状	学校(或当地)阶段性教育重点	《教学参考书》《教师用书》	教学辅导资料
初中老师	22.22%	16.67%	13.89%	16.67%	33.33%	2.78%
高中老师	42.86%	23.81%	23.81%	9.52%	33.33%	4.76%

在“其他”栏目里，初中老师写道：

地方性考试与教学大纲的矛盾。

高中老师写道：

（1）自身对教育的认识。

（2）教学评价标准。

（3）教材、学生的现状与教学内容、《教学大纲》、考试范围的冲突。

（4）教材、学生的不确定性。

从以上统计不难看出：初中老师备课确定教学目标、教学重点和难点时最大的困惑来自《教学参考书》《教师用书》《教学大纲》；高中老师备课确定教学目标、教学重点和难点时最大的困惑也来自《教学大纲》《教学参考书》《教师用书》，相比之下《教学大纲》给高中老师带来的困惑更多一些。另外，初中、高中老师都提到了“教学评价”的问题。

问卷进一步了解老师们在缺乏可操作性的“目标体系”时“把《教学大纲》的各项要求分解到每册教材、每个单元、每篇课文的时候是怎样区别年级梯度的”，得到了以下回答。

初中老师写道：

（1）一般性了解—掌握—运用。

（2）循序渐进，按学生身心发展规律。

（3）依据学情，兼顾全面。

（4）知识的渐进性要求。

（5）根据学生的现状和教材内容。

（6）根据学生的能力和最近发展区。

（7）本学科没有十分严格的梯度区分，学生个体现状不同，教学中允许不同水平的学生确定各自的学习目标。

（8）了解《教学大纲》的要求，根据总目标、学生的情况，由浅入深，由慢到快分解。

（9）很难整体说清楚，举例如写作教学：初一，写完整，有中心；初二，写具体，有较深的中心；初三，写生动，中心深刻、新颖——由浅入深。

高中老师写道：

（1）根据教材内容和编排特点。

（2）根据年级的学习要求。

（3）根据学习情况。

（4）按课文提示。

（5）根据学生现有知识、能力等情况。

（6）根据《教学大纲》要求确定各年级重点。

（7）教材与《教学大纲》相结合，并与学生的实际相适应。

（8）高一注重基础知识点，高二在此基础上培养学生的语感，高三注重方法、创新。

回答是纷繁凌乱的。语文教师在确定“教学目标、教学重点和难点”时，**缺少具体的可操作性的“目标体系”，缺少对宏观“目标系统”（《教学大纲》）的分析，《教学参考书》《教师用书》等非标准性的资料却以权威的姿态搞得老师们无所适从，“借鉴”来的“教学目标、教学重点和难点”脱离学生实际，教学受到行政干扰等因素是教学内容选择的主要困难。**

（二）现行语文教材脱离教学实际，编排次序不尽合理，导致教学各行其是

问：“您认为每个单元的 4—6 篇课文真能完成某一方面的知识、能力的培养吗？”

回答如下。

表 5

	能	差不多	还差得远	不能
初中老师	5.56%	33.33%	19.44%	41.67%
高中老师	0	38.10%	28.57%	33.33%

这些统计数字较充分地说明了**无论初中课本还是高中课本，都存在比较严重的脱离教学实际的问题**，这就难怪在教学过程中普遍存在着“教学目标、教学重点和难点”重复、错杂甚至随意制定的现象。

这里讲的**“教材脱离实际”还有另一层意思，那就是课本的编写与考试脱节**。

问：“高（中）考复习时间紧迫，您认为是否有必要教完最后那册书（例如高中第六册语文）？”

回答如下。

表 6

	有必要	没有必要
初中老师	83.33%	16.67%
高中老师	42.86%	57.14%

由于高考实行“有纲无本”（指按照《教学大纲》和考纲，不参照课本），因此高中老师在复习时间紧迫的情况下会舍弃最后那册书的内容，此做法在重点中学里较为普遍。

问：“您在教学中是否打乱课本编排次序，做整个单元提前或推后的调整？”

回答如下。

表 7

	是	否
初中老师	63.89%	36.11%
高中老师	100%	0

问：“您在教学中是否打乱课本编排次序，做单篇课文提前或推后的调整？”

回答如下。

表 8

	是	否
初中老师	72.22%	27.78%
高中老师	95.24%	4.76%

对于“您调整课本编排次序的原因是什么”，初中老师们的主要答案实录如下。

（1）注重教学内容的连续性。

（2）原教材编排杂乱，只考虑知识链接，不考虑学生身心发展和认知规律。

（3）考虑到相关内容的衔接、知识点的类比。

（4）知识的系统性及学生接受的循序渐进性。

（5）按照学生认知规律、学生实际情况、接受阅读教学的能力及教学进度。

（6）将记忆性较强的文言文提前。

（7）将重点课文或较难理解的课文提前，可延长学习时间（在后续课文的教学过程中消化它们）。

（8）传授知识的梯度、记诵的要求。

（9）为了应试。

（10）为了时间或教学思路。

（11）知识积累需要，课时任务需要。

（12）深浅、主次、整个教学进度的配合。

（13）有利于考试安排（试卷的阅读题通常要考虑现代文和文言文搭配）。

高中老师们的主要答案实录如下。

（1）现代文与文言文搭配。

（2）把文言文单元提上来，学生有充足的时间学习。

（3）因古文须背诵，故将现代文与古文穿插教学。

（4）知识系统的贯通和学生心理接受的需要。

（5）根据学生接受的难易程度来调整。

（6）教学内容的难易程度、课文题材的承接性。

（7）符合学生的认知规律。

（8）易于学生掌握，分散难度。

（9）有时根据学生心理，如将文言文与现代文交叉教学。

（10）区分重点、难点。

（11）前后内容的联系及难易的程度。

（12）为使考试内容全面，为使教学内容连贯、完整，为使时间安排合理。

（13）赶教学进度。

（14）协调教学进度。

（15）专题归类。

（16）以专题形式上课比较方便，或采用比较阅读。

（17）比较阅读的需要或避免单调。

（18）公开课或课时调整。

（19）更好地激发学生的学习兴趣。

（20）为高考服务的重要性。

由此可见，教师们调整教材编排次序的原因有很多，而且初中、高中的情形略有不同，但有一点是可以肯定的，那就是**无论初中还是高中，教材原有的编排次序与教学实践存在普遍的差距。**

对于“您认为现在的教学可不可以给学生删减课本内的教学材料”，

回答如下。

表 9

	可以	不可以
初中老师	86.11%	13.89%
高中老师	83.33%	16.67%

这一统计数据说明，课本内的教学材料不尽妥当合理，并不符合教学需要。请看老师们对课本内的教学材料删减的依据吧。

问："您如果给学生删减课本内的教学材料，又是根据什么来删减的？"

回答如下。

表 10

	《教学大纲》	课本单元体例	学生知识能力的薄弱环节	学生人文精神的欠缺部分	考试出题趋势	教学进度时间关系
初中老师	11.11%	11.11%	25.00%	33.33%	22.22%	8.33%
高中老师	9.52%	11.90%	38.10%	28.57%	30.95%	42.86%

对于"教学进度时间关系"，高中老师的选择比例远远高于初中老师，这是因为高考内容不受教材的局限（可能还要有意避开教材内容，以示公平），高考复习要另外系统性地搞一套。

（三）在补充课外阅读材料的选取上标准各异

既然教材的单元编排不尽合理，那么教师们就要自己动手从课外选取教学材料来补充。

问："您认为现在的教学有无必要给学生补充课外阅读材料？"

回答如下。

表 11

	有必要	没有必要
初中老师	100%	0
高中老师	90.48%	9.52%

回答是高度统一的赞成（只有少部分高中老师选择“没有必要”）。可是，选择的依据和标准是什么呢？

问：“您如果选课外材料给学生，又是根据什么来选取的？”

回答如下。

表 12

	《教学大纲》	课本单元体例	学生知识能力的薄弱环节	学生人文精神的欠缺部分	考试出题趋势
初中老师	16.67%	27.78%	61.11%	69.44%	25.00%
高中老师	11.90%	35.71%	47.62%	66.67%	23.81%

“学生人文精神的欠缺部分”占了绝大多数，这体现出我们语文老师高度的教书育人的自觉性和责任感，这也是传统教学赋予语文学科的历史使命。从这项选择也可以看出，我们的学生确实普遍存在“人文精神的欠缺”的现象。

问：“您是怎样对待《高中语文读本》的？”

回答如下。

表 13

基本不用	提倡并鼓励学生课外自读	在学生自读的基础上进行课堂交流
4.76%	80.90%	33.33%
课堂上由老师讲解	只在考试卷上用题目引导学生重视阅读	其他（请具体注明）
7.14%	7.14%	个别篇目适当讲解

对于不愿使用《高中语文读本》的原因，回答如下。

表 14

属于课本选文的剩余文章汇集，没有多大的价值	教学时间很紧张，没有时间来顾及	部分单册编排体例不明
0	95.24%	2.38%
很多册的单元与语文课本单元的对应关系不明显	有些文章难懂，又缺少与其配套的教师用书	高考不太会考到这些内容
14.29%	21.43%	14.29%

（四）分快慢班对教学内容的选择有显著影响

由于按程度进行分层次、分班级教学的做法有利于“因材施教”，因此全国各地的学校（尤其是高中）普遍采取了分快慢班的做法，这就引出了教材处理方面的问题。

对于问卷中“您认为现行教材是否适合学生水平参差的班级使用”，回答如下。

表 15

	是	否
初中老师	50.00%	50.00%
高中老师	52.38%	47.62%

初中、高中老师当中有大约半数的人认为现行教材不适合学生水平参差的班级使用。

对于“您认为在增加或删减教学材料的问题上，要不要考虑快班和慢班的区别”，回答如下。

表 16

	要考虑	不必考虑
初中老师	91.67%	8.33%
高中老师	85.71%	14.29%

当问题再次以具体面目出现时，初中、高中老师们又出现了惊人的高度一致——现行教材不仅需要增减教学材料，而且在增加或删减教学材料时还要考虑快慢班的实际，以加以区别。

老师们对于“您如果同时教快班和慢班，您会怎样处理教材”，回答如下。

表 17

	使用相同的教案	删减原教案，以相对放慢慢班的教学节奏	另立教学目标、教学重点和难点，另写教案	其他(请具体注明)
初中老师	5.56%	38.89%	50.00%	对快班还可以增加某些课外知识
高中老师	33.33%	57.14%	11.90%	教案结构大致相同，课堂处理有差别；适当扩展和压缩

老师们对于“您是根据什么来针对快慢班处理教材，确定教学目标、教学重点和难点的”，回答如下。

表 18

	中、高考内容	《教学大纲》	学生的实际情况	《教学参考书》
初中老师	13.89%	25.00%	61.00%	13.89%
高中老师	23.81%	26.19%	71.43%	11.90%

那么，老师们“在增加或删减教学材料的问题上，是怎样考虑区别

快班和慢班的”？回答如下。

表 19

	快班增加教学材料，慢班不增加教学材料	快班增加教学材料，慢班减少教学材料	快班不增加教学材料，慢班增加教学材料	快班不增加教学材料，慢班减少教学材料
初中老师	36.11%	30.56%	0	5.56%
高中老师	45.24%	11.90%	0	11.90%

其余老师选择了“其他”栏目，现归类摘录。

高中老师们的主要答案如下。

（1）快慢班均增加。

（2）快班多增，慢班少增。

（3）快班增加，慢班不变。

（4）快慢班都做增删，但幅度不一。

（5）快慢班增加不同要求的材料。

（6）快班适当提高难度，慢班不变。

（7）不体现在数量上，主要是选择。

初中老师们的主要答案如下。

（1）快慢班均应有增有删。

（2）快班多补充些，慢班适量补充些。

（3）快慢班都适当增加。

（4）快慢班增加的数量和要求有别。

（5）快慢班都减少材料。

老师们“经常给快班学生增加的课本之外的教学材料是哪些类型

的”呢？

初中老师们的主要答案如下。

（1）经典名篇。

（2）散文精选、微型小说、名著名篇赏析。

（3）中外期刊中的名人名篇。

（4）诗歌背诵，文学名著，同龄人的作品。

（5）精美的时文，经典的诗文名篇。

（6）知识性、思想性、人文性。

（7）文质兼美的文章。

（8）人文性较强的文本。

（9）现代文、文言文阅读，诗歌、散文（现代）类。

（10）古代白话小说，现代科技、经济类。

（11）增加与学生生活、学习密切相关的素材。

（12）能提高学生文学素养的材料。

高中老师们的主要答案如下。

（1）高考模拟阅读材料。

（2）文言文、名著。

（3）古文、现代文阅读。

（4）与教材的选文类型相同或同一作者的不同作品。

（5）《读本》中与课本教学单元对应的篇章，生动活泼、贴近学生实际、便于提高学生知识能力的。

（6）课外的精美文章，文化含量厚的文章。

（7）人文散文。

（8）课本中的古文知识。

（9）《读本》中的古文知识。

（10）历史知识、文学知识。

（11）有意思的、学生感兴趣的、揭露人性的、给人以启迪的。

（12）文化类的、历史类的、社科类的。

（13）课外的报纸、杂志。

（14）文学作品和人文性较强的社科类作品。

（15）针对高考的相关知识、优秀的课外读物选段。

（16）名作名篇、《语文报》、优秀文学刊物、名家名作。

（17）人文类哲理性作品，最新科研成果、文化动态等。

（18）提高学生修养的、对品格有好的影响的材料，有时是些文言文。

（19）古文训练、一些作文素材、现代文阅读。

（20）拓展阅读《读本》外人文方面的名著、美文。

（21）《读本》、精选阅读篇目。

老师们“经常给慢班学生增加的课本之外的教学材料是哪些类型的”呢?

初中老师们的主要答案如下。

（1）与其生活经历相关的有情感体验的材料。

（2）散文作品、浅显的小说及科普作品。

（3）人文素养，美文欣赏。

（4）文质兼美的。

（5）知识性、趣味性。

（6）抓基础。

（7）难度适中的散文读物。

（8）故事情节生动的小说。

（9）学生最薄弱的。

（10）以同等类型的阅读材料为主，用以加强知识的掌握和拓展。

（11）倾向于关注生命和关注社会两方面，富有人性化和社会责任感。

（12）能激发学生对文学产生兴趣的材料。

（13）能增强基本功的。

高中老师们的主要答案如下。

（1）高考模拟阅读材料，只是难度要求降低。

（2）文言文、名著。

（3）课文内容相应的延伸。

（4）基础知识训练与阅读训练。

（5）贴近课本单元训练重点、生动活泼并为学生所喜爱的，有利于提高学生知识能力的。

（6）人文散文。

（7）基础知识。

（8）文化类。

（9）浅近的、有趣的、易引起兴趣的文章。

（10）有意思的、学生感兴趣的、揭露人性的、给人以启迪的。

（11）与课文相配套的课外短文。

（12）知识性较强的学习资料和趣味性较强的课外读物。

（13）专题训练。

（14）优秀的文学刊物及课本涉及的名家的著作。

（15）进行基础训练，如默写。

（16）人文类、哲理类作品，最新科研成果、文化动态等。

（17）阅读材料、作文素材。

（18）拓展练习。

（19）语文读本。

老师们对于“教快慢班在处理教材上最大的困难”，回答如下。

表 20

	怕达不到《教学大纲》要求而不敢修改既定的教学目标、教学重点和难点	时间紧，教学任务重，没有时间再对快班和慢班做区分
初中老师	33.33%	19.44%
高中老师	36.11%	47.62%

其余老师选择了“其他”栏目，现归类摘录。

初中老师们的主要答案如下。

（1）对其目标定位不够准，由于学生知识现状的差异不好确定难点。

（2）学生参差不齐，各有特点，难以让人人满意。

（3）时间紧，任务重，很难应对同等层次的各类考试。

（4）学生学习能力、自学能力的不同。

（5）时间不够。

（6）如何养成他们良好的学习习惯，培养良好的学习方法。

高中老师们的主要答案如下。

（1）怕学生真正得到的东西不多。

（2）因时间紧、学生素质差，所以有些课文只能删去不讲，而把最基本的知识点及阅读方法讲透。

（3）节奏慢，老师着急。

（4）慢班学生不能完全按要求接受。

（5）学生不能很好配合，拖延课时。

（6）如何使慢班学生学习教学材料。

（五）教师的教育观念明显落实在教学内容的选择上

老师们对于“在教学工作中，您最重视的是”，选择如下。

表 21

	学生掌握知识的情况	学生学习能力的提高	学生思想品德水平的提高	学生的全面发展	学生特长的有效培养
初中老师	6.11%	86.11%	47.22%	50.00%	25.00%
高中老师	52.38%	90.48%	38.10%	33.33%	16.67%

这里，初中和高中老师们对“学生学习能力的提高”都给予了极大的重视，对“学生的全面发展”也给予了相当的重视，这当然是十分正确的。但是随着教育理念的进步，教育将更加尊重每一位学生的个性发展。《普通高中语文课程标准（实验）》明确指出，要“构建具有时代性、基础性和选择性的高中语文课程”，“使全体高中学生获得应该具备的语文素养，并为学生的不同发展倾向提供更大的学习空间；要为造就时代所需要的多方面人才，弘扬和培育民族精神，增强民族创造力和凝聚力发挥应有的作用”，要“促进学生均衡而有个性地发展”。显然，在这个统计数字中，“学生特长的有效培养”这一项还没有受到初中和高中老师们的普遍重视。**这种观念上的滞后会影响老师们对教学内容和教学方法的选择。**

我们还可以进一步看出，对课程标准的接受程度以及对新教学观念的接受程度影响着教师对教学内容的选择。老师们对于“最能反映学校教学质量的”因素，回答如下。

表 22

	期中和期末考试成绩	统考或会考成绩	学生取得的各种特殊成果	学生升学率
初中老师	11.11%	8.33%	25.00%	36.11%
高中老师	23.81%	16.67%	16.67%	35.71%
	学生就业率	学生学习能力的提高	学生的全面发展情况	学生是否满意
初中老师	2.78%	52.78%	61.11%	11.11%
高中老师	0	64.29%	38.10%	7.14%

老师们认为“在过去的一段时间中”，就自己“所教的班级和科目来说”，“教学工作中自己最大的成绩”如下。

表 23

	使学生掌握了本学科的基本知识	使学生的学习能力有了提高	使学生的特长得到了发展	提高了学生的思想品德水平
初中老师	16.67%	72.22%	11.11%	22.22%
高中老师	42.86%	61.90%	7.14%	14.30%
	使学生对本学科的学习态度有了改善	扩大了学生的视野	使学生掌握了一定的技能	
初中老师	33.33%	52.78%	11.11%	
高中老师	26.19%	50.00%	19.05%	

从以上两个表格的统计数字中不难看出，老师们对《普通高中语文课程标准（实验）》中提倡的“为学生的不同发展倾向提供更大的学习空间；要为造就时代所需要的多方面人才……”的发展学生个性的观念尚未引起高度重视，对“学生是否满意”“使学生的特长得到了发展”“使学生对本学科的学习态度有了改善”这些选项的选择率还是比较低的。

老师们认为《全日制义务教育语文课程标准（实验稿）》或《普通

高中语文课程标准（实验）》对学生的要求与以前相比，总体情况如下。

表 24

	各方面要求都提高了	学习方面提高了要求，其他方面降低了要求	学习方面降低了要求，其他方面提高了要求	各方面的要求都没有大的变化	各方面的要求都降低了
初中	63.89%	2.78%	19.44%	5.56%	2.78%
高中	61.90%	4.76%	11.90%	7.14%	0

可见初中、高中老师们共同认为实行语文课程标准之后，对学生的要求在各方面都提高了。

老师们认为《全日制义务教育语文课程标准（实验稿）》或《普通高中语文课程标准（实验）》的预定目标达到情况如下。

表 25

	肯定能够完全达到	大部分能够达到	小部分能够达到	大部分肯定达不到	不清楚
初中老师	2.78%	58.33%	25.00%	2.78%	2.78%
高中老师	2.38%	47.62%	19.05%	4.76%	14.29%

老师们认为《全日制义务教育语文课程标准（实验稿）》或《普通高中语文课程标准（实验）》将会给自己的教学工作带来的变化如下。

表 26

	工作量增加	工作难度增加	工作量和工作难度都不会有太大的变化	工作量减少	工作难度减小
初中老师	55.56%	66.67%	19.44%	2.78%	0
高中老师	38.10%	61.90%	16.67%	2.38%	2.38%

（六）对学生的评价影响着教师对教学内容的选择

老师们认为自己所教班级学生的情况如下。

表 27

	学生基础较差，而且不认真学习	学生基础较差，但学习很努力	学生基础较好，而且学习努力	学生基础较好，但学习不努力	学生基础差别较大，大部分努力，小部分不努力	学生基础差别较大，大部分不努力，小部分努力
初中老师	5.56%	13.89%	8.33%	2.78%	50.00%	16.67%
高中老师	26.19%	16.67%	7.14%	7.14%	30.95%	23.81%

老师们认为自己班级的学生在课堂教学中的表现如下。

表 28

	学生主动学习，课堂气氛活跃	只有少部分学生课堂表现活跃	学生被动听课，几乎从不提问	学生被动听课，教师提出问题很少有人回答，课堂气氛沉闷
初中老师	38.89%	47.22%	2.78%	2.78%
高中老师	23.81%	47.62%	19.05%	14.29%

在老师们的眼中，学生“提出的问题”主要如下。

表 29

	一般知识性问题	有关技能性问题	《教学大纲》中规定的重点、难点	没有明显的规律
初中老师	27.78%	25.00%	11.11%	47.22%
高中老师	42.86%	11.90%	7.17%	52.38%

（七）教师备课的负担明显偏重

对于来不及备课时会怎样，老师们的回答如下。

表 30

	使用别人现成的教案	使用自己的老教案	先上课，然后再补写新教案	不可能出现此情况
初中老师	0	30.56%	33.33%	27.78%
高中老师	16.67%	38.10%	23.81%	14.29%

其余老师选择了“其他”栏目，现归类摘录。

初中老师们的主要答案如下。

（1）上练习课。

（2）指导学生阅读，听听学生自学后的声音。

高中老师们的主要答案如下。

（1）根据自己的理解把握，灵活地上，扬长避短。

（2）边干边想（答者教龄 2 年）。

（3）临场发挥。

（4）靠积淀，靠灵感，而这种课往往是比较成功的（答者男，教龄 16 年）。

（5）理清思路再上课。

问这个问题，是想看看老师们怎样应对教学内容选择和教材处理方面的突发事件。答案是：不管是初中教师还是高中教师，不管是新教师还是老教师，都有可能仓促应战。

老师们对于“每天用于备课的平均时间”的回答如下。

表 31

	不用备课	2小时	4小时	6小时	8小时以上
初中老师	0	66.67%	30.55%	2.78%	0
高中老师	2.38%	23.81%	61.91%	11.90%	0

每天用于备课的平均时间，高中老师多为 4 小时，初中老师多为 2 小时。此外还要加上授课、改作业、答疑、课后辅导、兴趣小组指导等。如果出现占用教师备课时间的各种活动，就会导致教师仓促应战情况的发生。